中国民间金融的规范化发展

高晋康　唐清利　主编

ZHONGGUO MINJIAN JINRONG DE
GUIFANHUA FAZHAN

2016

法律出版社
LAW PRESS・CHINA

第六届中国民间金融规范化发展论坛（论文集）

主办单位：西南财经大学中国金融法研究中心
西南财经大学法学院
成都市人民政府金融工作办公室

承办单位：四川省法学会金融法学研究会
民间金融及法律规范研究所
四川百仕丰投资有限公司

目 录

P2P网贷模式下的风险保障金制度规制问题研究

杨　东*

内容提要：近年来出现的P2P平台"倒闭潮"引发了人们对于P2P网络借贷及其风险保障金问题的重视与担忧，针对P2P平台风险保障金的监管和法律规制势在必行。无论从法学抑或经济学的视角考察，风险保障金制度都有其建立的合理性和必要性。目前国内P2P平台普遍存在针对单笔交易风险进行防控的风险保障金制度，其赔付模式为P2P平台首先会先对投资人进行赔付，然后再向借款人追偿，最终资金风险落到P2P平台上。此种模式下，如果缺乏行之有效的法律规制监管，大量的资金聚集必然导致风险的增加。因此必须明确P2P平台的监管主体，在加大对借款人借款资格审核力度的基础上，确保风险保障金与平台自有资金彻底的隔离，并且保障金账户内资金不会被平台挪作他用，并探索建立网络借贷信用评价体系。

关键词：P2P　风险保障金　互联网金融　法律规制

* 杨东（1975－　），男，浙江宁波人，中国人民大学法学院教授、博士生导师，法学博士。

一、互联网金融背景下P2P平台风险保障金问题的提出

自2007年第一家网络借贷平台诞生以来,P2P网贷行业及其规模发展迅猛。经过近9年的发展,P2P网络借贷成为近年来互联网金融领域最火爆的话题之一。截至2016年2月,我国P2P网贷公司达到3944家,截至2016年2月底,网贷行业历史累计成交量达到了16086.24亿元,2016年前两个月累计成交量达到2434.03亿元,是上年同期累计成交量的3.51倍。然而,如火如荼发展的P2P网贷行业中诸多问题也随之暴露,特别是2015年以来包括大大集团、e租宝等P2P网贷行业的知名平台风险事件相继爆发之后,《关于促进互联网金融健康发展的指导意见》《网络借贷信息中介机构业务活动管理暂行办法》等互联网金融监管文件的出台,使之前游离于监管之外的P2P行业逐渐告别"野蛮式"的发展路径,前所未有的舆论漩涡以及行业发展危机使P2P这一互联网金融标杆行业面临变革的十字路口。2011年7月21日,正式运行刚一年半有余且已经积累了10万用户、自称"中国最严谨网络借贷平台"的哈哈贷宣布因资金问题关闭运营,随后中国银监会即印发了《关于人人贷有关风险提示的通知》,要求银行业金融机构严防民间借贷风险向银行体系蔓延。据《2015年中国网络借贷行业年报》数据显示,2015年全年问题平台达到896家,且主要集中在山东、广东、浙江、上海、北京这5个省市,这5个省市的问题平台数量也占全年问题平台数量的60.1%。在P2P行业收益率持续呈现下行趋势的情况下,大型的P2P平台超过半数均公布了"风险准备金",其中部分还附带银行的资金监管报告,例如,宜人贷的风险准备金突破了4亿元,甚至超过了大部分平台的注册资本金,此外人人贷、积木盒子、红岭创投、金信网、温商贷等风险准备金也突破了1亿元。

据最新的统计数据显示,截至2015年11月30日,2473家平台中仅有461家设立了风险准备金制度,占比仅为18.6%,而绝大部分平台多采取承诺提供本金或本息保障的方式。此前存在庞氏骗局而倒闭的鹏城贷,为保障理财人资金安全制定了投资保障方案,包括逾期补偿和坏账垫付两部分,其实质都是针对借款人出现逾期情况而推出的保障机制。此外,该平台还设立了名为"坏账准备金"专项资金,但实际上此"坏账准备金"并不存在。例如,此前出现提现危机的阿拉贷,对借出者投资的借款出现严重逾期时(逾期超过10日),即为VIP借出者提供本金保障服务,除要求借款人必须提供资产或实物作为抵押外,还设立了"赔付基金",资金全部来源于阿拉贷

根据其与借款人签署的协议向其所服务的借款人收取的服务费。但在面对突如其来的提现危机时,赔付基金也不足以全额支付,并且没有充分证据证明该笔资金确实存在。

笔者认为,从问题平台是否存在风险保障金制度的数据来看,大部分问题平台尚未设立风险保障金制度。此外,设立该制度的平台如何向外界证明确实存在赔付专用资金也是需要纳入考虑的关键问题。一大笔风险保障资金存放在银行中固然会产生巨大的利润损失,但在目前国内 P2P 行业整体缺乏公信力的情况下,风险保障金制度的存在显然起到了一种“增信”的作用,并且国内已经设立风险保障金制度的平台如“宜人贷”、“人人贷”、“你我贷”都运作良好,由此可见,该制度确能在一定程度上发挥防范风险的作用。但从长远来看,P2P 平台的风险保障金制度还需通过完善的法律规制与监管才能从根本上实现其制度目标。

二、风险保障金制度:内涵解析、制度价值及现实需求

(一)何为“风险保障金”?

众所周知,大多数金融机构为了能够在发生意外时有充足的资金应对资金需求,通常都会建立相应的风险保障制度,例如,银行一般都会建立保证金存款制度以保障存款人可能面临的风险。保证金存款,是商业银行为保证客户在银行为客户对外出具具有结算功能的信用工具,或提供资金融通后按约履行相关义务,而与其约定将一定数量的资金存入特定账户所形成的存款类别。在客户违约后,商业银行有权直接扣划该账户中的存款,以最大限度地减少银行损失,保证金存款最主要的功能就是银行在面对大规模兑现或出现巨大资金需求时能够支付足够的资金。此外,为了全方位保护存款人的利益,我国《存款保险条例》于 2015 年 5 月 1 日起正式实施,存款保险是指“投保机构向存款保险基金管理机构缴纳保费,形成存款保险基金,存款保险基金管理机构依照《存款保险条例》的规定向存款人偿付被保险存款,并采取必要措施维护存款以及存款保险基金安全的制度”。又如保险公司一般都会有保险保障基金制度,保险保障基金是保险机构为了有足够的能力应对可能发生的巨额赔款,从年终结余资金中所专门提存的后备基金。与银行的存款保证金的功能相同,保险保障基金也是为了防止可能发生的风险而预先建立的资金集合。一旦保险机构面临巨额的资金需求

时,保险机构就有能力利用保险保障基金进行应对。

目前P2P风险保障金制度模式主要分为两种:一种是专门针对单笔交易中借款人逾期不能按时还款出现风险时而设立的保障金制度;另一种则是应对P2P平台本身可能出现的风险而建立的保障金制度。在第一种情况下,P2P网络借贷平台一般会通过一定的方式吸收一部分资金先行建立一个资金集合。一旦在交易过程中借款人出现逾期不能还款的情况,P2P平台就会先通过风险保障金向投资人进行赔付,然后再向借款人追偿。这种做法实际是面对违约状况时,由P2P网络借贷平台先行保障投资人的利益,而平台自己承接了相应的风险。另一种模式下,P2P平台大多会和独立的担保公司或小额贷款机构进行合作,由第三方公司对P2P平台可能产生的倒闭破产等风险提供担保。基于此,笔者尝试对P2P平台风险保障金的内涵作出如下界定:P2P风险保障金制度是指P2P平台为了防止由于借款人逾期还款或平台自身可能出现的风险,通过从交易金额中提取一定的服务费预先建立一个资金集合或引入第三方提供担保的方式,为将来可能出现的投资风险进行防范,从而保障投资人的利益的一种制度。风险保障金又可称为"风险备付金""坏账准备金"或"风险准备金",但无论称谓如何都可以统称为"风险保障金",其本质都是为了保障P2P投资人的投资权益而构建的一种投资者保障机制。

从目前P2P网络借贷平台的实践可以看出,针对P2P平台本身的风险设立的风险保障制度在性质上很类似于传统金融机构的保证金存款、存款保险或保险保障基金等机制,针对单笔交易设立的风险保障金更多侧重于保障单个投资人的利益,并不涉及P2P平台的破产风险及安全问题。作为P2P网贷中的一种投资者风险保障机制,风险保障金制度滥觞于欧美国家P2P网贷行业的实践,国外普遍建立起的模式是针对P2P平台风险而设立风险保障金的模式,而国内的P2P平台普遍建立起的是侧重于保护投资者且针对单笔交易的风险保障金制度。

(二)风险保障金的制度价值

1. 风险保障金制度能激发行业的集体信心

每个人都要作计划或为某些事情作出决策并且期望这些计划或决策实现预期的结果,但通常计划并非一成不变,期望也不一定总能朝着预想的途径实现。有时预先计划无法实现是因为建立在不现实的基础上,但更多是因为在计划实施过程中由于一些偶然因素所造成的随机事件发生而受到影响。为了减轻由于偶然原因而发生随机事件对决策者的不利影响,保险行业应运而生,所谓保险就是对随机事件在某些个体上的发生而导致经济上的严重损失所给予的保护。风险保障金制度作为一种网络借贷市场上的“保险”制度,就是借鉴了保险统计学的理论基础,即基于损失的发生系随机小概率事件的前提下,由全体投资者集体承担随机小概率损失的风险。这种风险共担的保险机制,很大程度上能够减少投资者在平台投资过程中由于偶然因素引起的随机性损失的风险,增加投资者在投资过程中的信心。

2. 风险保障金制度提供一种有效的市场退出机制

风险保障金制度通过提供一种有效的市场退出机制,起到防范风险、保护投资者利益、维护金融体系稳定的作用。风险保障金制度通过向参与平台融资的借方或者借贷双方收取一定比例的资金设立一个风险资金池,从而为互联网金融的稳定与发展架起两道防线:(1)对陷入困境的平台中的投资者(贷方)实施资金救援,从而最大限度地保护投资者利益;(2)可以动用风险资金池进行及时、科学的现金赔偿,将存款人的损害降到最低限度,保护市场退出的平稳性。

3. 风险保障金制度有利于降低交易成本

考虑当前互联网金融的发展现状,尤其是 P2P 金融野蛮式发展所带来的问题,互联网技术的运用对金融交易成本的降低起到了关键性作用。有学者认为,交易成本可以进一步划分为外生交易成本和内生交易成本。内生交易成本是市场均衡与帕累托最优之间的差别,通俗地说内生交易成本是人们在交易中争夺分工的益处,每个人都希望得到更多的益处,而不惜减少别人从分工中得到的益处,这种机会主义行为使分工的益处不能被充分利用,还可使资源配置产生背离帕累托最优的歪曲。外生交易成本则是指在交易过程中直接或间接发生的那些费用,它不是由于决策者的利益冲突导致经济扭曲的结果。在互联网金融领域,内生交易成本表现为由道德风险和逆向选择而损失的那部分合作剩余,当达成交易合意所需要的信息越多时,受到信息成本限制的交易合意越难以达成一致,由此使得内生交易成本就会越高昂,以至于在一定程度上导致合约不能达成。在互联网 P2P 金融时代,交易双方突破了传统金融依靠性别、血亲关系、种族、地缘、宗教信仰等因素而形成的社会群体性约束,从而降低交易成本,使交易参与各方更多地不存在社会关系的交叉。而风险保障金制度通过降低投资者的信用风险和信用风险下的违约救济成本,在一定程度上缓解了由于信息不对称导致交易合意难以达成的高交易成本之困境。

(三)风险保障金制度构建的现实需求

1. 信息不对称引起的挤兑风险

随着互联网金融的发展,特别是P2P行业的发展逐渐规范化,优胜劣汰机制在金融领域初步形成并持续发挥作用,经营不善的P2P平台在激烈的市场竞争中可能会陷入危机,甚至破产倒闭都将是无法避免的事实。平台破产倒闭会使投资者利益受到损失,而在信息不对称的影响下,部分投资者利益的损失往往会导致大面积的平台挤兑现象,并产生连锁反应,甚至会波及正规金融机构从而产生系统性风险。特别是在目前"三无"前提下,P2P行业野蛮式急速增长,很多平台发展规模日益壮大,涉及的行业人群基数不断扩大,形成"尾大不掉、大而不倒"的趋势。因此,在为金融机构提供一种稳步退出机制的同时,还需建立一个"安全网",解决民间互联网金融的信心问题,以期有效规避风险扩散到其他正规金融机构和防范系统性风险。

2. 羊群效应引起的集体非理性

随着信息经济学和博弈论对微观经济理论的重新表述,经济学在分析人的行为时,更加注重信息的不对称以及预期的不确定性对人的行为之影响,人的有限理性、对信息观测及认知能力的差异被认为是从众行为产生的根源。从表面来看,在金融市场上,投资者个体的行为总是表现为具有一定的理性特征,但个人的理性行为却导致了集体行为的非理性和"羊群效应"。在P2P行业存在巨大的利润空间和市场需求,加上P2P平台市场准入门槛低,大量的P2P平台缺乏有效的风控能力和经营管理制度,平台发展存在明显的羊群效应,导致了近年来P2P行业的火爆发展。投资者基于不对称的信息和从众心理,纷纷涌入P2P行业,P2P平台为了留住涌进的投资者,向投资者允诺提供本金担保等一系列保障机制,甚至出现虚构债权的诈骗情形。基于此,P2P平台渐渐偏离纯信息中介的角色,进而异化为承担了更多担保责任的信用中介。

三、国内P2P平台的风险保障金制度:以"人人贷"和"你我贷"为例

由于目前国内的风险保障金制度主要功能在于降低单笔交易中投资者面临的风险,鉴于"人人贷""你我贷"等P2P平台的风险保障金制度较具典

型性,笔者以下将以这两个 P2P 平台已经建立起的风险保障金制度为例,介绍并分析这两个 P2P 平台的风险保障金机制,既重视其制度共性,亦不偏废其制度间的差异。

(一)人人贷的风险保障金制度

1. 用户利益保障机制

人人贷的风险保障金制度称为"用户利益保障机制",主要由保证金账户保障和合作机构保障两种保障机制构成,而与风险保障金制度联系最为密切的主要是保证金账户保障机制。保证金账户保障是指在平台发生的适用用户利益保障机制项下保证金账户的每笔借款成交后,由人人贷要求推荐对应借款项下借款人的平台合作机构或其指定机构提取一定比例的保证金放入"保证金账户",当出现债务严重逾期时(逾期超过 30 日),根据"保证金账户使用规则",直接使用账户内的资金偿付出借人所遭受的本金及利息损失(偿付标准依债权标的类型而定)。当债权人享有了"保证金账户"对某笔逾期债权赔付金额的足额偿付后,该债权对应的借款人其后为该笔债权所偿还的本金、利息及罚息归属"保证金账户";如债权有抵押、质押及其他担保的,则平台代借款人处置抵押质押物或行使其他担保权利的所得等也归属"保证金账户"。

2. 账户资金来源及其存管

保证金账户是指人人贷为所服务的所有理财人的共同利益考虑,以人人贷名义单独开设并由中国民生银行进行资金存管的一个专款专用账户。在保证金账户资金来源方面,设立时初始保证金 2.01 亿元为平台及其合作方注入,保证金账户设立完成后由平台依据借款产品类型以及借款人信用等级按照相应规则计提保证金,计提后的保证金也放入保证金账户内进行存管。在资金存管方面,人人贷、友众信业与中国民生银行就保证金存管问题签署协议,民生银行对保证金账户资金进行认真、独立的存管,并针对资金账户余额的变动状况每月出具存管报告,以此接受用户监督。

3. 保证金账户资金使用规则

(1)违约偿付规则,即当受保障借款的债务人逾期还款超过 30 日时,才能从保证金账户中提取相应资金用于偿付债权人逾期应收赔付金额;(2)时间顺序规则,即保证金账户对于受保障借款的债权人的偿付按照债权逾期的先后顺序进行,先行偿付逾期在前的债权,后偿付逾期在后的债权;(3)有限偿付规则，即账户对于受保障借款的偿付金额以账户内保证金总额为限，当该账户余额为零时，自动停止对逾期应收赔付金额的偿付，直到该账户重新获得新的保证金；(4)收益转移规则，当债权人受到保证金账户赔付后，平台作为账户的提供方及时取得对应债权，该债权的债务人其后为该笔受保障借款所偿还的全部本金、利息及罚息归属保证金账户；(5)金额上限规则，即当保证金账户内的保证金金额超过届时平台上发生的所有网贷交易的债权未清偿本金金额的10%时，人人贷有权将超出部分转出该账户并自行支配。

表1　人人贷风险备用金各类投资产品偿付规则

产品类别	成交借款风险金计提比例		逾期/严重逾期借款风险金垫付范围	垫付奖金来源
信用认证	AA级用户	0%	未还本金	人人贷风险备用金
	A级用户	1.0%		
	B级用户	1.5%		
	C级用户	2.0%		
	D级用户	2.5%		
	E级用户	3.0%		
	HR级用户	5.0%		
智能理财标	大于等于1%		未还本金；逾期当期利息；垫付等待期利息	人人贷风险备用金
实地认证标	大于等于1%		未还本金；逾期当期利息	1. 实地认证机构风险备用金； 2. 人人贷风险备用金
机构担保标	0%		未还本金；逾期当期利息	合作机构

资料来源：人人贷网站，http://www. we. com/help/security/security! detail. action? flag = bjbz，2016年3月31日访问。

（二）你我贷的风险保障金制度

1. 本金保障计划

你我贷的风险保障金制度称为“本金保障计划”，与人人贷的保证金账户类似,你我贷的风险保障金也是基于所有客户的共同利益、为有效控制风险而专门设立的专款专用账户。

本金保障计划是指你我贷针对每笔借款根据服务类型及借款人的信用等级收取一定比例的风险保障金,并存入中国光大银行上海分行、广发银行等进行专户托管或第三方担保机构担保、第三方融资租赁公司回购等方式所建立的风险保障制度。值得注意的是,你我贷与人人贷在风险保障金来源方面的主要区别在于:你我贷从本金中直接按比例提取风险备用金,而人人贷则从服务费中提取,但在证明风险保障金实际存在并独立运行方面,都注重通过第三方银行存管与公众监督的方式来确保风险保障金的独立运作。

2. 风险保障金的运作模式及使用规则

在风险保障金的运作方面,你我贷与人人贷相类似,即将特定账户内的资金用于在一定限额内(具体数额根据所出借的服务类型的垫付规则为准)偿付你我贷所服务的投资人由于债务人违约所遭受的本金或本息的损失,即当债务人逾期还款超过 30 日时,你我贷将从风险保证金账户中提取相应资金用于偿付债权人应收取的本金或本息金额;在资金使用规则方面,你我贷也规定了和人人贷相类似的违约偿付规则、时间顺序规则、有限偿付规则、收益转移规则、金额上限规则等。另外,你我贷所建立的风险保障金致力于保障全体投资人的资金安全,投资人在你我贷的投资行为 100% 适用于本金保障计划。

表 2　你我贷风险保障金各类投资产品偿付规则

<table>
<tr><th rowspan="2">服务类别</th><th colspan="3">成交借款风险金计提比例</th><th rowspan="2">逾期/
逾期超过 30 日
借款风险金
垫付范围</th><th rowspan="2">垫付资金来源</th></tr>
<tr><th>风险级别</th><th>账户管理费（一次性）</th><th>借款管理费（按月）</th></tr>
<tr><td>企业贷</td><td>A 级用户</td><td>0.00%</td><td>0.10%</td><td rowspan="3">未还本金;
逾期当期借款利息;
垫付等待期借款利息</td><td rowspan="3">你我贷
风险备用金</td></tr>
<tr><td>商户贷</td><td>B 级用户</td><td>0.50%</td><td>0.20%</td></tr>
<tr><td>车贷</td><td>C 级用户</td><td>1.00%</td><td>0.30%</td></tr>
</table>

续表

服务类别	成交借款风险金计提比例			逾期/逾期超过30日借款风险金垫付范围	垫付资金来源
	风险级别	账户管理费（一次性）	借款管理费（按月）		
网商贷	D级用户	2.00%	0.40%	未还本金	你我贷风险备用金
物业贷	E级用户	3.00%	0.50%	未还本金；逾期当期借款利息；垫付等待期借款利息	你我贷风险备用金
薪金贷	F级用户	3.50%	0.60%		
净值贷	0%			未还本金；逾期当期借款利息	出借用户应收款项

资料来源：你我贷网站，http://www.niwodai.com，2016年3月31日访问。

四、国外P2P平台的风险保障金制度介绍

表3　国外知名P2P平台风险保障金制度一览

P2P平台	风险保障金制度名称	针对风险	国家	担保范围	法律关系
Funding Circle	破产保障制度	平台	英国	本金	担保法律关系、信托法律关系
Lending Club	破产保障制度	平台	美国	本金	担保法律关系
Zopa	Safeguard安全卫士	个人	英国	本金、利息	担保法律关系
RateSetter	Provision风险储备金	个人	英国	不明	担保法律关系、信托法律关系

由于欧美国家已经建立起较为健全的个人信用评级体系，因此针对个人风险防控的经验比中国丰富。在制度设计的价值与目标方面，目前，国外P2P平台已经建立起的风险保障金制度多是针对平台自身风险的破产保障制度，而非针对单笔交易的风险保障金制度，但两种保障目标迥异的风险保障金模式之间虽存在一定的交叉与融合，仍然可以为我国构建完善的P2P

网贷风险保障金制度所借鉴。

(一)针对平台风险的保障金制度:基于破产保障的视角

1. 英国 Funding circle 的破产保障制度

Funding circle 虽然没有设立专门针对单笔交易的风险保障金制度,但它设立了一套较为完善的破产保障机制。在极端情况下,Funding circle 一旦出现破产或倒闭的情况,平台上已经建立的所有借贷关系仍然有效,且 Funding circle 会将所有未清偿的贷款转移到第三方服务商(a third party back-up servicer)——链接金融外包有限公司(Link Financial Outsourcing Limited),由其代为从借款人处接收资金并偿还给投资人,而投资者存在平台上的资金则由巴克莱银行在 14 个工作日内划转到各个投资人的账户中。"链接金融外包有限公司"本质是一家贷款评级服务公司(an S&P rated servicer of loans),该制度下的第三方服务商与投资者所形成的法律关系为担保法律关系。目前,Funding circle 平台的客户账户以信托方式在巴克莱银行持有安全账户,因此,客户账户中未借出的资金也会由巴克莱银行补偿。

2. 美国 Lending Club 的破产保障制度

针对 Lending Club 破产的风险,Lending club 已经和 Portfolio Financial Servicing Company(组合金融服务公司)在备份和后继服务方面达成协议。在该协议下,如果 Lending Club 平台出现破产情况,PFSC(组合金融服务公司)随时可以为贷款者收回自己的贷款,此时 PFSC 公司承担的是破产管理人的角色。而如果相关贷款被确定为 lending club 的破产财产的一部分,PFSC 可能无法支付偿还。如果 lending club 与 PFSC(组合金融服务公司)协议被终止,lending club 将寻求另一个备份服务商来代替 PFSC。另外,2008 年 Lending Club 获得美国证券交易委员会 SEC(U. S. Securities and Exchange Commission)认证,注册为第一家按 SEC 安全标准提供个人贷款的企业。这项认证意味着,即便 Lending Club 发生严重债务危机甚至倒闭,其平台上的贷款人仍能得到美国政府的资金保障。

(二)针对单笔交易的风险保障金制度

针对 P2P 平台单笔交易的风险保障金制度是指 P2P 网络借贷平台一般会通过一定的方式吸收一部分资金建立一个资金池。一旦在交易过程中借款人出现逾期不能还款的情况,P2P 平台就会先通过风险保障金对投资人进行赔付,然后再向借款人追偿。

1. Zopa 的 Safeguard 制度

英国的 Zopa 公司从 2013 年 5 月开始实行“Safeguard”(安全卫士)制度,Safeguard fund 的资金类似于风险准备金且主要来源于借款人所缴纳的借款服务费,这些服务费一部分会用于网站的日常运营管理,另一部分则存入 Safeguard 的信托基金账户。该笔风险准备金用来负责在借款违约时替借款人偿还欠投资者的本金及利息。由此可见,该种模式下实际上是由平台自身对投资者提供了担保,但是,Safeguard 并未对外公布其资金提取比例数据。在该笔信托基金的独立性方面,Zopa 将 Safeguard fund 的资金转由一家非营利组织 P2PS Limited 作为受托人来管理,P2PS 对 Safeguard fund 储备金的用途负责,同时还制定了规范该笔资金使用的规则,即该笔资金无权管理只能用于偿付违约的债务人欠投资人的本金及利息。在赔付完投资者的损失之后,债权债务关系将会发生移转而由专门的收债公司(debt collection agency)对债务人进行追偿。在基金的安全性方面,如果同时出现大量的违约,Safeguard fund 内的资金可能会出现短缺的现象,但是,为了确保每位投资者都能收到资金,当基金账户内收到新的安全基金时,会先偿还给投资者一部分直至全部还清为止。

2. RateSetter 的 Provision Fund 制度

RateSetter 是第一家将“Provision Fund”(风险准备金)引入 P2P 网络借贷的公司,Provision Fund 资金同样来源于借款人借款时所付的服务费,RateSetter 会根据客户的信用等级等因素,按照不同比例来提取风险准备金。RateSetter 并不会将出借人的资金进行拆分而出借到其他多个贷款项目中,因为风险准备金制度存在的重要价值之一便是将可能出现的风险分散到整个系统当中——如果有一个借款人逾期未偿还贷款,则由风险准备金来补偿投资人。关于该风险准备金的独立性问题,RateSetter 明确表示 Provision Fund 内的资金属于出借人,基于信托机制而完全独立于 RateSetter 公司,RateSetter 的 Provision Fund 制度十分类似于国内 P2P 平台的风险保障金制度。在此情况下,平台利用收取的资金所形成的资金池为投资人提供担保,因此出借人与平台针对风险储备金还存在信托法律关系。RateSetter 风控机制的健全性还体现在,如果出现平台破产或倒闭,通过平台已经建立起的债权债务关系仍然有效,平台将使用 Provision Fund 以及股东资本金来对投资人进行偿付,若风险准备金不足以覆盖全部违约款项,则平台首先偿还投资人的部分金额,其余未偿还部分等待从新的贷款项目中获得保证金后继续偿还。

五、国内 P2P 平台风险保障金制度的法律风险归纳与分析

目前,由于国家政策层面尚未出台 P2P 网贷正式的监管办法,央行征信系统也未对民间资本开放,使得 P2P 网贷行业的发展进入了"瓶颈"。为了能够提高 P2P 平台自身的信誉水平和风险担保能力,国内 P2P 网络借贷平台纷纷建立了诸如本金保障计划、风险备付金等一系列风险保障金制度。所以,正确认识风险保障金制度的法律属性及其风险是今后对该制度施加有效监管和持续完善的重要前提之一。银监会联合工信部、公安部、国家网信办等部门出台的《网络借贷信息中介机构业务活动管理暂行办法》中,将 P2P 的法律地位定位为"信息中介机构",这意味着 P2P 平台将不能承担作为信用中介机构的功能。从投资者风险自负的理论视角来看具有一定的合理性,也及时回应了互联网金融理论与实务界"打破 P2P 刚性兑付"的呼声。如果运用统计学学理基础来检视风险保障金制度自身运行的逻辑,就企业经营借款而言,其违约风险是简单随机事件的统计学基础并不一定可以成立,对于商业企业,尤其是集中于同一区域的企业的违约情况受当地系统性风险的影响较大,即其违约风险是相互关联事件而非简单随机事件,资金池模式的统计学理论基础尚且存疑。

从 P2P 平台现存的风险保障金制度运行模式来看,笔者认为目前 P2P 风险保障金机制存在如下法律风险:

1. 国内 P2P 平台目前存在的是针对单笔风险进行防控的风险保障金制度

在第一种情况下,P2P 网络借贷平台一般会通过一定的方式吸收一部分资金建立一个资金集合。一旦在交易过程中借款人出现逾期不能还款的情况,P2P 平台就会先通过风险保障金对投资人进行赔付,然后再向借款人追偿。这样做实际上是在出现违约时,由 P2P 网络借贷平台先行保障投资人的利益,平台自己进行风险承担,后果就是来自借款人的逾期债权资金风险最终落在了 P2P 平台身上。因此,就存在一种逾期债权风险,即 P2P 平台在承担逾期债权后,能否顺利追回欠款。如果出现大量欠款不能追讨,而 P2P 平台已经预先支付了风险保障金的情况下,平台自身会出现资金困难。此

时,风险保障金制度甚至会成为平台资金链断裂、倒闭的原因。此外,在目前国内征信体系尚不完善的情况下,由 P2P 网络平台进行先行赔付,然后由 P2P 进行代位追偿的风险保障金模式需要承担极大的风险。

2. 信用审核的风险

所谓信用审核的风险,是指在没有完善的信用审核机制下,P2P 平台很难客观了解到借款人与投资人的真实情况,这会为日后出现的债务违约、追款困难埋下风险与隐患。信用审核风险的产生主要原因是:由于目前我国个人征信体系建设尚不健全,民间网络借贷平台在获取人民银行的征信信息资源方面乏力,也不能像欧美国家一样每个人的信用评级均有据可查,借方、贷方和网络平台三方之间的信息缺乏透明性。根据美国的实践,健全的信用体系记录着每一个公民所有的信用情况,并允许在合乎法律程序的前提下调出或查询相关征信记录,网络借贷的风险因此可以大幅降低。然而中国尚未建立此种信用体系,甚至各个平台之间也没有共享信用信息的渠道,借款人在某一融资平台违约后转而再在另一平台借款毫无障碍,这就进一步加剧了平台面临的风险。基于 P2P 网贷的借款人与贷款人之间存在信息不对称的情况,所以,P2P 平台对借款人的信用评价极其重要,而具体的信用评级确定又取决于两种因素:合适的信贷技术和高成本的线下尽职调查。国内目前众多 P2P 机构将借款人资质审核和风险评估权作为其为投资人提供的服务之一,但仅仅依靠简单的线下审核,投资人无法全面了解到借款人的详细信息和财务数据,更无法根据信息进行风险判断。另一方面,由于我国 P2P 平台没有建立借款信息共享机制,一些恶意借款人才可能通过“蚂蚁搬家”的方式,同时在多家平台注册多笔贷款积少成多筹集大量资金,而其本身又缺乏足够的还款能力。在这种情况下,不法分子会利用规则漏洞借新还旧,不断非法吸收公众存款,将筹集的大量资金投入房地产或“两高一剩”等国家管制产业获取高额利润,在资金链断裂前风险极难被发现。一旦出现违约,P2P 网贷平台在进行先行赔付后很可能面临无法追回欠款的危险。这样的情况如果大量发生就极易引发 P2P 平台资金链断裂,无法通过新流入的资金来承兑支出金额,其后果就是整个 P2P 平台面临崩溃。

3. 风险保障金制度本身还可能存在重大的资金管理风险

所谓资金管理风险,就是指作为风险保障金所收取的大笔资金是否真正在 P2P 平台运营中做到独立储存、独立管理、独立使用,而 P2P 平台是否存在可以挪用,甚至收取资金后根本不设置专项保障金的风险。目前国内的 P2P 平台大都规定了风险保障金由独立的第三方账户进行管理，但实际运行中的具体情况值得深究，因为金融诈骗和卷款跑路是投资人最为担忧的两个问题，而这些问题的出现在技术上主要是由于交易中使用的中间资金账户缺乏监管，且中间资金账户又归属 P2P 平台所有的情况下，资金具有被平台支配的极大可能性。这可能导致产生如下风险：一方面，借贷双方将资金交给 P2P 平台指定的账户之后，由于不能实现完全的管用分离，网站内部控制程序失效、网站工作人员疏于自律或被人利用的情况下，很容易出现内部人员非法挪用资金、非法集资等违法犯罪行为；另一方面，由于 P2P 网贷行业的本质是自然人对自然人的借贷行为，限制了网贷平台的身份属性，以至于它并不能像 P2P 小额信贷一样拥有合法的金融牌照以法人的身份在银行开户进行其借贷业务，只能以自然人的身份在银行注册开户。因此，大部分银行部门只允许网贷企业开户但是并不施加对其的监管，往往以“资金额太小为由”而拒绝，或者因为托管服务需要付出较大的“监管和审核”成本而不愿意接手。至此，在失去银行有效监管的情况下，P2P 平台就存在挪用自管资金的极大可能，使得本来应当作为风险保障金而进行储存的资金形同虚设。

4. 风险保障金制度还可能受到道德风险的影响

道德风险泛指在不同的交易过程中从事活动的人在最大限度地增进自身效用的同时作出不利他人的行动，它主要由事后的非对称信息引起。由于信息不对称，平台、投资者和借款人三者都可能产生道德风险：(1) 从投资者（贷款人）方面来说，风险保障金制度建立后，因借款被保本或者保本付息后，就会失去对平台进行谨慎选择、监督的积极性，市场自身的监督机制随之消失，这将激化平台的风险偏好；(2) 从平台方面来说，平台在设立风险保障金制度并获得对投资者的支付保证后，尤其是采取单一比例提取风险保障金时，其缴纳的一定比例的风险保障金与该平台借款人或者投资者的个人信用风险不挂钩，加上信息不对称，没有来自投资者的监督和约束，平台受高收益的驱动势必会放松对借款人的信用审核和降低接待门槛；(3) 从风险保障金的持有机构方面来说，目前市场上还不存在一家能够做到中立且风险保障金与平台资金相隔离的平台或机构来保证这部分风险保障金避免被平台挪用的风险。

综上所述，作为 P2P 网络借贷平台普遍采取的风险保障金制度存在运行中的诸多法律风险。目前有的 P2P 借贷平台在宣传中模糊地承诺对投资数额较大的VIP客户垫付平台逾期贷款的本金和利息,但却不明确说明风险承担的主体和范围,这种做法并非明智之举,应当避免平台含糊其辞地对本金保障进行不当宣传。其实,风险保障金的风险并不能简简单单地归结为制度的风险,更应当上升为整个P2P行业的风险。在P2P平台高速发展的今天,如果缺乏有效、完善的法律规制,大量的资金聚集必然会导致风险的加大,因此,我们必须秉持客观的态度看待风险保障金制度的作用与风险,以期对其进行约束与规范。

六、国内P2P平台风险保障金制度的法律规制建议

回归到风险保障金法律属性方面,如果P2P平台定位为纯信息中介机构,则风险保障金制度作为具有一定担保功能的制度设计将面临无法与现行监管法规契合的尴尬境地。笔者认为,基于目前互联网金融发展态势和金融消费者保护的要求,可以将P2P平台的定位介于信息中介和信用中介之间,不妨将其称为"金融信息中介机构",为风险保障金机制的构建预留出一定的空间。此外,若要对风险保障金进行客观、全面的分析,还应对风险保障金的制度属性作出差异化的区分。其中相较于针对平台破产而设立的风险保障金而言,针对单笔交易的风险保障金具有一定信用中介的性质,只能在一定程度上起到补偿投资者损失的作用,在强调P2P行业"打破刚性兑付""投资者风险自负"的背景下,这种类型的风险保障金制度需要逐步转型才能契合行业整体"去担保化"的投资生态。在对风险保障金监管方式的选择上,既然将P2P定位为金融信息平台、民间借贷的网络化,那么对其监管就应当放松管制,具体实现途径便是不宜采取事前监管的方式,而要强化事中、事后监管,以鼓励和支持互联网金融创新。

在缺乏法律规制的现实背景下,经济实力较弱的P2P平台很难克服风险保障金制度存在的风险,一旦大量的借款人逾期不还款,P2P平台用风险保障金先行垫付投资人本息,P2P平台不能及时追回借款的情况下,将会面临倒闭的厄运。因此,笔者认为必须对P2P平台的风险保障金机制进行必要监管和法律规制:

1. 明确规定P2P平台法律地位及其监管部门。目前P2P平台无行业标准和准入门槛,再加上P2P作为新兴事物致使其从业者的素质良莠不齐,导致目前P2P行业的鱼龙混杂、野蛮式发展。尤其是P2P平台"倒闭潮"与"e租宝"事件,说明仅靠行业自律很难真正实现P2P行业的健康发展,必须

依靠外部监管力量来对 P2P 行业进行规范。2015 年 7 月央行等十部委联合出台的《关于促进互联网金融健康发展的指导意见》(以下简称《意见》),《意见》明确了 P2P 网络借贷的概念及监管机构,即网络借贷业务的监管主体为中国银监会。但基于 P2P 平台准金融机构和互联网的双重性质以及当前的发展现状,建议应尽快出台相关的法律法规,从总体上对 P2P 平台进行监管,并进一步明确风险保障金的法律属性及监管逻辑,如此,才能切实保护投资者的权益并缓解投资人对投资风险的担忧。

2. P2P 平台用风险保障金垫付借款人逾期还款后产生了逾期债权,为了使 P2P 平台能够顺利追回欠款,需在事前加大对借款人借款资格的审核力度。针对 P2P 平台不同的借款需求,要明确规定各种不同需求的借款人所应具备的差异化还款资格,比如在收入、职业、工作年限等方面做一些具体的限定。同时,为防止各种证件、证明材料造假的情况,P2P 平台更应该审慎地审核借款人资格,这就需要 P2P 平台与社会保障部门、税务部门之间通力合作,以便充分查询借款人的社保缴纳情况、纳税情况等再加上借款人提供的证件和证明材料综合确定借款人的实际还款能力。在有动产或不动产抵押的情况下为了保证抵押权的顺位和借款人逾期不还时抵押权的实现,审核应当更加严格。以宜信宜房贷为例,由于我国《物权法》第 16 条规定,不动产登记簿是物权归属和内容的根据,不动产登记簿由登记机构管理。《物权法》第 17 条规定,不动产权属证书是权利人享有该不动产物权的证明。不动产权属证书记载的事项,应当与不动产登记簿一致;记载不一致的,除有证据证明不动产登记簿确有错误外,以不动产登记簿为准。即登记簿与权属证书记载不一致的,原则上以登记簿为准。因此,为了能顺利收回借款,保证抵押权的顺位,宜信公司会在事前专门到登记部门查明该房屋在抵押给宜信公司之前有无其他权利负担。

3. 在 P2P 平台风险保障金的资金管理方面,应积极探索风险保障金与平台自有资金彻底隔离的有效途径,确保风险保障金账户内的资金不会被平台挪作他用。具体来说,建议由监管机构出台相关法规将这一要求具体化,同时可以充分借鉴证券行业客户交易结算资金第三方存管的制度,如此考虑的原因在于将客户资金由第三方存管可以有效防止网络平台或个人非法挪用客户资金,以确保资金的安全性,也有利于确保破产时的资金隔离,这对于控制金融行业风险、切实保护贷款人利益以及维护金融体系稳定具有重要作用。为了避免 P2P 平台把风险保障金作为吸引投资人的幌子,仅存在名义上的风险保障金,建议借鉴目前一些平台风险保障金制度的做法,要求P2P平台实时公布风险保障金账户内资金的余额和具体的资金使用明细,银行定期出具具有公信力的资金存管报告,使风险保障金的资金流向和账户动态透明化、公开化。

4. 在信用审核风险方面,应探索建立网络借贷信用评价体系。具体的实现途径可以考虑以下三点:(1)在中国人民银行个人征信系统和公安部公民身份信息系统对接的基础上探索建立政府主导的社会信用和评价管理体系,允许P2P网络借贷公司在遵守保密协议及取得客户授权的基础上实时查询,并借鉴美国经验允许P2P网络借贷公司将客户逾期以及违约信息上传到信用评价和管理系统中以完善相关信用记录。通过这种方式提高借款人的违约成本并降低违约率,切实保障投资人和P2P平台的利益。(2)要积极引入市场竞争机制,建议出台相关的法规鼓励民间征信机构的发展,建立民间征信机构协会,加快各征信机构信息共享的步伐,促进P2P平台与民间征信机构的合作,互惠互利、合作共赢。(3)推动交通、税务、工商、海关等各部门信息的融合和开放,以此来提高P2P信用审核的便利程度和信息的综合性,使融合了各部门的信息能够更准确地反映出借款人的实际还款能力。在P2P平台间建立类似于商业银行的信息共享机制,使得各P2P平台能够实时掌握各个平台的借款人的借款及还款情况,防止出现P2P平台用风险保障金垫付借款人借款后无法追偿的情况。

参考文献

1. 罗岚:《如何防范保证金存款风险》,载《西部论丛》2006年第8期,第68~69页。

2. 冯士雍、黄向阳:《保险统计的基本原理和方法》,载《数理统计与管理》1995年第1期。

3. 杨小凯、张永生:《新兴古典经济学与超边际分析》,社会科学文献出版社2003年版。

4. 饶育蕾、盛虎:《行为金融学》,机械工业出版社2010年版。

5. 施俊:《再思P2P行业乱象》,载《新财经》2013年第11期。

6. Martin Lewis, What I earned from peer-to-peer savings, *The Telegraph*, 2013 - Oct - 24 .

7. 郭奎涛:《网贷平台"僭越"担保本金保障暗藏风险》,载《中国企业报》2013 年 3 月 5 日。

8. 梁笑雨、魏鹏:《P2P 网络借贷风险》,载《新产经》2013 年第 4 期。

9. 黄叶苨、齐晓雯:《网络借贷中的风险控制》,载《金融理论与实践》2012 年第 4 期,第 101 ~105 页。

10. 官大飚:《我国 P2P 网络借贷发展存在的风险及其监管对策》,载《台湾农业探索》2012 年第 5 期,第 61 ~64 页。

11. 陈宇:《宜信模式风险何在》,载《创业家》2012 年第 11 期,第 58 页。

12. 李钧:《P2P 借贷:性质、风险与监管》,载《金融发展评论》2013 年第 3 期,第 34 ~36 页。

13. 柳立:《完善 P2P 网络借贷的法律监管体系》,载《金融时报》2013 年 7 月 8 日。

14. 梁笑雨、魏鹏:《P2P 网络借贷风险》,载《新产经》2013 年第 4 期,第 7 ~11 页。

15. 李钧:《P2P 借贷:性质、风险与监管》,载《金融发展评论》2013 年第 3 期,第 34 ~36 页。

16. 易燕、徐会志:《网络借贷法律监管比较研究》,载《河北法学》2015 年第 3 期,第 82 ~92 页。

互联网金融的法治路径

李爱君*

内容提要：互联网金融在创新过程中，在对我国金融服务的层次上起到了一定补充作用的同时也存在对已成立的法律制度的突破，因此，给整体的金融市场带来一定的不稳定性，而且影响了互联网金融本身健康与持续的发展和整个经济秩序的稳定，同时对投资者的财产构成欺诈性地剥夺。为充分发挥互联网金融对经济发展的作用，并保持该行业的持续发展与金融秩序的稳定及对投资者的财产的保护，互联网金融应回归到法制的轨道上来：一是互联网金融应对已成立的法律普遍服从；二是互联网金融需要良法之治；三是建立互联网金融监管制度。

关键词：互联网金融　互联网金融本质　互联网金融法治　互联网金融风险特征　互联网金融监管

一、互联网金融应对已成立的法律普遍服从

（一）互联网金融的本质是金融

互联网金融的本质就是找出其本身所固有的根本属

* 李爱君，山东曲阜人，中国政法大学金融财税法研究所教授，中国政法大学金融创新与互联网金融法制研究中心主任。

性的研究,[1]是解决互联网金融问题的基础。从金融功能、金融发展史、金融与货币的关系、金融风险四个方面看,互联网金融的本质仍是金融,是金融就应该服从已成立的法律。从金融的功能看,互联网金融仍然是"金融"的功能。功能这个概念是重要的方法论,其所要表达的是事物之间的关系,而且决定着事物的本质。兹维·博迪(ZviBodie)和罗伯特·C. 莫顿(Robert. C. Merton)从金融系统最基本的资源配置的职能出发,列出了金融系统执行的六项基本职能:[2]在时间和空间上转移资源、管理风险、清算和支付结算、储备资源和分割股份、提供信息、解决不对称信息带来的问题。[3]金融是市场行为,是人们资产的变换,是以利息为尺度的权利与义务的承诺。[4] 非金融机构借助互联网技术创新的 P2P、众筹功能仍然属于上述范畴,因此没有改变"金融"的功能,只是改变了实现原有功能的行为方式,因此其本质还是金融。

从金融历史演进看,互联网金融是金融满足社会需求发展的一个历史阶段。金融发展是金融功能不断扩展和提升的历程。金融的发展不能忽视历史因素,将其视为静态是违反客观规律和缺乏科学性的,因为任何事物都有一个从低级到高级,由简单到复杂的发展过程。金融的发展同样遵循这一发展规律。金融功能演进史表明金融本身是由简单到复杂的发展过程。[5] 互联网金融的兴起和发展是金融发展的一个历史阶段;从货币与金融的关系看,互联网金融是电子货币的产物。货币过程本身就是一种金融过程,所以,金融制度的成熟和完善就是货币制度的成熟和完善。[6] 在历史的发展过程中,货币的形态是由低级向高级不断演进的。不同的货币阶段对应不同的金融结构。米尔顿·弗里德曼的货币促成金融创新理论认为,

---

〔1〕 柯武刚、史漫飞:《制度经济学:社会秩序与公共政策》,商务印书馆 2000 年版,第 31 页。

〔2〕 [美]兹维·博迪、罗伯特·C. 莫顿:《金融学》,曹辉等译,中国人民大学出版社 2000 年版,第 23~30 页;RobertC. Merton, A Functional Perspective of Financial Intermediation, Financial Management, Vol. 24, No. 2, Summer 1995。

〔3〕 支付结算是金融体系的基础性功能,资源配置是金融体系核心功能,而风险管理是金融体系的高级功能。

〔4〕 曾康霖:《论金融理论的创新》,载《金融理论与实践》2001 年第 6 期。

〔5〕 人类的金融业发展历程最早可以追溯到古代巴比伦和一些世界文明的发祥地。在古罗马,曾出现最古老的银行。现代银行业的奠基始于文艺复兴时代的意大利。13 世纪出现了汇票,16 世纪法国政府最早发行长期债券。这些早期的金融业态的萌芽,无一不是根据社会的需求而发展演变的结果。

〔6〕 孙杰:《货币与金融——金融制度的国际比较》,社会科学文献出版社 1998 年版,第 85 页。

金融创新的出现主要是货币方面因素的变化所引起的。[1] 互联网金融的这一创新恰恰是由于货币的表现形式这一因素发生了变化而进行的金融创新,如P2P借贷平台、众筹与第三方支付等都是建立在电子货币的基础之上的,如没有电子货币的产生,就无法实现这些模式的产生。互联网金融是通过电子货币突破了现实世界的时空限制,信息交流、资金流在网上迅速传送,因为电子货币在使用和结算过程中,不仅简化了使用传统货币的复杂程序,而且不受时间、地点、服务对象等限制。[2] 因此,互联网金融是电子货币的产物,其本质还是金融。

从互联网金融的风险看,互联网金融并没有改变金融风险的本质特征。金融风险是指经济主体在金融活动中遭受损失的不确定性或可能性。[3] 金融风险是金融活动的内在属性。只要存在金融活动,就必然存在金融风险,或者说,金融风险与金融活动是不可分离的。金融风险的存在恰恰是金融市场的一个重要特征。互联网金融是金融与现代互联网技术有机结合的产物,P2P与众筹等并没有改变金融的风险本质,仍然具有传统金融的风险特征:第一,互联网金融具有信用风险。众所周知,金融的主要风险是"信用风险",[4] P2P和众筹的运行模式所形成的法律关系及实践证明其主要风险仍是信用风险。第二,互联网金融具有流动性风险。流动性风险一般是由于资产的流动性发生变化而使持有者把资产变现使发生价值损失的可能性。[5] P2P平台的流动风险来源于平台的本金保障承诺和平台的"拆标"行为等。很多平台以风险准备金的形式提供对出借人的本息保障,由于要保本付息,平台承担起了资金垫付的压力,而一旦出现大规模的违约,出借人恐慌性提现,平台的资金不足以覆盖全部逾期债务时,平台便会面临流动性风险;拆标是将一笔大的资金需求拆分成多笔小额、短期的资金需求,然后再打包成不同期限的固定收益理财产品。这种方式需要不断地"借新还

---

〔1〕 杨有振、侯西鸿等:《金融开放:创新与监管》,中国金融出版社2002年版,第164页。

〔2〕 王蜀黔:《电子支付法律问题研究》,武汉大学出版社2005年版,第7页。

〔3〕 金融活动中的不确定性是金融风险产生的根源。金融活动的不确定性越大,金融风险就越大;反之,金融活动的不确定性越小,金融风险也越小。金融活动的不确定性包括外在不确定性和内在不确定性两种,内在不确定性导致的金融风险即为非系统性风险,外在不确定性导致的金融风险称为系统性风险。

〔4〕 信用风险是指债务人或交易对手未能履行合同所规定的义务或信用质量发生变化影响金融产品价值,从而给债权人或金融产品持有人造成经济损失的风险。

〔5〕 对商业银行而言流动性风险是指银行的流动性来源不能满足流动性需求,从而引发清偿问题的可能性。证券市场上的流动性风险是指交易的一方不能在预定的结算日足额交付证券或资金而给另一方带来的不确定性。互联网金融仍然具有流动性风险。

旧”,即庞氏骗局,一旦没有足够的新的出借量,就会导致资金链的断裂,引发流动性风险。第三,互联网金融具有操作风险。[1] 无论是金融机构从事的互联网金融,还是非金融机构从事的互联网金融都是企业性质,是企业就涉及内部控制、内部管理以及操作。由于互联网金融是一种新的金融模式,其风险特点、运行规律还没有完全被掌握,因此,对其管理及操作还不健全,尤其非金融机构利用互联网技术从事金融服务,对公司的治理结构、管理团队、从业人员目前都没有一定的监管要求,因此,存在操作风险,而且比传统金融机构的操作风险还大。

综上所述,互联网金融的本质是金融,是互联网与金融的有机结合,但不是简单的嫁接,是科学技术的发展与金融本质属性的要求相结合的产物,是采用新技术和方法改变原有金融体系基本要素的搭配和组合而提供新的金融功能模式的过程,其目的是要形成新的流动性、盈利性和安全性重组,从而提高金融效率;互联网金融是金融本质属性的不变性与金融形式可变性要求共同决定的,是金融形式在互联网社会的具体表现。互联网金融的本质仍然是金融,是金融就不能超脱金融的既有秩序和规范,就要普遍服从已成立的法律,必须内置于法秩序之中。

(二)互联网金融是金融创新的一种形式

金融创新是金融业内进行的创造性变革,是金融发展的推动力。金融发展的历史表明,一部金融发展史就是一部金融创新发展史。著名经济学家熊彼得认为,创新是指新产品的生产、新技术或新生产方法的应用、新市场的开辟、新生产组织方式的实行和原材料新供应来源的发现和掌握等。金融创新有广义和狭义之分:狭义的金融创新是指金融工具的创新;广义的金融创新是指金融领域内各种金融要素的重新组合。金融机构为了生存、发展和满足客户的需求而创造出新的金融产品、新的金融交易方式、新的金融市场和新的金融机构,也就是说金融创新的表现形式是金融机构、金融业务、金融工具、金融市场和金融制度的创新。新技术的出现是促成金融创新的主要原因,特别是网络技术的发明在金融业的应用是促成21世纪金融创

---

〔1〕 是指企业或金融机构内部控制不健全或失效、操作失误等原因导致的风险,互联网金融机构仍然具有操作风险。

新的重大因素。[1] P2P、众筹就是利用网络技术进行的金融创新,是网络技术在传统的金融领域的推广和使用,提高了金融信息的处理速度,降低了金融交易成本,尤其是电子资金转移系统的推广,利用通信卫星传递信息、调度资金几乎使所有的金融交易更为迅速和成本低廉。科技成果在金融业的广泛运用,降低了创新的平均成本,增加了金融创新的相对收益的同时,还为金融机构开辟了新的资金来源和业务机会,创造出新的市场,进一步激发了多种与电子技术相关的创新,如公司银行、网络银行、银行卡、第三方支付、P2P、众筹、网络保险与互联网基金销售等。因此,互联网金融是金融创新的一种方式。金融创新史已充分证明任何创新都伴随着风险,因此在创新的同时要依照已成立的法律消解创新带来的风险,这是法律的安全价值所决定的。安全是法律持续性的制度安排与价值追求,已成立法律的核心是保障金融的效率、秩序与安全。因此,互联网金融应在已成立的法律框架下进行创新,以最大限度地消解因创新带来的风险。同时,金融创新也是金融业内进行的创造性变革,党的十八届三中全会通过的《中共中央关于全面深化改革若干重大问题的决定》指出,建设法治中国,必须坚持依法治国、依法执政、依法行政共同推进;坚持法治国家、法治政府、法治社会一体建设。互联网金融是金融业内的变革,金融业又是社会建设的一个重要组成部分,所以,互联网金融的创新性变革要依法变革,在法治的轨道上改革创新,如需要突破已成立的法律,那就先修订法律,再进行改革,确保一切改革都在法治的轨道上进行。

二、互联网金融需要良法之治

法从其本质上来说是有良法与恶法之别的,依良法治才治,依恶法治仍不得治。博登海默认为:"一种不正义的、非理性的而且与自然法相矛盾的法律,根本就不是法律,而是对法律的歪曲。"所谓良法要符合时代的客观需求,随着社会的发展变化而变化。德国学者弗里德曼指出,"法律犹如有机体,必须随着社会生活之发展变化而变化,并在变化中求其长生。否则,必不免陷于僵化,不能适应社会的需要。""一个法律制度,如果跟不上时代的

---

[1] 熊彼特对金融创新分为五类:第一类就是新技术在金融业的应用;第二类是国际市场的开拓;第三类是国内和国际金融市场上各种新工具、新方式、新服务的出现;第四类是银行业组织和管理方面的改进;第五类是金融机构方面的变革。根据熊彼特对金融创新的分类,互联网金融是新技术在金融业的应用,是互联网这一新技术的出现促成的金融创新。

需要或要求,而且死死抱住上个时代的只具有短暂意义的观念不放,那么是没有什么可取之处的。在一个变幻不定的世界中,如果把法律仅仅视为一种永恒性的工具,那么它就不能有效地发挥作用。”金融本身是由简单到复杂的发展过程,不同历史时期会呈现出不同的形式。互联网金融是金融发展的一个历史阶段,是金融创新的一种方式。金融创新在多数情况下是规避法律的创新,因此,导致了已定的法律的滞后性。法律滞后给互联网金融带来了法律制度的缺失风险,这已成为当今互联网金融面临的首要风险,因此我国应及时根据互联网金融本身的特征进行相关立法及法律修订,这样才能保证互联网金融法治化,进而使其健康、稳定地发展。目前应对以下互联网金融风险防范进行制度的变革:(1)防范互联网金融的信用风险系统化,建立和完善信用体系和相关制度。P2P 和众筹对应的民间借贷和私募更多呈现的是个别风险,原有靠熟人来解决信用风险,但由于现有的法律制度对参与民间借贷和私募的主体限制较少,使互联网金融 P2P 和众筹模式扩大了金融交易的地域范围,从熟人社会发展到陌生人社会,因此在我国目前的信用体系与信用制度还极不完善的状况下的 P2P 和众筹信用风险则呈现出明显的系统风险特征。(2)防止互联网金融参与主体的隐私权受到侵害,健全隐私权保护制度。互联网金融在运行过程中把主体信息收集并存储在计算机和网络数据库中,但这些信息会被进入计算机与网络数据库的黑客及网络管理者获得,因此面临着隐私权的保护问题。(3)P2P 平台在引入第三方融资性担保机构进行担保时,原有担保制度已无法适应互联网金融的运作方式,如有些担保机构进行担保的同时要求债务人提供反担保,而在进行反担保抵押登记时,登记部门不能根据通过网络借贷而形成的电子借款合同进行登记,要以纸质合同进行登记;还有在通过网络借贷时,往往是先有借款人的借款标的,并且通过担保进行增信后在网上发标,此时还没有形成借款合同,而且通过平台借贷是一个借款人对多个出借人,通常在形成借款合同之前就要以担保合同的形式告知出借人担保主体和担保范围等约定,但我国的登记部门必须根据真实的借款合同与担保合同进行反担保的登记,这就导致平台在反担保登记上遇到了制度障碍。(4)防范互联网金融技术风险,建立网络安全标准制度。互联网金融存在基于信息技术导致的技术风险和基于虚拟金融服务品种形成的特殊业务风险。由信息技术导致的这两类风险,可以通过设定网络技术的安全标准和网络技术安全监督进行防范。

三、建立互联网金融监管制度

2015年7月18日我国出台了《关于促进互联网金融健康发展的指导意见》(以下简称《指导意见》)。此《指导意见》对互联网金融定义及本质进行了明确,给予了网络借贷、众筹等创新模式合法地位,明确了监管的原则、监管目标、监管主体、监管对象、监管方式,规定了由银行进行第三方存管。此《指导意见》还指出创新要依法创新(回归法治的轨道)、保护消费者权益。此《指导意见》的出台改变了以往对互联网金融仅是从个体权利的维护和刑事犯罪的角度进行干预的状态。[1]

互联网金融发展到今天已经成为国家金融体系的重要组成部分,它对国家的经济发展、宏观调控、金融安全和社会秩序构成了直接影响。随着互联网金融的快速发展,互联网金融行业内部已经显现出多重风险,如频繁的倒闭、跑路、坏账事件的发生,这已成为互联网金融健康、快速、可持续发展的阻碍,因此,还需要从金融安全和社会秩序的角度对其实施监管。

1. 监管能够提升资金端的投资者的信心

互联网金融市场存在高度的信息不对称,资金端的投资者知道市场上有好的产品也有不好的产品,但是由于没有足够的信息,如果他们在购买这些产品的时候无法分清哪些是好产品,那些是坏产品的话,那么对于这些产品的需求肯定会下降,这就可能导致这个市场不能持续发展,最终该市场就会崩溃。英国金融服务局(FSA)局长HowardDavies说:“如果没有银行监管给消费者提供一种第三方保证,保证他们所购买的产品或服务的质量的话,储蓄和投资都会受到压抑,对经济会产生不良的后果。”因此,为提升互联网金融市场资金端的投资者的信心,就要通过监管机构建立最低标准。在传统金融监管的历史发展过程中,监管是消费者的一种自然需求。[2]

2. 互联网金融监管可以防范市场的逆向选择和道德风险

如果没有监管和最低标准,互联网金融市场就会出现逆向选择。在互

---

〔1〕 目前对互联网金融的网络借贷与众筹出现问题只能通过民事诉讼或者公安机关和检察机关提起刑事诉讼来解决。

〔2〕 1994~1995年英国接连发生保险产品和养老金产品销售过程中出现欺诈的丑闻,英国民众对这些产品和公司丧失了信心,这些产品的销售出现了大幅度的下降。有一份消费者调查报告这样说道:“保险单和养老金产品销售过程中的丑闻摧毁了消费者对于这个行业的信心。金融监管当局应当采取切实的措施恢复消费者的信心和购买意愿。”

联网金融市场上的融资者(投资者)无法在购买时识别融资项目的好坏,只能通过价格来判断,因此就会使对购买者负责的经营者成本比不负责的经营者要高,以至于使其处于竞争中的劣势,最终被逐出市场;道德风险是指市场上负责任的经营者看到不负责任的恶意行为或无法相信其他经营者都能以一种有利于购买者利益的方式行事,他们就会被迫采取同样的恶意行为。这样一来,市场上都是恶意的经营者,这就将使整个市场无法持续发展。

3. 监管有规模效应

现在的互联网金融机构的借款人(融资者)信息都是由P2P(众筹)平台提供的,那么这些信息的真实性、准确性、完整性谁来保证?如果是由投资者来保证,对于投资者来说成本太高,因为在平台上大量投资者都是小额投资者,让小额投资者担负对项目信息的调查是不现实的,而且这些小额投资者也不具备投资尽职调查的专业知识和经验;如果是由平台来保证信息的真实、准确和完整,就要通过监管防止平台为了追求最大利益所产生的道德风险,因为在平台上的融资和借款都是长期合同,它的质量很大程度上有赖于借款人(融资者)将来的运作状况,要保证这些产品或合同的最终价值,就需要对平台的经营行为进行持续的监管。弱小的消费者是不具备对平台的监管能力的,所以消费者可以将对平台的监管委托给一个专业机构,即消费者与监管当局之间存在一个“隐性合同”,通过隐性合同以所谓的“集体授权”的方式对平台进行监管,这种监管具有规模经济性。如果没有这样一个专业的机构代替他们去监管,消费者将需要投入时间、精力和资源对项目进行调查和监管,成本实在太高。一方面由于每一个消费者都要做相同的事情,从全社会的角度来看会产生资源的浪费;另一方面,作为个体消费者,他们也没有能力对那些侵犯其利益的互联网金融机构提出任何具有强制性的改正措施。因此,监管的选择是一个理性选择。

互联网金融监管体制的法治化建议

高晋康[*]　唐清利[**]

近年来,中国互联网金融呈现出高速发展势头与乱象丛生的局面,P2P、股权众筹、第三方支付、互联网保险、共享经济等平台不断拓展着互联网金融的领域,给社会各个层面带来了巨大冲击。既为“双创”提供了前所未有的动力,也对监管带来了前所未有的压力。在其发展过程中逐渐出现了监管套利、赢者通吃、败者跑路、税收问题等现象,特别是最近的“e租宝”“中晋系”等案件在全国范围内波及了数十万人和上百亿元资金,对监管制度建设提出了更为迫切的要求。

一、互联网金融监管制度建设需要注意处理的关系

1. 处理好发展互联网金融的实质与形式关系

发展互联网金融究竟是为了什么,这是其实质问题,必须首先搞清楚。互联网金融之所以能在短期内成为中国家喻户晓、震动世界的一个新生事物,在于其利用新的互联网技术大大改造了传统金融的各个环节,能够使一些互联网技术公司等非金融企业绕开传统金融监管,获得高利润回报。在资本市场作用下,互相援引加速,更进

---

* 高晋康,西南财经大学法学院教授、院长,博士生导师。

** 唐清利,西南财经大学法学院教授,博士生导师所长。

一步造成了其迅猛增长的态势。但互联网金融的实质却应该是利用互联网技术为金融服务,降低交易成本,提高效率,促进实体企业发展。从我国互联网金融发展的总体情况看,一部分植根于服务实体或依托于实体的互联网金融实现了这个目的,但有一些互联网金融企业为了追求暴利完全脱离了实体企业,最终演化成为违法甚至犯罪行为。

2. 处理好互联网金融发展中的技术创新与资本为王的关系

互联网金融能够迅速起步得益于其优势的技术运用,互联网特有的互通、快捷、高效等优势既对传统金融造成了巨大冲击,也给民众生活带来了极大的方便和实惠。可是,互联网金融与资本两者天生的逐利性黏合在一起,互联网赢者通吃的特性便暴露出来,互联网企业对市场的占有率越来越强调资本支持,一些拥有优质技术却没有足够融资能力的互联网金融企业便被淘汰掉。长此以往,互联网金融将丧失创新和发展的能力,并可能演化为新型垄断,一旦失败将给国家和人民造成不可估量的损失。

3. 处理好监管与发展的平衡关系

互联网金融的发展态势已表明,其对于我国在新常态下推动创新和经济结构转型具有非常重要的作用。同时,互联网金融也是市场的产物,我们不应该用行政的方式取缔或阻碍这个符合广大人民群众需要的新生事物的发展。但是,互联网金融的野蛮生长确实已产生了很多问题,如不解决好,既可能危及我国经济发展后劲,也可能危及社会安全稳定,还会损害广泛大众的利益。

二、互联网金融法治化应采取合作监管新模式

互联网金融要实行有别于传统金融监管的合作监管新模式。互联网金融产生于市场选择,市场选择的本质是政府与市场关系、各级政府间关系和私人与国家关系的组合方式的变化。随着技术和市场的发展,社会结构逐渐出现了公私权合作的趋势。这种合作从惩罚、监控以及其成本的分担入手,通过法律和私人社会规范的组合,围绕人的效用最大化形成具有互补性和替代性的行为激励和信号传递机制,促成合作与秩序的生成。具体到互联网金融,以及其与土地利用、中小企业融资等结合起来以后,国家既有的监控手段力不从心,只好通过立法和颁布政策改变惩罚,进而重新分配监控所需的信息成本。这样一来,国家和私人之间、各级政府之间、公权和私权之间、政府与市场之间便被装进了一种难解难分的合作格局中。市场和政

府中的行为主体在单方行为中，无论法律如何制定，自身如何承诺，都有出现违法和自律异化去获得额外收益的激励。为了尽可能降低异化和减少投机行为，充分的信息披露和确保信任系统中的信号的连续性极其重要。这不可能在单方行动中获得成功，因此，实行合作治理与管束是较优选择。

这个模式在市场化程度比较高的发达国家广泛采用，并且行之有效。比如，美国金融市场的监管采用的是联邦与州分权为基础的多元化模式，其在州一级大都采取由受监管者自行聘请监管人，再由政府监管人的模式。这种方式始终贯彻了市场化和交易便利化的思维，同时，大大地降低了监管者与行为人之间的信息不对称问题，并让受监管者合理地分担了国家在获取信息和行使监管等方面的成本。这种模式一方面增强了行为人的自由和扩展了其进行市场自主行为的权利；另一方面国家通过节约监控成本，而获得了实施惩罚的成本集约优势，从而大大地提高了监管效率和效果。因此，合作监管应该成为我国互联网金融监管模式创新的理性选择。

三、互联网金融监管体制法治化路径的基本构想

(1)加快建立和完善全覆盖的征信制度和征信体系，并加快征信机构的市场化，这样既可在竞争中增强其服务能力和覆盖面，也可方便社会对征信体系的运用和认同。(2)建立和完善互联网金融保险制度，起到风险分散和保障作用，这既可以创新保险产品，还可以促进互联网金融创新能力的发挥。(3)建立和完善互联网金融自治体系，鼓励有关机构相互之间联营或联保，鼓励建立各种自律机制，实现风险循环系统的扩大，增强互联网金融风险抵抗力。(4)建立和完善有关互联网金融消费者保护的法律法规，鼓励建立专业的互联网金融消费者保护协会和组织，以更好地维护消费者权益。(5)还需要建立类似于证券市场的强制信息披露制度，以确保消费者的知情权，加强对互联网金融机构的社会监督。完善救济和追责机制，尤其是进一步优化集体诉讼、多元化纠纷解决机制、简化举证责任制度等。只有从监管与保护相结合的方向努力，互联网消费者的权利才能得到更好地维护，消费者的风险意识也可以得到强化，最大限度地避免非理性投机行为。也只有互联网金融消费者权益获得了保障，投机行为受到了尽可能的抑制，互联网金融才能够真正健康理性发展，其创新能力才会得到正确发挥。

总之，应建立由被监管主体和监管主体之间在监管行为、过程、方式、程序和结果上组合各种监管形式所产生的一系列制度构成的合作监管机制。

它是政府与市场的合作、政府之间的合作、公权与私权的合作、事中监管与事后监管的合作、自律与他律的合作、信息共享与分享的合作。它影响相关制度设计和法律适用的取向。合作监管制度的特征是:(1)它以双方参与合作监管为形式。(2)突出了事中事后监管的结合、自律与他律的结合、信息共享与分享的结合、公权与私权的协作,强调协商与强制的结合。(3)这是监管制度的创新,有别于以往针对传统金融机构和企业的行业监管、分业监管与混业监管,而是强化功能监管与行为监管相结合的综合监管模式。这种监管模式可以最大限度地解决我国互联网金融发展中面临的主要法律问题。这种制度构造为我国互联网金融健康发展和风险防范能够提供理论和制度突破,并且符合国家全面深化改革的方向。

金融服务实体经济的制度创新逻辑

郑　鋐*

内容提要：金融服务实体经济是金融发展的本质要求，对当前中国经济发展具有重大意义。然而，金融领域的“脱实向虚”现象较为显著，已经成为制约中国经济发展的重要障碍。该文从制度缺陷及其表征的分析入手，从制度执行、制度保障、制度内涵和制度活力四个方面提出了金融制度创新以更好地服务实体经济的路径。

关键词：金融　实体经济　制度创新

第四次全国金融工作会议提出新时期做好金融工作的“五个坚持”原则，把“坚持金融服务实体经济的本质要求”放在首要位置。中国日益重视这一原则。2015 年 5 月 18 日，国务院批转发改委《关于深化经济体制改革重点工作的意见》，提出围绕服务实体经济推进金融体制改革，促进资源优化配置，推动解决融资难、融资贵问题。这既凸显了防范当前国际国内虚拟经济过度膨胀、部分产业空心化现象日益突出风险的紧迫性，也体现了金融必须服务中国稳增长、调结构经济建设主线的要求。

---

* 郑鋐，四川省社会科学院法学研究所副所长、副研究员，主要从事金融法学、制度评价等方面的研究。

一、金融服务实体经济的重大战略意义

(一)金融服务实体经济是经济发展的本质要求

马克思运用劳动二重性学说,科学地指出社会财富来源于劳动,既包括具体劳动,也包括抽象劳动,各种生产领域的具体劳动形成了社会财富的使用价值,各种劳动者的抽象劳动形成了社会财富的商品价值。实体经济的发展充分反映了劳动创造使用价值和商品价值的过程,是产生社会财富的源泉。

金融是货币流通和信用活动以及与之相联系的经济活动的总称。作为一种交易活动,金融以价值交换为内容,但交易本身却并不直接创造价值。金融常常在经济活动中扮演"转换器"的角色,通过实现货币资金使用权转移等方式,实现金融资源的有效配置。金融具有的这种交换媒介的特殊性质,与直接创造社会财富的实体经济形成了鲜明的对比。

但金融与实体经济之间具有非常紧密的逻辑关系。毫不夸张地说,一部金融体系的发展史就是金融反映并服务实体经济的全部过程。金融与实体经济的关系主要表现在:(1)金融的发展来源于实体经济的需求。马克思认为,金融资本是产业资本和银行资本相互渗透和融合的产物。产业资本的扩展动力,促使金融资本在更高层面得以形成;实体经济的不断发展,促使金融构建相对独立的活动形态和市场空间。对此,诺贝尔经济学奖得主卢卡斯明确指出,金融的发展是跟随实体经济需求的引导,当实体经济有需求时,金融就自然而然发展起来。(2)金融对于实体经济具有推动作用。熊彼特从技术创新的角度提出,功能完善的银行能够通过发现和支持具有较大成功概率的创新项目从而推动经济增长。希克斯从资本积聚的角度认为,金融系统以融资服务的方式在工业革命中起到了关键作用。经过多年持续的研究,大多文献正在改变传统的金融只是被动适应实体经济进程的观点,转而认为金融安排的改进先行有利于经济运行,世界各国经济增长与金融发展之间确实存在正相关关系。此外,实体经济作为产生金融利润的基础,还决定了金融的需求和规模。

进一步而言,经济增长将引致金融资源进一步扩充、金融需求进一步增大,从而推动金融发展,而金融发展通过提升储蓄投资转化率、提高资本配置效率、提供市场流动性等方式促进经济增长。金融发展与经济增长之间

存在的这种相互能动作用,时刻提醒我们:金融与实体经济的平衡与协调一旦被破坏,金融职能一旦出现明显异化,则实体经济将会丧失持续发展的能力,由此直接威胁社会财富的形成和增长,损害经济社会生活秩序,危及国家长治久安。

(二)历史经验警示金融必须服务实体经济

历史证明,脱离服务实体经济这一目标,金融将形成很大的危害。20世纪30年代初美国的大萧条,最初即是由脱离了实体经济的股票市场出现非理性繁荣引发,两者背道而驰的最终结果导致股票市场崩盘,加之美联储货币政策管理失当形成流动性干涸,使得实体经济衰退最终演化为经济社会的深度萧条,并严重影响到世界其他国家。

"二战"结束后,日本金融与实体经济的良好互动,使日本创造了经济持续高速增长的"奇迹",从而迅速崛起为仅次于美国的世界第二大经济体。但随着实体经济陷入增长困境,金融机构开始大力推行金融自由化改革并加大金融市场投资力度,由此推升股票、房地产等资产价格异常上涨,大量金融资源游离于实体经济之外在金融市场独立循环,最终政府出台一系列严厉财政金融紧缩政策刺破泡沫,造成资产急剧缩水和金融机构不良债权迅猛增加,从而重创日本实体经济,日本经济的"停滞"状态一直延续至今。

导致2008年国际金融危机的关键因素之一,就是作为虚拟经济重要内容的金融市场过度发展,严重背离实体经济的基本面貌。当时主要发达国家的金融市场与实体经济之间的关系明显割裂,交易活动越来越多地发生在金融机构之间,金融市场越来越多地演变为纯粹投机性活动的场所。金融市场的虚假繁荣吸引了实体经济的大量资金,掩盖了实体经济的现实困难,牵制了实体经济的健康发展,最终损害了创造社会财富的实体经济。

(三)金融服务实体经济在中国当前发展阶段具有重要意义

改革开放30多年来,中国已基本形成功能互补、交易场所多层次、交易产品多样化的金融市场体系,金融市场已经涵盖了货币、股票、债券、基金、期货、保险、外汇和黄金等多个领域,配置资源和服务实体经济的能力不断增强。正是不断发展完善的金融市场,对减弱国际金融危机对中国形成负面影响做出了巨大贡献。

然而必须看到,中国的实体经济自2011年下半年开始发展状况就不容乐观。在总体表现上，一直被视为经济形势“晴雨表”的GDP增长率被逐步调低至7.0%左右。从经济运行情况来看，拉动经济的三驾马车中，出口增速同比迅速回落，投资增长陷入困境，传统消费热点持续降温。就具体产业而言，低端产业在全球逐渐失去竞争力，高端产业发展能力又十分有限。

反观金融投资领域，受货币政策调整的影响资金需求市场过度繁荣，实体经济融资难、融资贵的矛盾进一步凸显，部分金融和相关市场以金融创新、区域发展等为名过度活跃并催生风险，金融投资领域明显分流了实业投资、民间投资对实体经济的投入，以钱炒钱的风气愈演愈烈，越来越多的交易出现在金融机构之间，金融与实体经济之间出现了冷热不均的状况。

中国能否避免出现巴西等国难以顺利实现经济发展方式转变而陷入“中等收入陷阱”的境况，关键就在于能否坚定为经济增长注入新的动力，能否牢牢把握发展实体经济这一经济社会发展的坚实基础。如何充分发挥金融服务实体经济的作用，是我们当前需要充分考虑的重大问题。理论与实践、历史与现实都已表明：实体兴，则金融兴。脱离实体经济，金融不但成为无源之水、无本之木，而且将对经济发展造成危害，甚至导致经济的长期衰退。只有多方面采取积极措施确保金融服务实体经济，才能为经济社会发展做好战略准备。

二、经济发展“脱实向虚”的表现及其根源

(一)金融“脱实向虚”的倾向表现

当前，中国金融“脱实向虚”主要表现在以下几个方面：

1. 金融与实体经济出现割裂

金融市场体系日益形成带来了两大影响，其一是因基础、内容和作用不同，金融与实体经济越发形成各自独立的两个领域；其二是随着各自的发展，以实体经济需求为来源的金融在价值目标上开始向交易活动偏离，由此衍生出金融交易市场的相对独立与封闭。金融与实体经济在市场和目标上的差异使二者在理论与实践中常常被对立认识。因此，尽管金融从行业上作为服务业也可纳入实体经济的范畴，但不可否认，金融相较实体经济越发显露出特殊、独立、自我的市场特质。

2. 金融未能真实反映实体经济发展

金融是为满足实体经济的需求而逐渐发展起来的，但是，随着日益自我

膨胀,金融对实体经济发展的反映开始出现扭曲。主要表现在:金融对实体经济发展状况的反映不客观、不及时;金融对实体经济发展需求表现冷淡、避重就轻;金融对实体经济发展前景预期不高、热情不足;金融与实体经济发展之间协调不够、能动作用不强。

3. 金融过热与实体经济趋冷形成鲜明对比

一方面,较高的利润率和较快的盈利速度使金融获得大量资金。金融的过度活跃,不断吸引产业资本、民营资本、国有资本甚至居民储蓄等向市场渗透,逐利冲动的不断增强明显对实体经济形成资金挤出。另一方面,实体经济的发展面临资金不断被抽离、市场不断边缘化的困难,发展实体经济在效率和效益上难以与金融匹敌,实体经济难以吸收金融的产出,这进一步导致金融与实体经济形成减效循环。

4. 金融过度繁荣对实体经济形成危害

金融过度繁荣的同时也为自身埋下了风险的隐患。(1)各类社会资本过多流入金融领域特别是资本市场,增大了管理成本;(2)投资领域过度活跃导致房地产、农副产品等资产价格异常攀升,严重脱离实体经济;(3)在金融自我循环、自我强化过程中金融机构、中介机构呈现过度发展,对旧有监管体制提出考验;(4)各种金融创新中金融工具过度使用,商品出现“泛金融化”的苗头,风险防控的难度加大。金融的这些风险一旦爆发,将会严重危害实体经济。

(二)金融“脱实向虚”的根源

综合而言,形成金融“脱实向虚”的主要原因有:

1. 实体经济的增长困境是金融“脱实向虚”的经济根源

据 IMF(国际货币基金组织)统计,在 21 世纪初期的十年之内流入新兴市场的私人资本净值,已超过国际金融机构及政府投资的 4 倍以上,证券投资基金、保险公司、对冲基金等机构投资者资金占全球资本流动的四分之三左右。这深刻地反映出全球经济金融化的某种趋势,同时也提醒我们,实体经济增长已成为困扰全球的重大问题。正是由于实体经济在追求利润的质量、速度和效益方面难以与金融竞争,才导致金融对资金的吸收能力越来越强。中国经过 30 多年的快速发展,实体经济的增长方式日益受到高经营成本、长产出周期、低竞争水平的阻碍。实体经济的利润空间被明显挤压,使金融在与实体经济争夺资金的竞争中优势愈发突出。

2. 过多过严的金融管制是金融“脱实向虚”的制度根源

近年来,尽管中国金融发展取得了显著进展,但明显存在战略目标不清晰、管制约束较多、市场发育不充分、市场结构存在明显缺陷、监管水平有待提升、法治手段不完善等问题。多头管理的行政部门固守“权力本位”,过多过严的行政干预削弱了金融有效配置资源的能力,导致金融体系滞后发展并影响到实体经济的健康发展。同时,金融管制为金融独立化和金融功能异化提供条件,通过内部的分工合作与功能完善,金融追求价值增殖的功能进一步凸显,市场参与者热衷于通过反复交易获取利润,实业和实体经济迅速被边缘化。

3. 企业家精神的缺失是金融“脱实向虚”的社会根源

企业家是以企业为生存基础的群体,企业家精神是包含了以追求企业价值最大化为导向的一系列精神特质,是以经营企业为本质和载体的客观表现。不胜枚举的事例证明,只有企业家精神成为社会共识,才有可能促发产业的兴旺。当前企业家精神的缺失主要表现在两个方面:(1)滋养企业家精神的外部环境存在缺陷,如政治经济体制改革进程尚不能满足经济社会发展需求、传统优秀文化断代导致当代社会信仰迷失、公平正义的社会基础还较为薄弱等;(2)企业家自身存在人生观私益化、社会责任缺失、目光短视、急功近利等弱点。

4. 国际分工中处于低端是金融“脱实向虚”的外部根源

在20世纪80年代国际产业分工大背景下,发达国家的低端制造业向中国沿海地区转移,与中国廉价的劳动力和低要求的资源环境相结合,在沿海地区形成具有比较优势的出口加工产业集群。但随着国际金融危机和世界经济格局调整对中国的影响日益加深,中国在国际经济体系分工中的低人力成本优势逐渐消失,部分低端制造业开始向劳动力成本更低的国内中西部地区和东南亚地区转移,而核心技术的相对缺乏又使中国高端制造业的自主创新能力和生产能力受到较大制约。在世界经济格局调整对中国资本、劳动力、技术等生产要素的配置方式和结构形成巨大冲击的背景下,社会储蓄向投资转化的意愿和效率明显不足,为金融“脱实向虚”提供了条件。

三、以制度创新推动金融服务实体经济

尽管面临诸多困难,但是我们必须时刻警惕,金融泡沫一旦破裂,没有实体经济作为支撑,整体经济将会受到巨大冲击。例如,在国际金融危机爆

发后,提出“金融立国”的冰岛由于金融产业在国民经济中的比重高居首位,缺乏坚实的实体经济做支撑,致使整个国家曾一度面临“破产”危机。而与之相反,工业制造占全国GDP近三成,并由此带动相关产业和服务业发展的德国则迅速抗御了国际金融危机的负面冲击。实体经济对于总体经济具有的根本性重要作用,促使我们在当前形势下必须坚定不移地推动金融更好地服务实体经济。

必须正确认识到,以管制为主、生硬僵化的金融发展方式,和以堵为主、一禁了之的金融制度体系已经明显不适应当前形势。坚持金融服务实体经济,必须高度重视制度通过规范、激励、约束、协调等对经济增长和金融发展的关键作用,在坚定不移地加快经济结构调整和发展方式转变,增强实体经济对金融的吸引力和容纳量的同时,通过制度创新做好以下工作:

(一)加大金融泡沫挤出的制度执行,从源头上遏制金融为非理性逐利提供空间

近年来,金融投资领域出现了一些新的动向,首先是继房地产持续增强投融资功能日趋金融化之后,理财产品、P2P、股权众筹等金融商品的迅速扩张使各类资金纷纷参与其中追逐高额利润;其次是资本市场在深度和广度上不断拓展,由此不断增强对场外资金的吸纳能力,而PE(私募股权基金)、VC(风险投资)以及其他资金集结形式等对资本市场的深度参与又较大地推升了市场价格;再次是各类产权形态如大宗商品、文化艺术品等纷纷尝试金融化开发,新的交易领域、新的交易模式、新的交易品种的出现为投资者投资获利提供可能;最后是非理性的民间融资市场形成了巨大的高利贷泡沫和利益链危机。金融的过度繁荣在形成市场泡沫、孕育自身风险的同时,极大地吸引了实体经济的资金流和关注力。只有通过各种手段抑制这些非理性盈利冲动,挤压非理性投资空间,才能将这些资金驱赶回理性投资的层面,为实体经济接收金融输入打下坚实基础。

(二)完善金融宏观调控的制度保障,从根本上调整金融的主要功能转向服务实体经济

可以预见,金融的可持续发展必须建立在金融的本质和金融发展客观规律基础之上。只有坚持金融服务实体经济的本质要求得以体现,只有将金融的发展空间与改进和提升服务实体经济能力紧密结合,才能确保金融

不游离于实体经济之外出现自我膨胀的风险。完善金融市场宏观调控的思路是:必须强调金融的首要功能不是进行价值增殖并自我循环,而是服务实体经济。在这一根本目标指引下,要求各类金融机构全面提高服务实体经济的质量和水平,强化激励和约束的制度建设推动这一目标得以实现。完善金融宏观调控机制,应当明确信贷、证券、保险和信托等不同市场服务实体经济的总体思路,推进金融市场协调发展,更多采用市场化的金融工具,推动金融服务实体经济。

(三)深化金融市场化改革的制度内涵,从机制上激发各类金融市场主体服务实体经济的活力

目前金融存在的问题,如实体经济资金供求结构失衡,实体经济对金融资源的利用效率不高,金融发展的城乡、区域差距依然明显,金融服务在多个层面存在不对称性,金融促进消费的作用不够明显等问题,总体上反映为市场基础制度建设与发展要求不适应,金融市场化程度不高的问题。因此,只有进一步深化金融市场化改革,稳步推进市场开放,协调金融市场和金融机构全面发展,不断深化以市场为导向的金融制度理念,改善对金融的宏观调控,明确金融行政的领域和边界,通过简政放权,限制越位管制和干预,理顺中央政府与地方政府的金融分工,协调正规金融与民间金融、商业金融与政策性金融的关系,优化金融资源配置,加快金融创新与实体经济互动的市场化进程,加强各项基础制度建设,才能最大限度地激发各类金融市场主体的活力,为实体经济提供更好更优的服务。

(四)挖掘金融内在潜力的制度活力,从关键环节和薄弱环节入手推动金融服务实体经济

(1)以开放、竞争、民主为导向重构基本金融制度,积极拆除限制金融资源自由流动的不合理约束,有序放开金融业务和金融市场,充分引入新的金融市场竞争主体、机制,推动金融机构、从业人员、监管部门转变观念,在防范金融风险的基础上,共同促进金融创新意识和创新环境加快形成。(2)积极完善与多层次金融市场建设相适应的制度体系,促进构建多层次、多样化、服务能力更强、适用对象更广的普惠型金融市场体系,不断满足实体经济多元化的金融服务需求。(3)以完善准入、加强监管、提供指导的方式,为金融创新营造有利的政策环境和监管条件,完善金融机构的法人治理结构,

转变金融机构粗放的经营模式,提高金融机构管理风险、服务实体经济的能力,把防范风险始终贯穿金融创新全过程。(4)打破身份限制,积极吸纳并引导民营资本进入金融领域,有针对性地开展对实体经济的服务。(5)将金融服务实体经济的重点放在支持经济结构调整方面,推进金融创新定向服务于实体经济的薄弱环节如产业转型、科技创新、节能减排、环境保护、三农领域、初创企业等,特别要加快解决农村金融服务不足、小型微型企业融资难问题。

参考文献

1. 马克思:《资本论》(第1卷),人民出版社2004年版,第60页。

2. 张宇、蔡万焕:《马克思主义金融资本理论及其在当代的发展》,载《马克思主义与现实》2010年第6期。

3. 董山峰:《服务实体经济是金融自强的正路》,载《光明日报》2014年1月7日。

4. 朱闰龙:《金融发展与经济增长文献综述》,载《世界经济文汇》2004年第6期,第46~64页。

5. 张德荣:《"中等收入陷阱"发生机理与中国经济增长的阶段性动力》,载《经济研究》2013年第9期,第17~29页。

6. 罗宁:《国际资本流动的零和博弈》,载《上海证券报》2014年6月10日。

互联网金融竞争监管制度的构建*

曾　威**

内容提要：目前，学界对互联网金融监管的研究多集中于合规性监管和风险性监管，而对其竞争的监管则常被忽略。在实践中，互联网金融业竞争规则尚不健全，其繁荣发展的背后隐藏着大量竞争问题。互联网金融的竞争融合了网络和传统金融，形成了自身独有的特点。沿用传统的、分割的、简单的竞争监管手段已经无法应对互联网金融这种新型的、整体的、复杂的被监管对象。传统手段既无法满足互联网金融竞争监管有效性的要求，也有损其竞争的公平性，甚至还会影响社会整体利益的改进。因此，要对互联网金融竞争问题进行合法合理规制就必须要完善相关监管依据、建立符合国情的竞争监管协同机制。

关键词：互联网　金融竞争　复杂性　监管协同机制

当下，鼓励、支持互联网金融发展已经上升为国家战

* 基金项目：国家社会科学基金项目（11BFX041）；中南大学研究生自主探索创新项目（2014zzts 2004）。

** 曾威，中南大学法学院互联网金融法律研究中心副研究员、信阳师范学院讲师。

略。2015年互联网金融被写进政府工作报告,国务院亦出台了包括促进普惠金融在内的11项“互联网+”行动计划。对互联网金融发展前景的广泛看好吸引各路资本纷纷涌入这一领域。高涨的热情和密集的资本在成就行业繁荣的同时,也带来了残酷的竞争。目前学界对互联网金融监管的研究多集中于合规性监管和风险性监管,其竞争监管则常常被忽略。由于准入门槛较低、竞争规则不完善、监管缺失与滞后,目前互联网金融行业竞争问题比较突出,从长期来看势必会损害从业者和金融消费者的利益,最终制约行业的发展。因此,在探讨如何有效降低互联网金融系统性风险的同时关注其竞争监管制度的构建,就成为一个极具理论和现实意义的研究课题。

一、互联网金融业中突出的竞争问题

对互联网金融是什么,学界一直争议不断,认识无法统一。有学者甚至认为从广义上讲,一切运用互联网技术的金融都是互联网金融。[1] 对互联网金融概念认识上的混乱给学术研究带来了很多麻烦。2015年7月,中国人民银行等10部委联合发布了《关于促进互联网金融健康发展的指导意见》(以下简称《意见》),将互联网金融定义为“传统金融机构与互联网企业利用互联网技术和信息通信技术实现资金融通、支付、投资和信息中介服务的新型金融业务模式”。《意见》还详细规定了互联网金融所包含的7种业态,包括互联网支付、网络借贷、股权众筹融资、互联网基金销售、互联网保险、互联网信托和互联网消费金融。虽然《意见》站在监管者的角度,将一部分典型业态如互联网货币排除在互联网金融的范畴之外,但作为权威机构发布的文件,《意见》还是为理论研究提供了一个很好的探讨基础。对互联网金融业竞争问题的监管属于互联网金融监管体系的一部分,因此,本文所涉互联网金融概念依照《意见》之规定。

对互联网金融的监管,《意见》只是粗线条地勾勒了监管的原则、分工和基本方法,而监管的具体细则仍待出台。规制的真空给竞争问题的滋生提供了空间,使得不当竞争甚至恶性竞争已经成为行业的“潜规则”。由于互联网金融是互联网与金融的深度融合,因此其竞争不仅体现了互联网业和金融业中的问题,还形成了自身独有的特点。经过梳理,当下互联网金融行业中存在的突出竞争问题有:

---

〔1〕 胡光志:《论我国互联网金融创新中的消费者权益保护》,载《法学评论》2014年第6期。

(一)不正当竞争

互联网金融业中的不正当竞争行为既有传统金融与网络技术相结合的不正当竞争行为,又有单纯的网络不正当竞争行为。在实践中,不法从业者会根据不同情况,交叉采用不同的所谓"竞争策略"。

1. 金融与网络技术相结合的不正当竞争行为

(1)补贴。在正常情况下,货币基金的年化收益应该在5% ~6%,即便是在中国人民银行收紧银根的时期也无法超过10%,但为了争抢客源,互联网金融公司普遍采用资金垫付的办法以维持超高收益率。此外,还有一些互联网金融机构采取其他方式变相补贴:比如百度理财推出"百宝箱",用户在购买百度理财产品时可以获得一些实物或者虚拟货币基金的奖励;又如一些互联网金融公司推出了注册会员或分享至社交网络就能获得巨额现金或"红包"的活动。这种补贴或变相补贴行为毫无疑问抢占了其他竞争者潜在的商业机会,已经超出正当竞争的范畴。

(2)虚假宣传。互联网金融领域的虚假宣传行为既有传统金融中常见的误导性宣传,又有因网络效应而带来的自身特点。一方面,一些互联网金融机构在宣传其产品时与传统金融一样,在强调高收益时却很少见其强调风险。例如,在网络基金销售领域,网易理财添金宣称年化能达到10%,东方财富在其"12·18抢钱节"时宣传"抢赚年化收益10%"。[1] 以上互联网金融产品均在宣传中刻意突出产品收益能力,却没有醒目的字眼提到这些产品的风险,或者夸大公司或产品的风险抵抗力,涉嫌误导性宣传。另一方面,互联网金融业的宣传呈现出一个普遍特点,那就是很多互联网金融机构会利用各种渠道向用户传递夸大(甚至是虚构)的信息来增加其机构或产品的吸引力。比如,"人人聚财"曾在其网站浓墨重彩地宣传其获得博时基金子公司亿元风险投资,但事后这一消息立即被博时基金否认。

(3)"搭便车"行为。在互联网金融行业中从业者普遍重视用户体验和公司形象,一般会花费大量资金和精力进行网站建设、应用程序开发、公司形象宣传。但是由于互联网信息传播的特点,这些内容和模式也是最容易被复制的。目前互联网金融产品销售都会配合网络互动平台,如论坛或微信公众号等。从表面上看,这些平台发布的消息多是金融知识或是财经新

[1] 肖海燕:《"补贴式"理财陷价格混战》,载《北京商报》2013年12月26日。

闻,与其产品并无直接关系。但事实上,建立平台、发布消息的真正目的是为了增加产品黏性,以达稳固客户之目的。[1] 这些信息在事实上已经构成其产品和服务不可分割的一部分。在实践中,互联网金融网络互动平台推送信息的内容抄袭现象非常严重,这种信息抄袭和信息混淆行为,严重地影响了原有发布者网站和应用程序的访问量,在行为结果上不仅增加了自己的交易机会,还损害了竞争对手的利益,违反了诚实信用原则,构成"搭便车"的行为。

(4)诋毁商誉。信用是金融业的核心,互联网金融产品的用户也非常关心和重视经营者的商誉。为了打击竞争对手,一些不法经营者会借助互联网散布竞争对手资金不安全等虚假消息以诋毁其商誉。当下,网站、论坛、软件、网络调查、网络排名、博客、微博以及各种弹窗广告都成为互联网金融领域中实施商业诋毁的途径,其中最常见的就是对网络社交平台的使用。互联网金融的客户(甚至是任何人)都可以在互联网金融经营者自有或第三方的网络社交平台上对互联网金融产品进行评论、讨论。这些评论和讨论常常会对其他用户或潜在客户形成巨大的心理影响,从而决定其是否购买该互联网金融产品,因此,常被一些经营者用以作为散布虚假消息的工具。目前,常见的做法是雇佣"网络水军"对竞争者的产品进行恶意差评或者对自己的产品进行虚假好评。

2. 单纯的网络不正当竞争行为

单纯的网络不正当竞争行为是网络经济中不正当竞争特有的类型,没有网络这种不正当竞争就不复存在。在互联网金融领域,这些不正当竞争手段也被广泛使用。比如,互联网金融公司利用关键词竞价排名服务引起的不正当竞争。一般搜索公司会提供关键词有偿竞价排名服务,竞价排名服务能直接为经营者带来商业利益,同时由于"已经在搜索结果中加入了人工干预因素,因此,这种服务不能完全等同于搜索引擎网站进行的自然搜索"。[2] 如果将他人的商业标识作为其在网络中进行竞价排名的关键词使用,就会构成网络不正当竞争。另外,还有互联网金融公司利用网络域名类进行不正当竞争,通常表现为域名抢注行为和域名混淆行为或者利用他人名称的良好商誉误导消费者访问以攫取不正当商业利益。这种现象在实践

〔1〕 饶越:《互联网金融的实际运行与监管体系催生》,载《改革》2014年第3期。

〔2〕 郭振兰:《网络不正当竞争法律问题研究》,中南大学2014年博士学位论文,第30页。

中广泛存在，如“余额宝”在中国风靡之后，几乎所有的互联网理财产品都跟风命名为“××宝”，一些不法经营者甚至还用字形或发音相近的字命名，以达到混淆的目的。还有一些经营者会利用网页和软件等技术手段进行不正当竞争，这些网页和软件很容易通过技术手段被植入木马、病毒等恶意代码或恶意功能，使用者很难发现。而案件的侦破过程只有依靠专业网络技术才能收集保存证据、还原案件事实，这给普通公众了解案件真实情况带来了巨大障碍，也给执法者带来了新的挑战。目前对这些不正当竞争行为并没有很好的规制方法。很显然，单单靠竞争监管主体和金融业监管主体是远远不足以遏制这些行为的。网络信息真伪的甄别和管理具有极强的专业性，更多时候还需要依靠网络监管部门的配合才能起到监管效果。

（二）凭借优势地位限制竞争

众所周知，我国传统金融有着很强的行政垄断色彩，这造成了金融结构性失衡，大量普通民众和中小企业很难获得优质的金融资源。因此，互联网金融在勃兴之始就被寄予打破原有金融垄断的希望。事实证明，互联网金融确实起到了优化金融资源配置、降低融资成本，促进普惠金融的作用，在一定程度上打破了传统金融的垄断。但是，随着互联网金融的发展壮大，其自身也出现了一些在行业纵向和横向层面都有极强控制力和影响力的“襁褓中的巨人”。[1] 比如，在互联网第三方支付领域，阿里巴巴公司的支付宝和腾讯公司的微信支付占绝对的统治地位，阿里巴巴公司收购恒生电子的消息引起了各界的高度关注。[2] 恒生电子是我国证券、基金、信托、财务公司等金融行业最主要的软件服务提供商，而阿里巴巴公司则是互联网金融行业的领头羊，因此，一旦收购完成，其市场优势地位就不言而喻。

当然，我国反垄断法判断企业是否构成垄断不单单看市场份额和市场占有率，还要看该企业有没有利用优势地位做出限制竞争的行为。就目前互联网金融发展的态势来看，确实有这种倾向和危险。由于互联网金融的前景被广泛看好，因此几乎所有大型电商都加入了互联网金融的角逐，传统金融机构也在积极布局互联网金融。在这片所谓“创业蓝海”里，已经出现了几家大佬瓜分天下的局面，中小竞争者很难找到立足之地。就拿互联网

〔1〕 许高峰：《互联网金融：金融市场的一条“鲶鱼”》，载《信息化建设》2014年第5期。

〔2〕 万静：《商务部批准阿里巴巴收购恒生》，载《法制日报》2014年9月22日。

金融企业常用的补贴行为来说,这其实是变相的价格战,只有实力雄厚的大公司才能够在持续的补贴中生存。另外,实力雄厚的公司还把持了行业中的关键领域,从而可以借此任意限制其他经营者。比如,互联网金融所有的产品都绕不开支付这个通道关口。[1] 在互联网金融业中占据优势地位的企业往往都是支付领域的翘楚。目前,很多互联网金融企业都切断了竞争对手在本产品之下的支付渠道,这不光剥夺了消费者的选择权,也有不正当竞争之嫌疑。很显然,随着竞争的进一步加剧,未来互联网金融行业的资源集中会进一步加强。互联网金融机构间的合并与兼并并不违法,甚至有时对科技进步和资源整合更加有利,但当这种集中可能产生垄断或实质上阻碍、排斥金融竞争时,就必须为法律所限制或禁止。

二、互联网金融竞争监管的缺陷

所谓竞争监管,是指"运用包括反垄断法和反不正当竞争法在内的各项竞争法律来监督和管理市场经济运行的手段或方法"。就互联网金融领域来说,目前,各部门正在依据《意见》加快制定互联网金融的具体监管细则。不出意外的话,未来这些细则的内容将不会超出《意见》的范围。根据现有文件及资料,我们大致可以勾画出互联网金融竞争监管的现状。《意见》按分业监管原则,将互联网金融划分为不同业态,由"一行三会"分别负责:网络支付由央行监管;网络借贷、信托、消费金融由中国银监会监管;互联网基金销售和众筹由中国证监会监管;互联网保险由中国保监会监管。对互联网金融的竞争监管来说,《意见》只是规定了金融监管机构之间的分工,而并没有涉及其他竞争监管部门的分工。互联网金融的竞争监管至少涉及五大部门:一是金融监管机构,即"一行三会"及其下属机构;二是地方政府的金融管理机构——金融工作办公室(以下简称金融办)。据笔者调研,目前许多地方省级金融办正在研究将部分互联网金融企业视作地方性金融机构,计划对其准入和退出进行管理(监管);三是反不正当竞争监管机构,主要是工商行政部门;四是反垄断执法机构包括反垄断委员会、国家工商总局、国家发改委、商务部;五是网络监管部门,包括工信部门和国家互联网信息办公室等。从中我们可以发现,互联网金融的竞争监管权力格局比较混乱和复杂,容易造成监管空白或重叠。监管机构都是风险厌恶型的,保证不出重

---

〔1〕 黄晓亮:《第三方支付风险的刑法防控》,载《法学》2015 年第 6 期。

大问题是其首要任务。在实践中,面对互联网金融行业的竞争问题,各部门不约而同地选择了不作为。在监管细则没有出台的背景下,非金融监管部门可以名正言顺地置身事外;而对金融监管部门来说,其“常规”工作重点是预防发生系统性金融风险,竞争问题则显得有些“无关紧要”。目前互联网金融业竞争问题的规制主要依靠行业自律,而在市场竞争白热化的当下,这显然是不够的。具体来说,目前互联网金融业的竞争监管存在以下缺陷:

(一)监管依据出现空白与滞后《意见》并未直接亮明互联网金融竞争监管的依据

结合监管层传达出的信息,笔者认为其基础依据应包括以下四类:一是竞争法规,包括《反不正当竞争法》和《反垄断法》等;二是金融业监管法规,如《商业银行法》《证券法》等;三是网络管理法规,如国务院颁布的《互联网信息服务管理办法》《电信条例》等;四是一些民法规则,如《侵权责任法》的有关规定和《知识产权法》中一些涉及竞争的条款。在监管依据上,目前存在的问题有:

1. 基础依据的滞后

《中华人民共和国反不正当竞争法》(以下简称《反不正当竞争法》)制定于1993年,20余年没有修改,已经严重不能适应互联网金融这种新兴商业模式。《反不正当竞争法》缺少“一般条款”,[1]使互联网金融在适用一般规则时产生了障碍。《反不正当竞争法》采用列举法列举了11种应当依法规制的不正当竞争行为,该条款本身并不具有兜底条款的作用,而且排除了执法机关在此之外进行认定和处罚的权力。这种完全封闭性的反不正当竞争法明显的弊端是会带来法律的僵化,“使法律从通过之日起就滞后于社会生活”。[2] 另外,《反不正当竞争法》的民事赔偿和行政处罚力度和标准都滞后于互联网金融的发展,使得不正当竞争行为实施成本低、收益大。在反垄断方面,《中华人民共和国反垄断法》(以下简称《反垄断法》)也与互联网金融发展实际相脱节,依旧坚持“市场划分—成本—价格—损害结果”这样

[1] 一般条款并不指向某种特定的不正当竞争行为,而是将法律中没有列举的其他不正当竞争行为全部归入该条款而加以禁止,使反不正当竞争法对市场竞争行为的规制不以法律具体明确的条款为限。

[2] 郭振兰:《网络不正当竞争法律问题研究》,中南大学2014年博士学位论文,第77页。

的线性思维逻辑来分析和界定垄断行为。[1] 但互联网金融具有经营跨越时间和空间、产品边界模糊、服务综合性强、市场关系复杂等特点,使得原有反垄断规范难以适用。

2. 具体规则的缺失

按照《意见》的监管思路,我们可以预见互联网金融竞争监管将不会单独出台细则,而是将其分散于各个业态的监管细则之中。按照目前这种监管思路,可能会导致三个问题:(1)竞争监管会被进一步弱化;(2)造成互联网金融内部不同业态之间竞争规则不一致,与互联网金融的混业经营模式发生冲突;(3)可能导致监管部门不加区分地将互联网金融纳入传统金融的竞争监管规则体系之中。

3. 缺乏相关标准

对一般的实体商品,通常制定有相应的国家标准或行业标准,并有相应的监管部门对标准予以执行。但在互联网金融领域对各种金融产品或服务尚无统一的国家标准或行业标准。这一方面导致相关产品或服务的质量无法得到确切保障,另一方面导致在发生纠纷时无法对相关责任予以清晰认定。

(二)监管主体权力配置不合理

竞争监管权力的配置不合理问题在传统金融领域就已存在:工商行政部门和金融监管机构在反不正当竞争的管辖权方面长期存在争议;在反垄断监管领域,很多学者也论证了反垄断执法机构与金融监管机构之间权力配置的不合理性。[2] 由于互联网金融的本质还是金融,因此,其继承了竞争监管权力在传统金融领域的配置不合理问题。此外,由于互联网金融自身特点,它的竞争监管权力配置还面临自己所特有的问题。

竞争监管主体权力配置可以分为横向配置和纵向配置。横向配置是指

---

〔1〕 张钦坤:《反不正当竞争法一般条款适用的逻辑分析——以新型互联网不正当竞争案件为例》,载《知识产权》2015年第3期。

〔2〕 在反垄断方面,《反垄断法》并未处理好行业监管机构与反垄断执法机构就行业垄断行为产生的管辖权冲突问题。金融监管部门并没有反垄断规制权。按照《反垄断法》的规定,反垄断执法机构应由国务院下设,由反垄断委员会、国家发改委、商务部共同承担反垄断工作。按照权力需由法律授权的规定,金融行业的反垄断监管工作也应该由以上三个部门承担。但是目前反垄断法律和反垄断执法是针对全国范围内各个行业所实施的统一规定。而由于金融领域专业性、技术性强等原因,因此反垄断监管在金融领域规制过程中存在缺乏针对性以及可操作性等诸多问题。

有竞争监管权的同级机关之间的权力分配;纵向配置是指竞争监管权力在中央与地方的分配情况。

1. 横向配置

除了工商行政部门、反垄断执法部门与金融监管机构之间的权力配置争议外,目前互联网金融竞争监管权力横向配置方面的主要问题是金融分业监管与互联网金融混业经营之间的矛盾和网络监管机关与其他监管主体之间的权力行使与配合问题。

(1)"一行三会"以业态为基础的竞争监管权责划分不能适应互联网金融的虚拟性、混合型的特点。对于"一行三会"之间对互联网金融竞争监管权力的分配,《意见》要求进行分业监管。但在互联网领域,跨市场、跨地域甚至跨国境的现象非常普遍,跨界竞争才是常态。互联网金融的产品已不再像传统金融那样,依托线下网点提供"实实在在"的金融服务或产品,而是倾向于提供"场景"或综合性体验。另外从市场关系来说,互联网金融市场结构也具有多边市场的特点。按照目前的监管格局,"一行三会"只会关注自己所分得的"一亩三分地",互联网金融的竞争监管将很难实现全覆盖,甚至还会造成各业态之间竞争地位不平等。原有的以业态、业务作为划分职责边界的做法在互联网金融领域只会造成管辖空白、管辖重叠或者推诿扯皮等现象,不利于及时制止、查处竞争违法行为。

(2)网络监管机关与其他监管主体之间的权力行使与配合问题。对网络经济,金融监管、工商行政部门、反垄断执法机构、地方金融监管部门都成立了自己的网络监控部门。例如,2008 年 7 月,国家工商总局相关工作职责的新"三定"方案规定将网络商品交易纳入监管范围。在这一规定的要求下,各地工商部门都建立了自己的网监机构。从理论上讲,互联网金融业可以被纳入这一系统,但这一系统存在比较重大的缺陷。这种各部门分别自建、分散监管的模式在实践中并未取得良好的效果。与这种情况相对的是,在网络信息的收集与监控方面,网络监管部门具有天然优势。但是,目前网络监管部门的工作主要是对色情、暴力、危及公共安全和国家安全等严重网络违法行为进行监控,对其他专业监管部门所需要关注的网络违法信息,网络监管部门却缺少配合。这种状况也造成了即便将互联网金融竞争监管纳入当下的互联网经济监管体系也无法取得良好的监管效果。可以说,缺少了网络专业监管部门的协助,其他竞争监管部门就失去了发现和锁定竞争违法行为的"眼睛"。

2. 纵向配置

权力的纵向配置问题原本主要涉及级别管辖。但在金融监管领域,地方政府为弥补“一行三会”对地方金融机构监管的不足,纷纷成立了金融办。原本金融办只是议事协调机构,但目前其权力有明显的扩大之势,在事实上形成了某种金融监管工作中中央与地方的二元格局。因此,这是一个与传统级别管辖不甚相同的情况,而且这种二元格局也正在影响互联网金融竞争监管。

通过调研,笔者发现目前一些省级政府金融办正在积极筹划制定有关互联网金融的监管办法。其实,这种行为与国家对互联网金融监管的政策是相抵触的。互联网金融的监管权已经明确由“一行三会”负责,但在这些金融办眼中互联网金融机构的注册地在地方,应该属于地方性金融企业,要纳入自己的管控范围。目前,一些省级地方金融办认为如果直接制定对互联网金融的监管规则势必会与中央的政策产生冲突,因此需要“另辟蹊径”将传统线下金融信息服务业务和线上互联网金融业务(《意见》倾向于将互联网金融定性为从事信息业务而非信用业务)打包纳入“社会金融(信息)服务类公司”的范畴。这样,金融办就可以针对本省的“金融服务类公司”规定设立和退出(严于“一行三会”的要求)或者其他条件。通过这种方法,地方政府就可以将“一行三会”没有覆盖到的权力争取到自己手中。

此种监管布局从表面上看符合地方政府金融办所宣称的为了避免系统性金融风险而加强对互联网金融的监管。但是,这种监管布局实际上打破了“法无禁止即可为”的原则,不利于互联网金融的创新与发展。对互联网金融的竞争监管来说,这种规则的出台其实是在从“入口”和“出口”对互联网金融进行差别性管控,从客观上会造成不同地域互联网金融企业竞争地位的不平等。

(三)监管手段落后

互联网金融依托网络,运用大数据、云计算等技术极大地降低运营成本,提高金融资源的配置效率。从这个角度上说,技术竞争是互联网金融业竞争的重要方面。互联网金融的高技术性与虚拟性,使得传统竞争监管手段日益难以满足监管的需要。监管主体在对互联网金融竞争违法行为的信息进行收集、调查、取证等方面都遇到了很大困难。目前,我国竞争监管部门对网络经济领域竞争活动的监督仍主要采取“人工巡查”[1]的方式,即派员对网络经济中的经营主体做“地毯式”的普查。如果说这种监管方式对传统经济领域的不正当竞争来说尚且有一定效果,那么在网络经济时代,这种以有限的人力来应对“无限”信息网络的做法绝非明智之举。就互联网金融来说,由于网络的开放性与金融的专业性,面对浩瀚无边的网络信息和隐蔽性强的专业不正当竞争手段,传统的工作方式不仅检查范围狭窄,而且工作量极大、监管成效不佳,同时成本高昂。监管部门目前非常缺乏既懂网络技术又懂金融的监管人才,还缺乏相应的软、硬件监管设备,无法满足有效规制互联网金融竞争违法行为的现实需要。

三、构建互联网金融竞争监管制度的必要性

互联网金融竞争监管既是行政法问题又是经济法问题:其行政法属性要求监管主体的监管措施必须具有有效性,能够切实达到规制互联网金融业中不法竞争行为的效果;[2]其经济法属性则决定了竞争监管是为了维护社会整体利益而对市场主体公平竞争权的维护。通过上文分析我们可以发现,互联网金融是一个综合、复杂的监管对象。竞争监管在互联网金融领域所遭遇障碍的根本原因就是沿用传统的、分割的、简单的监管手段去应对新型的、整体的、复杂的被监管对象。旧制度与新业态之间存在严重的不适应性,传统竞争监管手段在互联网金融领域的简单套用将会影响其监管的有效性、竞争的公平性,甚至会影响社会整体利益的改进。[3]

(一)传统竞争监管缺乏有效性

传统竞争监管思维是一种直线的、单向的、单维的、缺乏变化的线性思维,在其指导下的竞争监管手段应用于互联网金融领域会缺乏监管有效性。监管的有效性可以从6个标准进行判断,即要求监管同时具备综合性、针对性、严密性、前瞻性、权威性和及时性。[4] (1)在监管依据上,目前的竞争监

---

〔1〕 李波、吴伟军:《我国金融监管系统协同机制的构建及运行》,载《江西社会科学》2013年第3期。

〔2〕 刘宪权:《论互联网金融的行政监管与刑法规制》,载《法学》2014年第6期。

〔3〕 隋平、张彬:《论金融复杂性监管制度的构建》,载《湖南科技大学学报》(社会科学版)2014年第5期。

〔4〕 关于判断监管有效性的6个标准,参见郝旭光:《中国证券市场监管有效性研究》,载《中国工业经济》2011年第6期。

管规则对互联网金融的特殊性考虑不足,缺乏针对性和前瞻性;(2)传统竞争监管体制的直接套用会出现较大监管空白,缺乏严密性;(3)传统线下竞争监管手段无法应对超越时间、空间的不法竞争行为,缺乏及时性;(4)互联网金融竞争监管涉及部门众多,职权不明,缺乏权威性;(5)在认定违法的逻辑上,传统竞争监管完全以价格、成本为核心要素,[1]并未考虑互联网金融业竞争的多维特征,缺乏综合性。

(二)传统竞争监管影响互联网金融业竞争的公平性

竞争监管是以维护竞争参与各方公平竞争权为基础的,[2]因此公平是其核心价值。众所周知,以竞争法为核心的经济法律强调的竞争公平是指实质公平,而非自由放任条件下的形式公平。用传统竞争规则约束互联网金融会忽视其市场特征,进而影响其竞争的实质公平。

从市场关系来说,互联网金融市场结构具有明显的多边市场特征,这与传统经济形态中常见的单边市场区别巨大。我国的互联网金融起源于互联网多边平台企业的业务延伸,并且一些互联网金融业务本身,如第三方支付和P2P网络贷款,属于典型的多边平台网络产业。传统竞争法规是以单边市场的交易规则为基础制定的,如以这种逻辑判断规制双边或多边市场则会引发监管的"水土不服"。互联网金融的多边市场结构对以成本原则为核心的价格规制具有重大影响。在互联网金融所建立的双边或多边市场平台中,其收费结构和成本分析完全不同于传统的竞争法规则。通过混合型的经营,其综合成本可以被降低到单一产品的成本线以下。这种混合性的成本判断标准能否被认可?这是不是传统竞争法所谓的"掠夺性"定价?这些问题都有待研究。就互联网金融发展到目前的阶段来看,并没有出现传统竞争法规所担心的情况;相反,这种交差补贴反而打破了传统金融的垄断,促进了金融消费者的利益,甚至在一定程度上改进了社会整体利益。

由此可见,简单恪守传统反不正当竞争和反垄断规则,对互联网金融来说并不公平。当然,这种不公平性的纠正还要与目前经济发展的整体水平相适应。笔者并不是在此宣称应该完全摒除传统金融监管中"为避免企业

[1] 盛学军、陈开琦:《论市场规制权》,载《现代法学》2007年第4期。

[2] 刘大洪、殷继国:《论公平竞争权——竞争法基石范畴研究》,载《西北大学学报》(哲学社会科学版)2008年第6期。

间的恶性竞争以成本为底限进行价格规制"[1]的思维,而是认为在互联网金融时代应该根据不同情况,合理、灵活地制定监管策略。在我国现行经济体制下,完全按照多边市场逻辑设计互联网金融行业的竞争规则确实有助于提高互联网金融业某些领域竞争的实质公平,但这也可能会造成不具有多边市场特征的互联网金融企业在竞争中的劣势。最终因网络外部作用,市场可能会演变成具有垄断和寡头垄断的市场结构收敛的特征。因此,对互联网金融中的一些竞争特征,我们还需要做深入的研究,在各种方案之间寻求平衡,尽力接近实质公平。

(三)传统竞争监管不利于社会整体利益的提升

从经济学上来说,互联网金融具有"非摩擦经济"[2]的特点,技术的竞争是其竞争的重要方面。技术创新使得互联网金融企业的生产函数与传统企业的生产函数具有很大区别,主要体现在其边际产量可能呈非递减趋势。这一点在宏观经济学中的内生增长模型中经常被提到。互联网金融企业只要能具有较强的创新能力和较强的技术能力,就往往能通过风险投资基金筹到所需的资金,之后便能推出有竞争力的产品并迅速扩大市场份额,最终取得垄断地位。但这种垄断地位对互联网企业来说并不稳固,因为其随时可能随着新技术和新产品的出现而被淘汰,因此即使是处于垄断地位的互联网企业,仍然必须具有很强的技术创新动力。这使得该垄断企业并无动力来减少其产量和提高其产品价格,因为那样做显然很容易遭到消费者的反感,进而会失去市场并催生新的竞争者和产品,所以互联网金融行业的垄断并不一定会降低社会福利水平,但是,这种垄断地位可能会产生滥用市场支配地位的情况。一旦企业拥有了垄断地位,它就有可能滥用这种垄断地位以打压、排挤竞争对手,这时就应该针对该企业的垄断行为进行约束和打击。因为这种滥用垄断地位的行为会打压竞争,不利于市场效率的发挥,降低社会福利水平,因此,在垄断的认定上,传统的反垄断规则与互联网金融的实践之间存在矛盾,简单的规则套用可能会将其技术创新和模式创新套

---

〔1〕 刘大洪、殷继国:《论公平竞争权——竞争法基石范畴研究》,载《西北大学学报》(哲学社会科学版)2008年第6期。夏荣静:《关于我国互联网金融发展与监管的探讨综述》,载《经济研究参考》2014年第36期。

〔2〕 张金梅、马广奇:《非摩擦经济:网络时代的经济模式与竞争策略》,载《人文地理》2004年第5期。

上缰绳,最终影响社会整体福利水平的提高。

从表面上看,互联网金融竞争监管所遭遇的障碍是科学技术进步引发的,但是深入分析后,我们可以发现,竞争监管法律理论的滞后才是产生障碍的根本原因。传统竞争法中分割的、简单的观点,已经无法适应互联网金融的复杂性特征了。我们必须用复杂化和综合化的思维去重新审视这一新生事物,并在改变观念的基础上改变规则和手段。但是,按照目前的情况,传统经济模式依旧占统治地位,因此,大规模修改竞争法是不现实的,目前还是只能对原有法律进行废、改、立的局部修正以适应新的时代。此外,互联网竞争监管要涉及多部法律法规,因此法律法规间的配合协调也是亟须解决的问题。

四、互联网金融竞争监管制度的具体构建

我国金融行业的监管使用的手段常常是事前、直接的全方位的监管模式。然而,竞争监管则不同。竞争监管多为事后监管、间接规制,是在充分尊重市场竞争规律的条件下运行的。通过它进行市场控制可以有效减少行业因为被管得过死而丧失创新能力和经营活力的问题。要在重视互联网金融业竞争问题的基础上构建其监管体系,笔者认为,应着重从以下几个方面着手:

(一)监管依据的废、改、立

1.基本依据的修改

《反不正当竞争法》和《反垄断法》是互联网金融竞争监管的基本依据,因此必须作出适应性调整。

(1)“是恪守传统还是面向现代,这些发问触及了我国《反不正当竞争法》修订面临的实质性难题”。对《反不正当竞争法》来说,要适应互联网金融的竞争现状,一是要确立严格意义上的“一般条款”。由于互联网金融具有极强的创新性,具体经营形态千变万化,《反不正当竞争法》无法一一列举,因此应当在《反不正当竞争法》的修改中确立并完善一般条款,从而大大扩展其调整范围。二是要增加网络特殊不正当竞争手段的规定。互联网金融的不当竞争手段还包含有纯粹的网络技术手段,这些是《反不正当竞争法》中所不包括的。当然,如果将所有网络新型不正当竞争手段在《反不正当竞争法》中一一列举,恐怕也是不切实际的。《反不正当竞争法》可以考虑

授权其他相关法规对其进行特别规定。三是基于当前互联网金融领域中不正当竞争行为的实施成本低、收益高的特征,笔者认为应当增加不正当竞争行为人的违法成本,降低其预期收益。对竞争监管来说,要加大监管处罚力度,改进计罚标准。《反不正当竞争法》规定的行政处罚手段以行政罚款为主,即可以处以最高20万元的罚款。如果说该处罚力度在《反不正当竞争法》颁布实施之初尚可对不法经营者起到威慑作用,那么在20多年后的今天,该处罚力度则远远不能满足有效规制不正当竞争的现实需要。那么在网络经济领域,尤其是在互联网金融业中,不正当竞争行为的实施成本较低、收益较高,加之网络环境的开放性、隐蔽性所带来的低查处率和高监管成本,导致该处罚力度根本不足以对网络经济领域中的不法经营者有所震慑。

(2)对《反垄断法》来说,修改的重点是垄断标准。互联网金融的一些先天特征与《反垄断法》的规定是相左的。对互联网金融来说,拥有较大规模是非常重要的。"长尾效应"的提出者克里斯·安德森认为,"长尾效应"的优势在于数量,数量众多的非主流最终能够汇集成极大的能量,甚至可以"逆袭"主流。由于大额融资业务几乎被传统金融垄断,因此互联网金融基本上只能关注传统金融"不屑"的小额融投资领域。再加上通信技术优势的基因,互联网金融天然具有向大规模发展的倾向。另外,大部分互联网金融平台是多边平台,"马太效应"明显。用户越多,其运营成本越低,可能产生的效益越大,交差补贴的机会越多。因此越是强大的平台越能吸引用户,相反越弱势的平台则越会被边缘化。但"平台企业垄断的社会福利效应与传统产业有区别,对于多边平台垄断的规制也不应遵循传统的反垄断理论。垄断性平台构建了更大的用户网络,在同一平台的用户可以享受到更大的网络效应"。[1] "在金融领域,这种网络效应表现为流动性提高、资产配置更分散、平台撮合效率提高、价格有效性增强等。这无疑提高了社会福利水平,相比于平台众多、消费者网络分割的状态,是一种帕累托改善。"[2]正如前文所述,互联网金融可能会出现垄断。但是,依据《反垄断法》既不能很好地认定其垄断,也无法很好地规制其垄断,甚至可能起到打击创新、降低全社会整体福利水平的反作用。从监管的角度来说,要在大型互联网金融平

〔1〕 程华:《互联网金融的双边市场竞争及其监管体系催生》,载《改革》2014年第7期。
〔2〕 程华:《互联网金融的双边市场竞争及其监管体系催生》,载《改革》2014年第7期。

台的垄断认定上依据创新性、可竞争性等标准实施动态的认定,而非简单从市场占有率的多少进行简单的、静态的判断。

2. 尽快出台互联网金融竞争监管指导意见

许多学者在研究包括互联网金融在内的网络经济监管问题时都呼吁出台一部类似《法国互联网络宪章》的法典。《法国互联网络宪章》的规定“非常全面、细致,内容涉及网络隐私、知识产权、未成年人权益、消费者利益、公共秩序等许多方面”。[1] 笔者认为,专门为网络经济制定一部法典有助于解决互联网经济中的一些共性问题,故而是很好的建议。但笔者同时也认为,统一法典不是终极的解决方案,因为其无法解决某些特性问题。当互联网与其他行业相融合时,其原始行业特征并没有磨灭,这导致最终很多监管问题依旧要在原始行业的监管框架内解决,一些特殊问题仍需要一些具体制度的配合。另外,就互联网金融来说,一些学者还建议应该摒弃金融分业监管的传统,迈向统一监管。但是“相比于互联网金融的迅猛发展,统一监管是个相对长期的目标”,[2] 在相当长的一段时间内,我国的分业监管体制不会改变。这种情况就决定了互联网金融竞争监管问题的解决会是一个与现有监管框架协调与妥协的结果。因此,排除金融的特殊性和监管的广泛性,从现实的角度考虑,比较实际的做法就是建议有关部门联合制定关于互联网金融竞争监管的指导意见。指导意见应该规定互联网金融竞争监管中的一些基本制度,如监管部门的权责分配、协调机制、监管手段和法律责任等。

3. 制定互联网金融服务行业标准

我国互联网相关行业标准和规范建设远远落后于计算机网络技术和行业整体的发展,已经成为行业发展的制约因素。对互联网金融,笔者认为,应当像其他实体商品和服务一样,可以考虑由互联网金融的行业协会制定统一的行业标准。同时,互联网金融行业协会作为独立于成员企业的机构,可以根据法律和法规的授权对相关互联网金融产品和服务进行评测,并公布相关结果。这一制度的建立有助于保障互联网金融服务的质量,也有利于在不正当竞争纠纷发生时对有关责任的认定。

---

〔1〕 齐爱民、刘颖:《网络法研究》,法律出版社 2003 年版,第 38 页。

〔2〕 毛玲玲:《发展中的互联网金融法律监管》,载《华东政法大学学报》2014 年第 5 期。

（二）建立相对开放的、虚拟的竞争监管协同机制

面对互联网金融监管的复杂性，学者们大多认为进行集中监管确有必要。但是在我国，“形成已久的一行三会格局目前仍难以撼动，这就注定了我国的监管体制改革很难立即抛弃行业分类而走上集中监管的路径”。[1]因此，“相较于将互联网金融中的无序状态归因于金融监管机构的分合，还不如在当前的监管框架下完善金融监管协调机制”。[2] 从现实的角度来看，目前最可行的监管改革方案是加强各个监管部门之间的监管协调合作。就互联网金融的竞争监管来说，笔者认为可以依托现有监管框架，利用互联网技术，建立相对开放的、虚拟的协同监管机制。

首先，竞争监管协同平台具有相对开放性。这一方面是指该平台可以因时因势增加接入其他监管机构，从而确保监管的灵活性和完备性；另一方面是指协同监管平台的功能可以进行适当拓展。竞争监管与其他监管并非泾渭分明，对协同平台进行适当的功能扩张可以增加其监管的实用性和经济性。其次，该监管协同机制具有虚拟性的特点。这就意味着不需要建立任何实体的、新的监管主体。最后，该监管机制具有协助性特点，这就要将互联网金融竞争监管有关部门整合起来，进行网络违法信息共享、案件分配、执法协助。按照笔者构想，所有有关互联网金融的监管机关都要同时接入这一系统。这个虚拟的监管平台由三部分构成：

1. 违法信息收集、共享平台

互联网金融领域的竞争问题与其他领域相比既有继承又有突破。从表面上看，互联网金融竞争监管所遭遇的挑战是科学技术进步引发的监管手段滞后问题。但是如果着眼于整个监管体系，对互联网技术，目前我们已经拥有监管所需基础设施和人员，监管中存在的主要问题其实是监管资源分配的问题。因此，排除互联网金融竞争监管障碍最重要的是要解决结构性问题。违法信息收集平台采取扁平化的管理模式，按照反垄断和反不正当竞争法两大类，不分行政层级同时接入所有互联网金融竞争监管的机关。违法信息收集、共享平台的主要功能是收集、共享竞争违法信息。这些信息

---

〔1〕 赵渊、罗培新：《论互联网金融监管》，载《法学评论》2014 年第 6 期。

〔2〕 巴曙松：《金融监管机构是分是合：这并不关键——谈当前监管框架下的金融监管协调机制》，载《西部论丛》2006 年第 11 期。

来源于三个方面:(1)举报信息。目前的网络举报系统有国家层面的中国互联网违法和不良信息举报中心网站,各个监管部门也有自己的举报网站。事实上,对网络违法行为的举报,我国在2004年成立的“中国互联网违法和不良信息举报中心”是一次有益的尝试。但是,现存的信息举报系统存在三个问题:一是举报渠道分散且不直接,在一定程度上制约了举报的方便性;二是并未明确将竞争问题纳入其接受举报的范围;三是各个举报网站之间没有信息共享。建立统一的违法信息收集、共享平台则可以解决以上问题。同时,在设计相关规则时,可以考虑授权网络监管部门强制要求所有互联网金融机构在其网站或应用程序中设置竞争违法信息举报的超级链接。这一做法在公安系统管理网络违法信息中已经广泛采用,且被实践证明效果良好。(2)异常信息。异常信息由计算机系统根据软件设定自动排查。这样可以实现每天24小时不间断收集违法信息,可以弥补人工排查的缺陷。(3)巡查信息。这部分是各个接入平台的监管机关用传统监管巡查手段所获得的违法信息,需要人工录入信息共享平台。当三部分信息都汇总到了违法信息共享平台后,所有的监管机关都可以对违法信息进行共享和查看。

2. 案件分配、协助平台

案件分配、协助平台主要解决收集到的违法信息是否需要立案和案件管辖权的问题。案件分配、协助平台应该配备专人进行管理。此外,所有接入竞争监管协同平台的监管机关需要指派工作人员从事全职或兼职竞争监管工作。各监管机关的竞争监管办案人员不需要在同一地点工作,而是在本单位信息终端上处理信息共享系统中的违法信息。办案人员如果认为该违法信息应当立案,且属本部门监管,就在监管协同系统上对案件进行认领。在案件认领机制下,限定时间内所有违法信息会有三种可能的去向:一是有监管机关自动认领立案,且无争议;二是无监管机关认领;三是有多个监管机关认领,对案件的管辖权存在争议。针对第一种情况,案件由认领的监管机关管辖;如果出现第三种案件争议的情况,则需按照目前行政法中有关管辖权争议的规定处理;如果出现第二种情况没有机关认领违法信息,则需平台工作人员按照信息的不同来源审查或存档或向举报者反馈或进行信息公开,以便进行社会监督。另外,案件分配、协助平台还应该是不同机关之间进行执法协助的平台。如果一个案件涉及多个监管部门,且单一监管部门无法进行监管或无执法权,就可以要求其他部门提供协助。案件协助平台同时还具备违法网络信息的证据的保存功能。该功能的实现需要网络监管部门的配合。在案件进行分配的过程中，相关网络证据应该被作为证据保存下来，并可以成为执法依据。

3. 信息发布平台

信息发布平台应根据我国有关政府信息公开的规定，将对举报信息的处理结果、社会影响较大案件的处理结果，经过有关机关审核，由发布机关主动或者申请人申请，以不同渠道向社会进行信息反馈。

P2P 网贷平台非法集资犯罪的刑法规制

林越坚　叶英波　吴　为*

内容提要：目前我国 P2P 网贷问题平台的数量激增，非法集资化的趋势正日益显著。尽管 2015 年十部委联合发布的《关于促进互联网金融健康发展的指导意见》已确立相关的常态监管体制，但刑法规制的适当运用更具有现实的紧迫性。本文立足于金融检察实践，针对 P2P 非法集资犯罪相较于传统非法集资犯罪的不同之处，就审查 P2P 非法集资犯罪中所涉及的证据审查、行为定性等问题提出相应的措施。同时从预防犯罪的角度出发，建议延伸检察职能，实现与行政监管间的有效衔接。

关键词：P2P　非法集资　刑法规制　金融检察

银监会发布的数据显示，据不完全统计，截至 2015 年 11 月末，全国正在运营的网贷机构共 2612 家，撮合达成融资余额 4000 多亿元，问题平台的数量 1000 多家，约占全行业机构总数的 30%。[1] 加上后来爆出的“e 租宝”、“大大集团”等大规模网贷非法集资案件，P2P 网贷的非法集资及其法律应对问题正在日益受到关注。

---

* 林越坚，温州市人民检察院副检察长；叶英波，温州市人民检察院公诉一处检察员、主诉检察官；吴为，温州市人民检察院公诉一处助理检察员。

〔1〕 王丽娜：《非法集资新困局》，载《财经》2016 年第 1 期。

一、P2P 网贷平台的基本模式及异化趋势

(一)P2P 网贷平台的现状分析

P2P 网络贷款在我国最早始于 2007 年的"拍拍贷",至今已走过十载的发展历程。近年来,全国 P2P 网贷平台数量更是呈现出了几何级数式的爆炸增长,从原先的寥寥 50 家骤升至 2000 余家。具体到温州地区而言,作为民营经济发展的高地,有限的熟人之间的信用和契约关系、僵化的金融机构借贷体系与实体经济的发展需求矛盾日显,P2P 网贷平台作为一种技术解决方案在温州有着肥沃的生长土壤和广阔的生长空间。根据温州民间借贷登记服务中心的名单,截至 2014 年 12 月,温州地区的 P2P 网贷公司数量达到 61 家,约占全国总数的 4%,资金规模也接近 221.7 亿元。伴随着 P2P 网贷平台这种新型金融业态的出现,系统性风险也随之凸显。以温州地区为例,P2P 网贷平台中存在一部分原先从事民间借贷业务、顺应潮流转型而来的公司,其本身具有因管理不善背负债务而借机弥补亏损的不良动因,这为新一轮的民间借贷危机埋下隐患。据统计,仅 2014 年一年温州市公安局就相继查处 7 家涉嫌非法吸存的 P2P 网贷平台[1],涉案金额达 1 亿余元。可见,以 P2P 网贷平台为代表的 P2P 金融在国内发展虽然初具雏形,互联网金融顶层设计的文件业已出台,但此间的法律风险由于政策落地的滞后性尚无法完全避免,往往带来侵蚀金融信誉的后果,与普惠金融的初衷背道而驰。

(二)P2P 网贷平台的基本模式及异化

P2P 网贷平台的基本模式是非金融机构利用互联网或移动平台为民间借贷双方提供借贷信息中介服务,包括信息发布、交易撮合,以及为实现交易撮合而提供的风险评估、信用评价、投资咨询、交易管理及资金流转等服务。但 P2P 网贷行业自进入中国市场之初就未沿着国外的基准路径展开,而是迅速异化为多种不同性质的模式,形成中国式的 P2P 网贷平台。

1. 平台担保模式

平台担保模式指的是平台本身不参与借款交易,但为投资人提供本金担保。由于网贷平台本身主要以服务小微企业为主,借款额度一般较大,通

---

〔1〕 这 7 家网贷平台指德赛财富、弘昌创投、亚盛投资、融益财富、如通金融、万通财富、富城贷。

过平台的自我担保,可以进一步保证投资人的资金安全,提高交易效率。但其缺陷也是显而易见的。在现有包括全球的金融监管体系中对这类机构都是按照最严格的方式进行监管的情形下,这种自担保是把相应的信用风险、流动性风险进行自我承担,带来的最大问题是投资项目认知的风险和收益的扭曲。一方面,这种风险的自我承担对平台自身实力的要求较高,即必须具备雄厚的资金保证;另一方面,仅适用于客户违约率较低的情形,否则一旦出现大规模违约,则容易导致平台倒闭甚至跑路的情形。

2. 债权转让模式

债权转让模式是指借贷双方不直接签订债权债务合同,而是通过第三方个人先行放款给资金需求者,再由第三方个人将债权转让给投资者。P2P网贷平台则通过对第三方个人债权进行金额拆分和期限错配,将其打包成类似于理财产品的债权包,供出借人选择。由此,借、贷双方经由第三方个人产生借贷关系的模式使原本“一对一”“一对多”的P2P借贷关系变为“多对多”的债权关系。这种模式的实质就是利用债权拆分和转让进行了资产证券化,进而实现流通。其本身的弊端也十分突出。(1)对借款人的信息披露不够透明充分,风险较大;(2)很容易出现期限错配和流动性错配的问题,后果严重;(3)资金是否会流进平台出资人难以掌握,资金去向不明极易导致资金陷入失联的危险境地。

3. 资金自融模式

资金自融,即构建资金池,是百无禁忌的互联网企业在P2P网贷平台创新道路上铤而走险的一种极端异化模式。该模式是先将投资人的钱直接转入平台的账户或者平台人员的私人账户再行分配,通过构建资金池使自身实际上成为没有牌照的银行等金融机构,这样也就意味着平台可以擅自将投资人的资金移作他用而不受监管。而且一旦踏上资金池的道路就必须追求规模持续增长,同时,随时提现的便利性会逼着所有同行业加入靠资金池运转的行列。一旦经营风险的金融行业需要靠持续规模增长来确保低风险,投资人的资金安全得不到长远保障,极易诱发平台跑路的风险。

二、P2P网贷平台非法集资犯罪的特点

鉴于国内P2P网贷平台的异化趋势不可逆转。2011年9月,中国证监会发布《关于人人贷有关风险提示的通知》昭示了监管部门对P2P行业异化趋势下法律风险的担忧,目前P2P网贷平台涉及的可能法律风险主要集中

于泄露用户信息、成为洗钱工具及非法集资等方面，其中尤以网贷平台的非法集资化最为突出，也是当前刑法控制的重点所在。P2P 网贷平台滋生的非法集资犯罪与传统的非法集资犯罪相比，其在犯罪形态、辐射范围、发案导向方面均有诸多新特点。

（一）集资形式

1. 资金线上往来，去当面化交易

区别于传统的非法集资犯罪，P2P 网贷平台向社会公众集资主要采取的是非现金交易，依托于互联网技术，操作便捷。非法集资的宣传活动及客户注册均在平台网站上进行，其资金往来也主要依靠电子转账和网上支付。利息收益也不直接转到投资者的银行账户中，只是在其注册的会员账号内显示收益金额，投资者需要在网站申请提取现金。这种去当面化的集资形式，使得集资效率和集资范围显著增强，但使得双方的信息交流机会减少，信息交流范围趋于狭小，投资人难以对平台获得最直观的了解。

2. 高收益，低门槛，期限灵活

P2P 网贷平台只需前期支出一定费用搭建网络借贷平台，后期聘请 1 ~ 2 名网络技术维护人员和少量业务推广员，即可开门迎客、开展业务，成本可谓低廉。较低的运营成本意味着较大的利润空间。为了和银行等传统金融机构的理财项目竞争，P2P 网贷平台依靠自身的成本优势往往会将产品包装成更高收益的理财产品。据融 360 重点监测的 325 家网贷平台数据显示，2014 年 P2P 网贷平台全年平均年化收益率为 17.4%，部分平台的收益更高达 20% 以上。[1] 而传统非法集资犯罪许诺的月息通常在一分左右浮动，稍低于此。从人的趋利本性来看，在同等风险的情况下投资人通常会趋于选择收益更高的投资产品。故相较于传统的非法集资犯罪，网贷平台的非法集资化具有更强的投资驱动性。而且与传统非法集资案件中动辄几万元甚至数十万元的投资起步价相比，P2P 网贷平台"广撒网"的小额投资对储蓄有限的中小客户具有更强的投资吸引力。

---

〔1〕 数据来源 http://www.rong360.com/gl/2015/01/23/63999.html。

(二)被害人范围

1. 年龄结构

P2P网贷平台搭建于虚拟网络之上,宣传辐射虚拟网络世界,与现实社会的相对隔离性意味着其吸引的客户群体不是全民向的,而是活跃的互联网族群。该群体具有受教育程度高、消费能力高、年龄层次低的特点。上述特点也正是P2P网贷平台主要针对的目标客户群体所具有的。《中国P2P借贷服务行业白皮书(2015)》显示,在P2P理财用户中,80、90后的人群已占比过半,达到53%,可见其用户群体的年轻化。且P2P网贷平台具有投资门槛低、期限灵活等特点,也更适应该年龄层尤其是中等收入人群的投资需求。而传统非法集资犯罪的关注人群则与P2P网贷平台有着较为鲜明的界限,主要集中在有闲钱、警惕性较低的中老年人群体。

2. 区域范围

辐射面广是P2P网贷平台非法集资犯罪的另一大特点。P2P网贷平台依托网络进行宣传,网络宣传的特点概括而言即全方位、全天候、多维度。其运用文字、图像和声音的有机组合,传递多感官信息,使宣传受众更直观地对产品信息进行了解,大大增强了宣传的实效性。另外,网络宣传制作成本低、速度快,其无边界性也使吸收资金的信息能够迅速大范围传播,集资对象和影响范围明显扩大。而传统非法集资主要以发传单、打电话、推介会甚至口对口的形式进行宣传,传播速度缓慢,宣传效果有限,影响局限在某一特定区域。故相较而言,P2P网贷平台具有先天的宣传优势和受众优势,不受时间之限,不受地域之困,吸收的资金规模数倍于传统非法集资案件,涉案的被害人人数也远高于传统非法集资案件。

(三)处置上的结果导向

近些年最高法相继出台的诸多司法解释使传统非法集资案件业已有相对明确的审查标准,但在个案审理时仍存在差别和争议。作为一种新的金融业态,"中国本土化"的P2P网贷平台呈现了非标准化的发展态势,实践也默认了这些异化模式的发展,故由此引发的非法集资案件在认定标准上模糊化和表象化的倾向更甚。上述倾向投射到司法处理层面,出现了以结果为导向的实用主义倾向,即司法保护往往以P2P网贷平台运营的成败为标准,而不是以非法集资犯罪的核心法律特征为标准。一般而言,对于成功的平台运营者，只要其没有产生不能偿还借款的后果、未影响社会稳定，司法居于中立；而对于失败者，因其造成了群体性借贷纠纷，刑法就予以惩处。这是典型的“成者英雄败者寇”理念，有违刑法平等保护之宗旨。尽管结果导向的做法能行一时之效，但长远来看这种司法失范反而会加剧民间金融领域的投机和道德风险。

三、P2P 网贷平台非法集资犯罪的刑事司法困境

（一）管辖权归属难确定

P2P 网贷平台非法集资犯罪本质上是一种网络犯罪。网络空间的全球化、虚拟化、非中心化等特点一定程度上动摇了传统司法管辖的基础，使司法机关对网络犯罪的管辖面临严峻挑战。传统的刑事司法管辖建立在现实的物理空间之上，故以属地管辖权为基础，确认管辖有赖于犯罪行为地和结果地的确定。在网络犯罪中，由于涉案人员通常人数众多且散布多地，犯罪地往往突破地域甚至主权的限制，机械运用传统的管辖原则无法适应侦办案件的需求，易出现各地相互推诿或争办案件的现象。目前实践中网络犯罪的管辖权存在多种考量因素，主要有以网络行为的最终目的地、网络犯罪行为实施地、网络犯罪行为结果地等作为合理依据，但具体以何种作为确定依据却又因案而异。

（二）证据审查有难度

1. 收集不全面，取证成本高

首先，公安跨地区取证难度高。P2P 网贷平台非法集资犯罪辐射范围较广，被害人遍布全国各地，一一取证，面对面取证相较于传统非法集资犯罪更为困难。跨地区取证涉及各地区公安机关的配合问题。按照《公安机关办理刑事案件程序规定》的精神，对异地公安机关提出协助调查、执行强制措施等协作请求，只要法律手续完备，协作地公安机关就应当及时无条件予以配合。但目前上述规定大多用于犯罪嫌疑人的抓捕工作，对被害人的取证还是主要依赖本地公安机关的异地取证。具体到 P2P 网贷平台非法集资犯罪这样多被害人的情形，异地取证的经济成本大幅增加。其次，被害人主动配合积极性低。很多小额投资者由于跨地域等原因，维权费用比投资金额大，又鉴于犯罪嫌疑人已陷入山穷水尽之境地欠缺还款的期待可能性，出于减少损失的考量，部分被害人也缺乏主动报案的积极性。以“温州金融

港”P2P网贷平台非法吸收公众存款罪案[1]为例,平台显示的涉案被害人高达600人之多,但实际报案的被害人为233人,仅有三分之一。故实践过程中,咎于上述因素侦查人员往往难以穷尽所有涉案的被害人,只能采取个别取证的方法,选取本区域内的被害人或者主动报案的被害人进行走访取证。

2. 电子数据杂,证据难辨识

P2P网贷平台借助互联网强大的触角,让互不相识的人像买卖商品一样完成出借款项的过程,被害人与犯罪嫌疑人远隔千山万水素未谋面,无法遵循通常的交易规则,所有交易的完成诸如签订合同等都在互联网上进行。这种线上的交易模式一般仅保留电子数据作为凭证,电子数据有“易修改、易损毁、不易固化”的特征,故在证据保存上要求更高。案发后为逃避追诉,电子数据易遭到毁损或者人为篡改,如何收集并保证其完整性、原始性、真实性是P2P非法集资案件办理的一大难点。而且即使未遭篡改,貌似“客观”的电子数据也存在作伪的可能。如P2P网贷平台为了账面“漂亮”而大量雇用“水军”、使用“马甲”伪造“幽灵”数据以致虚高。以“德赛财富”平台非法吸收公众存款案[2]为例,其平台数据存在大量马甲以及后台刷数据产生的金额,故显示金额远远超过实际金额,此类数据的甄别、筛选为案件审查带来挑战。

3. 言词证据弱,金额难认定

在传统非法集资案件中,犯罪嫌疑人的供述和被害人的陈述是认定犯罪金额的主要基础,必要时公安机关还可以通过安排双方当事人对账的方式来核实集资金额。基于上文分析可知P2P网贷平台的非法集资犯罪具有涉案数额大、被害人众多、金额细碎化的特点,犯罪嫌疑人一方无法详尽记忆并供述涉案的每笔款项,故往往会出现与被害人各执一词或者无被害人陈述印证的局面,言词证据在整个证明体系中的证明力被削弱。相较于传

---

〔1〕“温州金融港”P2P网贷平台由犯罪嫌疑人孙秀森等人于2014年5月设立,通过互联网、QQ群吸引全国各地投资人在“温州金融港”网络投资平台上进行投资,并承诺支付高额利息予以回报。投资款被犯罪嫌疑人孙秀森用于爱投公司、黄山柏金假日有限公司经营及偿还债务。截至2014年12月15日,“温州金融港”网络投资平台注册会员达1300余人。平台共吸收资金达人民币38423659.86元,共计863万余元无法偿还。

〔2〕“德赛财富”网络投资平台由犯罪嫌疑人徐芳注册温州市乾伟特电子商务公司于2013年8月左右创建,在互联网上向社会公众推广其P2P信贷投资模式,以提供资金中介服务为名,承诺年化收益24%以上的高额回报。截至2014年4月,“德赛财富”网络投资平台共吸收119名投资者投资2900余元,犯罪嫌疑人徐芳将该些款项部分用于“德赛财富”网络投资平台的创建和日常运营,部分用于温州厨工酿造有限公司的经营,造成1400多万元的款项无法偿还。

统的非法集资案件，网贷平台案件通常缺乏书证（如借条、单笔转账的纸质银行凭证等）这种最明确直观最利于发现事实的证据，从而给其他关联证据的发现、固定和印证带来障碍。

（三）定罪量刑有争议

1. 犯罪主体问题

P2P 网贷平台的日常经营一般由平台运营者、财务人员及技术人员负责，对 P2P 网贷平台非法集资犯罪主体的审查难点主要集中于如何划分上述平台内部人员的责任问题。在实践层面，各地公安机关对此均有不同认识，在“温州金融港”一案中，龙湾区公安分局将公司负责人、平台运营者、财务人员及后台技术人员均列为犯罪嫌疑人予以立案，而侦办“德赛财富”一案的瑞安市公安局则仅仅抓获了公司负责人和平台运营者。实践中的这种分歧容易导致定罪标准不一、量刑差异较大，进而影响社会公众对司法统一尺度的观感。

2. 共同犯罪问题

为平台提供资金托管的第三方支付机构是否应承担相应责任。作为 P2P 网贷平台在其官网上进行增信的标配手段之一，不少 P2P 网贷平台都声称其客户资金已经委托了第三方支付机构进行托管，有些还会给出第三方平台托管业务的介绍和网站链接。事实上目前的大多数第三方支付机构普遍不具有托管业务资质，尽管如此，部分支付机构仍然在其网站上虚假宣传可以进行资金托管业务。有些支付机构仅仅只是提供资金支付接口，并未对资金划转进行监督，徒有托管之名，不行托管之责，违背了诚实信用的商业原则。诚然存在上述法律风险和漏洞，由于当前法律监管的盲区，第三方支付机构在 P2P 网贷平台野蛮生长、屡屡触及法律底线的同时几乎都没有被追究法律责任的先例，侵害了投资者的切身利益。

四、P2P 网贷平台非法集资案件的刑事规制

（一）管辖确定采网络犯罪行为实施地

所谓网络犯罪行为实施地，是指实施网络犯罪行为的计算机终端所在地或行为人有目的地利用的 ICP 服务器所在地。“ICP 服务器是犯罪行为在网络空间得以完成的终点，也是犯罪结果在网络上被感知的起点，可见实施

和发现网络犯罪行为的计算机终端和ICP服务器与网络犯罪行为存在实质性的关联。"[1]根据工信部的有关规定,经营性网站必须取得ICP许可证方可运营,故ICP服务器所在地具有唯一性和确定性。因此,把P2P网贷平台非法集资犯罪的计算机终端所在地或者有目的利用的ICP服务器所在地认定为犯罪行为地,既符合网络行为的技术特征,又能最大限度地寻找到行为的源发地,便于侦查和打击犯罪行为。而另外两个合理依据——网络犯罪行为目的地以及网络犯罪行为结果地,对于P2P网贷平台非法集资犯罪而言,前者没有明确区域,后者具有多个区域,都不能锁定唯一管辖地。

(二)建立电子数据+银行明细审查模式

P2P网贷平台非法集资犯罪案件的审查应逐步建立电子数据+银行明细审查模式。这实际上是"客观性证据审查模式"在金融犯罪领域的一种强化和发展。该模式是对传统非法集资案件主要依赖言词证据+传统书证的一种突破,既减少了公安机关异地取证的舟车劳顿和经济成本,又避免了因犯罪嫌疑人记忆不清或者语焉不详而陷入的犯罪金额认定困局,同时提高了对资金来源及去向的侦查效率。这其中又以对电子数据的审查最为重要。需要注意的是,实践中P2P网贷平台普遍存在用马甲恶意刷数据的情形,故辨别电子数据的真实性成为核定犯罪数额甚至定案的关键所在。一般认为,电子数据真实性判断的普遍标准是,"在整个电子数据证据形式当中,系统数据的真实性高于孤立数据。其中,在孤立数据中,不可读数据的真实性高于只读数据,只读数据又高于可编辑数据;在系统数据中,多维数据的真实性高于二维数据,联网数据往往又高于单机数据。"[2]故个案经办人应根据上述原则并结合公安机关出具的电子物证鉴定书进行综合分析,排除不真实数据、被篡改数据。

(三)严格共同犯罪认定标准

1.严肃追究第三方机构的责任

第三方支付平台为P2P网贷平台违规提供托管服务,尤其存在虚假宣

[1] 袁昱:《网络犯罪管辖权确立的思考》,载http://www.chinacourt.org/article/detail/2015/12/id/1766372.shtml。

[2] 何文燕、张庆霖:《电子数据类型化及其真实性判断》,载《湘潭大学学报》2013年第3期,第31~37页。

传的情况下导致投资人受损的，视其具体违规情节，应当被追究民事责任甚至刑事责任。就民事责任而言，由于 P2P 业务中，投资人不与第三方支付公司直接发生合同关系，因此，只能从侵权的角度来寻求第三方支付公司的责任。在当下并无法律界定的情况下，由法院来通过个案判决的方式来寻求对第三方平台进行归责。就刑事责任而言，若第三方平台明知 P2P 网贷平台存在违法挪用或卷款跑路的情形，仍协助或者放任 P2P 从事犯罪行为，则第三方平台可以构成共同犯罪，从而被认定为非法集资犯罪的共犯而承担刑事责任。

2. 严格区分平台内部人员的责任

一般而言，平台负责人深谙平台的操作流程、款项来源及去向，明知不可为而执意将平台变成其自身经营的资金池，当然成为 P2P 网贷平台非法集资犯罪的犯罪主体。而平台运营者如果明知平台已异化成为非法集资的工具，仍利用职权，安排马甲非法吸收或者诈骗投资人款项，则构成共同犯罪。至于财务人员和技术人员等一般岗位，通常认为掌握平台资金的动向是财务人员的工作职责，从温州地区爆发的几起案件来看，财务人员对于平台资金流入负责人私人账户也是明知的，故财务人员也应当为此承担责任。技术人员主要负责平台的日常运行和维护，并不直接接触核心业务，认定其构成共同犯罪并不妥当。

五、金融检察与金融监管的衔接和协同机制

事实上，刑事司法路径是整治 P2P 网贷平台乱象的最后一道防线，行政监管才是规范 P2P 网贷平台发展的达摩克利斯之剑。两者是共同推动这项金融创新前行的车轮。在保障金融创新改革的目标下，秉持刑法谦抑性原则，加强行政监管和刑法规制的衔接，探索搭建“双法平台”的渠道和途径，将有利于金融改革创新更加有序、科学发展。

（一）建立金融检察和金融监管联席会议机制

为推动金融违法犯罪领域的执法协作，检察机关与金融监管部门应各自设立相对固定的联络人员，建立专门的对口联络机制。通过每年召开联席会议的方式，统一金融违法犯罪领域的防控思路，互相通报 P2P 网贷平台案件的有关工作情况，对需协作处理的重大事项进行沟通，对相关金融方面法律的适用进行探讨，达成统一共识，建立一套从行政到司法无缝衔接的

P2P网贷平台违法犯罪案件协作新模式,弥合刑法与行政法的断层,真正实现金融违法犯罪控制的平滑过渡。

(二)建立金融违法犯罪的两法衔接信息平台

"目前,公安机关、检察机关和法院在联合构建金融刑事司法体制的过程中已经初步建立了公检法三机关的案件衔接信息共享平台,当前,有必要将信息平台扩大到金融监管部门。"[1]国务院和最高人民检察院业已分别出台了行政执法机关移送涉嫌犯罪案件的相应规范,为此提供了法律依据。故检察机关可以尝试与各级金融监管部门建立资源共享、危害共防的两法衔接信息平台,分享P2P网贷平台运营的数据信息,掌握发展的前沿动态,做好风险防范和预警,从制度上将P2P网贷平台犯罪的防线提前到金融监管工作中去,形成良性互动。

(三)建立金融违法犯罪的执法协作机制

检察机关与金融监管机构应当进一步建立疑难复杂金融案件执法办案协作机制。一方面,检察机关可以将P2P网贷平台案件办理过程中发现的新特点、新手法及金融监管部门的疏漏之处进行汇总以检察建议等形式告知金融监管部门。另一方面,金融监管部门在日常工作中也应当及时反馈P2P行业内破坏金融管理秩序的活动手法及规律。同时,金融监管部门及民间借贷服务中心等金融服务部门应通过多种检查方式督促P2P网贷平台遵守相关法律法规,依法受理举报投诉。对存在违法行为的平台,在事实清楚、证据充分的基础上,在规定期限内将案件移送同级公安机关,并抄送检察机关备案。

六、结语

国务院出台了《推进普惠金融发展规划(2016-2020年)》,首次从国家层面确立普惠金融的实施战略,突出强调了互联网促进普惠金融发展的有益作用。而P2P网贷平台正是《规划》中提及的各类新型机构的代表。本文旨在探讨如何促进P2P平台规范健康发展,探寻建立行政管理与刑事司法

[1] 贺英:《中国(上海)自贸区金融检察与金融监管的衔接与协调》,载《长三角法学论坛——中国自贸区建设的法治保障研究》。

双管齐下、双轨并行的协同机制,这对“提高普惠金融服务水平、降低市场风险和道德风险”[1]意义深远。我们坚信,正规合法的 P2P 网贷平台将全面实践普惠金融的理念,将价格合理、便捷安全的金融服务带到普通大众的生活中。

〔1〕 中国政府网:《推进普惠金融发展规划(2016 - 2020 年)》,载 http://www. gov. cn/zhengce/content/2016 - 01/15/content_10602. htm。

民间资本发起设立金融机构的市场准入与退出的法律制度障碍及应对*

唐清利等**

内容提要：本文以民间资本发起设立金融机构需要回应的发起设立的准入条件、方式等问题以及建立市场退出机制等众多法律制度问题为主线，重点关注如何正视民间资本与国有资本的异质性，如何区分民营金融机构与其他类型公司在准入和退出方面的异同性，如何辨析我国和国外相应制度在功能上与移植上的差异性，如何实现相关利益主体的权利保障，以及如何在市场对金融资源和资产配置起决定性作用的条件下处理民营金融机构的公平、统一、有序、有效竞争方面面临的金融风险和社会风险问题，以实现为中国民营金融机构的科学设立、健康发展和良性竞争提供法律理论和制度建议的根本目标。提出应当构建我国的民间资本发起设立金融机构的市场准入与退出法律制度，应当注重建立完善民营金融机构监管法律体系、利用和巩固金融市场化和利率市场化的改革成果并建立健全统一的市场退出法律制度。

关键词：民间资本　民营银行　市场准入　市场退出

---

* 本文系作者主持的中国法学会部级课题结项成果，由云子奇、杜静等人共同完成。

** 唐清利，西南财经大学法学院教授，博士生导师，所长。

党的十八届三中全会通过的《中共中央关于全面深化改革若干重大问题的决定》明确提出未来我国金融领域的改革方向为完善金融市场体系，指明“扩大金融业对内对外开放，在加强监管前提下，允许具备条件的民间资本依法发起设立中小型银行等金融机构”的宏观思路。较之此前相关政策仅提及“允许民间资本参股金融机构”有了实质进步，不仅将刺激民营金融机构的蓬勃发展，还将对当前的金融体系和相关法律制度带来空前的冲击。当前，首批五家试点民营银行发展已进入正轨，十四家民营银行申请已完成论证，其中三家已批复筹建。尽管随着我国社会主义市场经济的发展，“大市场小政府”的监管理念正在逐步推进，但在我国长期的金融抑制政策之下，有关市场化的理论研究和制度建构还不尽完善。明确的政策规范和稳健的实践步伐与滞后的理论构造形成了鲜明的二元反差。如何规范保障民间资本顺利发起设立金融机构以及民营金融机构的健康运行，并按照市场化规则建立统一、竞争、有序的金融市场环境和体系成为迫在眉睫的理论和现实难题。其中，亟待解决的首要问题是对民间资本发起设立金融机构的市场准入和退出法律机制的研究，因此，如何通过法律来规范其发起的条件、方式以及如何对其经营风险进行预警和市场退出成为本文的研究重心。

一、文献综述及问题的提出

首先，国外发达国家长期奉行金融自由政策，这使得其自身法律制度和理论研究的重点都放在如何保障充分竞争、如何确保合规经营、如何保障金融消费者权利、如何发挥市场机制等方面，具有多元、多层、多视角的特点。而对于市场准入、市场退出、经营模式等方面与其他公司的处理方式大同小异，很少有专门的理论研究和制度规范。

其次，国外学者针对中国的民间资金在金融领域的状况的研究主要集中在金融抑制政策、民间金融生存样态、民间金融运行中的问题、农村金融问题、企业融资与民间金融的关系、金融腐败的方面。这类研究对于推进我国相关研究和制度建设提供了另一种视角，但同时也反映了国外学者对中国国情和民间金融实际状况缺乏真正的了解，研究难以对症和深入。

最后，我国相关研究则经历了三个阶段，即借鉴国外研究方法和理论、实证研究、制度研究。第一个阶段与国外研究的对象多有重叠，只是更为中国化，成果主要出现在20世纪80年代到2008年前后；第二个阶段出现了大量针对中国民间金融运行现状的研究成果和理论文章。为民间资本提供合法的通道和制度支持可以减少其机会主义甚至发生道德风险以及大幅度减缓民营中小企业的融资困难逐步达成共识,学者们更为关注国内外民间资本发起设立金融机构的理论研究和制度建设,并对美国、英国、德国、日本等国的金融机构的市场退出机制开展了深入研究。中国民间金融发展状况蔚为壮观,金融改革呼声高涨,相关案件频频发生,成果主要集中在2006年到现在;第三阶段与前两个阶段实际上有重叠,但2009年以来,随着对中国金融体制改革共识的提高,相关改革方案以及针对相关制度研究的文献达到了更高的水平,取得更为丰硕的成果。

上述研究和制度建设推动着中国民间资本在中国金融发展图谱中的地位、身份和制度的巨大改变,其最直观的变化路径是:禁止民间资本进入金融机构的金融抑制政策变为允许民间资本参与金融机构,再转变到鼓励民间资本发起设立金融机构。国务院及银监会等机构也相继出台一系列规范性文件以为民间资本"松绑"。然而,针对民间资本发起设立金融机构的理论研究和制度配套建设仍然呈现出较为匮乏、难以跟上实践步伐的困境。这些问题如不解决,将影响十八届三中全会确定改革方针的成就,甚至有可能在仓促推进的过程中出现意想不到的金融风险和社会风险。

综上所述,本文拟超越既有研究存在的针对金融抑制政策的简单批判式宏观研究以及针对民间金融所做的微观式实证研究,而将采取着眼于建设性的中观式重点突破的研究思路,选择民间资本发起设立金融机构中最重要的几个问题进行系统研究。当下,民间资本发起设立金融机构需要回应的问题包括:发起设立的准入条件、方式以及如何与国有银行、股份制银行公平经营和竞争、如何实现信息共享、如何监管和风险处置、如何建立市场退出机制等众多法律制度问题,以实现为中国民营金融机构的科学设立、健康发展和良性竞争提供法律理论和制度建议的根本目标。

二、民间资本发起设立金融机构准入与退出的制度障碍

倡导民间资本进入金融机构并非新鲜事物。民间资本进入金融机构的方式既包括资本准入路径,也包括机构准入路径。资本准入是以资本入股等方式参与既有金融机构的并购重组,可谓之"存量模式",机构准入是指由民间资本发起设立新的金融机构,即"增量模式",也是本文的研究对象。

综观我国民间资本发起设立金融机构的相关政策文件,早在2005年5月,国务院即印发了《关于鼓励和引导个体私营等非公有制经济发展的若干

意见》,开启了我国渐进式改革中进一步加强市场化改革的重要篇章。重要的规范性文件还包括:2010 年国务院印发的《关于鼓励和引导民间投资健康发展的若干意见》、2012 年由银监会发布的《关于鼓励和引导民间资本进入银行业的实施意见》、2013 年 7 月由国务院发布的《关于金融支持经济结构调整和转型升级的指导意见》以及 2013 年 9 月由银监会发布的《关于中国(上海)自由贸易试验区银行业监管有关问题的通知》、2014 年 11 月由银监会发布的《关于鼓励和引导民间资本参与农村信用社产权改革工作的通知》等。综上,政府推出的各种政策性文件对民间资本进入金融机构提供了良好的实践空间,使得民间资本进入金融机构变得切实可行,体现出政策在处理政府与市场的关系中扮演的重要角色,也彰显出国家重视和鼓励民间资本以市场化形式合理利用,进一步拓宽民间资本的投资渠道,并致力于实现其优化配置的宏观目标。

然而,尽管我国对民间资本进入金融机构给予极大的政策支持和制度优惠,不断完善民间资本发起设立金融机构的相关规范性文件,较之从前的政策鼓励有了较为明显的改善和进步,但在实际运行中,却囿于上位法的制度约束和国有资本主导的思维惯性,在国家政策层面仍体现出对民间资本进入金融机构的较多限制。因此,民间资本进入金融机构与传统的金融机构运营相比,并没有处于一个公平的竞争环境,削弱了民间资本进入金融机构的动机。当前,民间资本进入金融机构的阻力主要表现为对民间资本进入金融机构的门槛高,其审批过程也较为复杂。同时,由于相关制度化退出规则缺位,无法为民间资本发起设立金融机构提供良好制度前提。因此,如何正确地评估当前民间资本的市场准入及退出障碍,有的放矢地提出制度建议,是保障民间资本顺利地进入及退出金融机构并形成市场化的竞争机制的重要应对策略。

(一)民间资本发起设立金融机构的准入障碍

现行金融机构市场准入制度未对民间资本发起设立金融机构提供完全契合的制度通道。现行法律、法规在保障金融业安全、稳定并促进经济增长的同时,将未受到金融监管的民间资本排除在金融市场之外,制度规范的缺位阻碍了民间资本顺利发起设立金融机构;另一方面,金融业快速发展与金融准入监管制度滞后之间的不协调进一步导致民间资本发起设立金融机构困难重重。民间资本发起设立金融机构的准入阻碍主要表现为:

1. 政策先行与制度缺位的二元反差

尽管当前我国鼓励民间资本进入金融机构的政策旨意逐步明朗,也成为深化金融改革的重要方式和载体,但囿于上位法的制度约束和国有资本主导的惯性思维,当前我国的金融领域法律、法规仍体现出国有制金融为主导的基本特征,同时,现行市场准入及退出的法律、法规不健全、针对性、适用性较弱,未充分考虑民间资本准入的特殊性,难以形成对民营金融机构的有效制度供给,造成了民营金融机构的发展缺乏法治化发展的条件和保障的先天不足。具体而言,首先,我国现行关于金融机构的准入法律规定中未明确准许也未明禁止民间资本发起设立金融机构,准入制度显得模棱两可。其次,审批及监管机构的自由裁量权缺乏明确界定及法律约束,导致对民间资本进入的审批标准不够明确具体、缺乏公开透明性,易造成审批及监管机构在职权行使中缺乏责任意识或难以作出充分的说明论证。最后,由于金融机构与一般的企业经营相比,蕴含着更为明显的道德风险和系统性金融风险,若民间资本发起设立金融机构的准入门槛缺乏清晰的法律边界,有可能使得民营金融机构难以抵御宏观经济的波动及市场风险并危及金融安全和市场稳定。因此,当前渐进式的政策优惠和法律制度供给不足的二元反差彰显了民间资本发起设立金融机构亟待解决的首要问题,是实现成熟政策的法制化转化,完善民间资本进入金融领域的法律规范,巩固民间资本设立金融机构的基本前提保障。

2. 显性和隐性门槛共存的双重困境

首先,显性门槛主要表现为相关法律法规对于金融机构在主体资格、注册资本要求、业务范围准入要求以及管理人员任职资格的要求等制度门槛或者壁垒。其中,以资本金的要求为例,我国金融机构的注册资本较国际通常的最低限额要高,较高标准的注册资本准入要求直接形成了金融业准入的显性门槛。相对于实力雄厚的国有资本来说,民间资本因分布上的不均衡性和分散性等特质而在规模、实力等方面较为孱弱,形成了民间资本发起设立金融机构在资本准入要求方面的壁垒,是为民间资本在设立金融机构时的首要显性门槛。其次,民间资本设立金融机构在市场准入方面存在隐性门槛。从我国现行法律法规来看,既未明文允许民间资本发起设立金融机构,也不存在禁止性规定。按照“法无禁止即准入”的基本原则,市场主体进入或发起设立金融机构不应存在任何障碍,但事实上在较长一段时期内,我国金融领域的格局依旧是以国有金融机构为主体,实践中并未大规模出现民间资本发起设立金融机构尤其是民营银行的先例。因此,民间资本进入金融机构一直存在重要隐性门槛。最后,隐性门槛存在的根源在于我国公有制为主体、多种所有制经济共同发展的基本经济制度条件下以及国有资本主导的金融领域中,民间资本与国有资本在所有制属性层面的差异,进而导致民间资本与政府投资的异质性被放大且过度演绎。主要包括:(1)金融市场准入标准存在对民间资本所有制偏好的倾向,相较于国有资本和外国资本,民间资本在一定程度受到明显的歧视和冷落;(2)监管者在所有制偏好和对民间资本的不信任基础上,对其发起设立金融机构的准入采取先入为主的审慎态度,剥夺了民营金融机构与现有金融机构公平竞争的机会;(3)民间资本较之国有资本在公众信任及信誉方面存在劣势,民众形成了对国有经营主体稳定性和安全性无比信任的思维定式,而对民营资本及民营企业具有天然的怀疑和警惕;(4)民间资本基于追求利润最大化的天性,较之国有资本更容易凸显短期利益与长期经济和社会利益之间的矛盾,成为相关监管部门审慎考量的重要因素,并形成准入的隐性门槛之一。

(二)民间资本发起设立金融机构的退出障碍

优胜劣汰是市场经济的基本规律,市场经济的活力来源于市场主体和产品的不断"推陈出新",因此,民间资本的市场准入和退出是个一体两面的问题。但当前我国既有金融机构退出制度存在明显缺陷,更勿论建立系统的金融机构市场退出机制,无法对民间资本进入金融领域形成行为预期,也增大了民间金融机构运营的风险性。民间资本发起设立金融机构的退出障碍主要有:

1. 金融机构退出制度的法律规范缺位

首先,尽管我国金融机构均一般性地采用公司制法人的主体形式,但其退出并不适用我国《企业破产法》的一般法人的市场性退出规则,而是适用第134条的例外规定,"商业银行、证券公司、保险公司等金融机构有本法第二条规定情形的,国务院金融监督管理机构可以向人民法院提出对该金融机构进行重整或者破产清算的申请。国务院金融监督管理机构依法对出现重大经营风险的金融机构采取接管、托管等措施的,可以向人民法院申请中止以该金融机构为被告或者被执行人的民事诉讼程序或者执行程序"。该规定表明,尽管金融机构作为企业法人形态的市场主体,但并不与其他主体适用同样的退出规则,而是体现出鲜明的行政权力介入的特殊性。其次,在我国现行金融法律体系中,商业银行、证券公司及保险公司等金融机构呈现出分散化、碎片化、多元化的退出模式,就退出方式、标准、范围和程序等方面缺乏统一有序的法律规范,金融机构的退出无法可依,难以形成健全的市场退出机制。这将带来三个重要的疑问:一是在当前金融机构不适用一般企业法人的市场退出机制,且各种具体类型的金融机构适用非统一类型的退出规则的背景下,新型的金融机构,尤其是民间资本发起设立的金融机构应当适用何种退出制度?二是在混业经营作为未来金融机构的发展方向和目标的前提下,如何确立实施混业经营的综合性金融机构的退出机制?三是既有金融机构的公益目的和国资主导属性似乎为其退出时行政权力的介入增添了“正当性”,若民营金融机构有可能发生退出的情形时,行政权力是否会同样介入,以及如何介入呢?

2. 金融机构退出的行政权主导蕴含风险

从世界各国的金融制度实践来看,行政权力对金融机构退出都具有强势影响力,其高度介入和绝对主导,可以充分地调动社会资源,主要目的在于保障金融安全与社会稳定的公共政策目标,这在一定程度上导致行政权力在金融机构退市过程中的扩张取得了合法地位。但在我国的时代背景和金融语境下,当前我国的金融机构退出的行政权力主导蕴含着一定风险性。首先,行政权主导有背离优胜劣汰的市场法则之虞。政府基于遏制短期系统性风险的重要政策目标,几乎承担了有问题金融机构造成的所有损失,将无益于实现净化金融体系和提高金融体系运作效率的目的,也导致了社会及国家信用风险的积累,既不产生分散、转移、补偿风险的机制,也无助于提高投资者的风险意识,同时在一定程度上增大了金融机构对于政府的依赖性,甚至还会一定程度上变相鼓励了金融机构的高风险行为,进而有可能会引发系统性风险。其次,行政权主导思维促成了我国被动型市场退出的主要模式。当前,我国的金融机构市场退出基本上属于被动型,市场退出制度的功效仍停留在低层次阶段,也即一般在金融机构出现问题或危机时,方由行政权力进行强势介入和作用,以实现对问题金融机构的拯救和危机的处置,体现了事后性和被动性。金融机构之间依市场竞争原则并基于商业基础上的收购兼并等主动型市场退出未得到足够的重视,而行政处置主导和“政府买单”的思维不利于我国金融机构依据发展和竞争的需要积极开展战略性兼并重组,也不利于新型金融机构通过收购兼并迅速扩大规模并壮大实力。最后,行政权主导在法律制度缺位的前提下易逾越合理边界。监管部门在“脱法”背景以及行政惯性的作用下，容易以行政命令等形式来实施相应的监管行为，有可能忽略相关利益主体的权益保障或发生权力“寻租”等情形。

3. 金融风险预警及危机处理配套机制匮乏

当前，建立金融风险预警预报系统已提上议事日程，但还没有完全付诸实践，体现出金融风险预警及危机处理配套机制的匮乏。我国对危机金融机构的处理既缺乏法律准备，也缺乏实践经验。首先，中央银行、银监会、证监会等相关监管部门在应对金融机构退出方面仍未形成合理有效的职责分工。其次，金融监管当局的监管职能行使不均衡，金融监管机构的职能应该全面覆盖对金融机构实行从市场准入、持续经营到市场退出的一系列监管。但当前市场退出监管较之市场准入和业务监管相比，显得较为薄弱、职责规定过于原则、缺乏明晰性和可操作性。这必然导致出于国家金融安全和防范金融危机的考虑，倾向于对民营金融机构优先适用高度监管、严格准入及退出的国家干预模式。

综上所述，尽管当前我国对民间资本进入金融机构给予极大的政策支持和制度优惠，但在实际运行中，却囿于上位法的制度约束和国有资本主导的思维惯性，在国家政策层面仍体现出民间资本发起设立金融机构的相关制度与传统金融机构的相关制度相比，具有更加严格的约束，折射出在民间资本与政府投资的异质性被放大且过度演绎的背景下过分关注金融安全这一目标而使得金融安全、效率与公平的三者关系趋于不平衡，进而造成金融发展失衡的基本格局。实际上，只有实现金融安全、金融效率和金融公平三者间的彼此协调和动态平衡，才能真正建立统一、竞争、有序的金融市场环境及体系。

三、民间资本发起设立金融机构的市场准入与退出的制度应对

允许民间资本发起设立中小型银行等金融机构，不仅有利于扩大民间资本投资渠道，还将有效服务实体经济、解决中小企业融资难问题，并促进我国金融体系不断完善，提高银行体系的竞争力、服务效率和水平，改善地区、社区金融运营环境，是建立普惠制金融体系和推进金融市场化的重要部分，具有理论和现实的合理性。因此，推进民间资本发起设立金融机构进程，必须发挥市场在资源配置中的决定性作用，并按照市场规则建立统一、竞争、有序的金融市场环境和体系。借此，明确市场化的制度构建，推进制

度创新和配套改革将是促进民间资本发起设立金融机构的制度保障和基本任务。由于金融领域为关系国计民生、国家安全的重要领域,因此,金融领域的重大制度改革必须坚持法律先行,为民营金融机构的设立、运营及退出提供具有规范化的、以国家强制力为后盾的法制化保障。在市场化相关原则和金融相关理论的指导下,构建我国的民间资本发起设立金融机构的市场准入与退出法律制度可重点关注如下内容。

(一)建立完善民营金融机构监管法律体系

建立完善的金融监管法律体系、提升金融监管能力是国家放开民间资本发起设立金融机构的前提条件和重要基础。从各国金融机构发展的经验来看,必须优先建立健全法律监管体系。因此,我国的民营金融机构发展同样需要一套完备的法律监管体系,将民营金融机构的设立、运营及退出等均置于法律框架之下,充分运用法律手段来保障其健康发展和有序运营。

第一,建立完善民营金融机构监管法律体系须立足于正确审视民间资本和国有资本异质性的基础之上,以创造市场条件下各主体之间良性有效、公平的竞争环境,同时避免增加不必要的政府干预和监管成本,建立科学有效的监管法律体系。民间资本与国有资本相比存在多方面的客观差异,并不可避免地在设立金融机构方面具有一定的客观方面的劣势和局限。只有承认民间资本和国有资本的异质性,才能建立科学有效的监管法律体系。具体而言,相关的监管法律制度应当提供旨在保障民营金融机构和国有金融机构自设立、运营以来的全过程的具有实质公平内涵的法律规范,以使得民间资本在发起设立金融机构时既不因所有制差异受到歧视,支持民间资本与其他资本按同等条件进入银行业,也兼顾注册资本、发起人资质、经营范围等多种准入条件,差别化地设置较之国有中大型金融机构相对较低的监管标准,以保障性质差异化的两类主体在市场条件下实现竞争行为市场化和公平化,同时避免增加不必要的政府干预和监管成本。

第二,建立涵盖从设立、运营至退出的全过程的金融机构监管法律体系。只有通过强化各监管环节的相互衔接与配合,才能提高金融监管的有效性、科学性。从契约的角度,“事前预防、事中控制、事后保护”都是对民营资本进入金融机构的有效保护。首先,颁布专门的行政法规或管理办法,对必要的硬性指标作出规定,同时兼顾差异化的适用标准,减少人为的限制和不必要的政府干预,在提高金融资源配置效率的条件下实现“依法监管”。

其次,加强域外经验研究,充分衡量我国和国外相应制度在功能上的差异性与移植上的异质性问题,建立健全完善的监管组织及制度体系、形成规范的市场退出机制和存款保险制度等,进一步增强我国民营金融监管法律体系的有效性和可适用性。最后,在有限政府理念的引导下,在加强政府监管的同时,还需引入市场监管机制,让市场在资源配置中起决定性的作用,即实现民营金融机构监管市场化。市场力量的发育状况良好是形成市场监管体系的基础,如果这一基础存在缺陷,政府监管制度的转变也将难以实现。因此,必须注重市场的力量,通过完善公司治理结构和培养强化内部控制体系为主,实现金融机构的自我约束,以及通过行业协会和组织的监督约束实现民营金融机构的自律,最终形成与政府监管并行、多层次的监管体系及协同监管法律机制,既可降低政府的监管费用、提高监管效率,也能充分发挥民营金融机构的自主性和独立性。

(二)利用和巩固金融市场化和利率市场化的改革成果

从发达国家市场来看,金融市场化的重要表现之一是利率市场化。金融市场的成熟和完善能够有效加强社会资本的分配机制,通过市场价格、供需关系的调节,更高效使用资金。由于我国金融体制的改革是以市场为导向的,从某种程度上而言,民间资本发起设立金融机构也是其改革的重要成果。同时,由于受我国整体市场化程度和环境的影响,金融市场化有待进一步提高和深化。

第一,应当进一步推动金融体制改革,完善资本市场的体系结构,减少政府的过度干预,提高金融效率。当前我国民营银行运营已步入正轨并初见成效,同时存款保险制度取得实质性突破,农村信用社产权改革也积极开展。这些市场化改革成果,为民间资本发起设立金融机构提供了较为充分的制度保障和前提要件,有利于民间资本与金融业实现进一步的“联姻”。然而,下一步的金融市场改革的任务更为关键和艰巨,包括在完善负面清单管理、加强监管的前提下,坚持以市场为导向,重构宏观调控的总体框架,同时加快中小金融机构的发展,鼓励金融创新,发展普惠金融,建设统一开放的多层次资本市场,形成“统一开放、竞争有序”的金融体系,最终实现以支持实体经济发展及培育新的经济增长动力的目标,这也是进一步推进民间资本进入金融领域的协同改革要求。

第二,纵深推行利率市场化改革,有利于民营金融机构合理制定相应的运营策略和风险控制机制,培育性质差异市场主体的公平竞争环境,构建普惠制金融体系。当前我国利率市场化已取得实质性进展,民营金融机构的发起设立和退出法律制度应当充分利用这一改革成果,合理制定相应的运营策略和风险控制机制,这也是增强民营金融机构竞争力,消除民间资本和国有资本不必要差异的重要保障。具体而言,当前实践层面的利率市场化进程已基本完成。然而在基本法律制度层面,我国仍坚持严格的利率管制,未给利率市场化留足空间。当前的法律制度变革已经严重滞后于利率市场化改革的实践步伐。因此,推进完成利率市场化改革,必须及时清除相应的法律障碍,巩固既有的改革成果,形成自上而下、统一协调的制度体系,才能为建立合理的民营金融机构设立—退出制度提供前提保障。

(三)建立健全统一的市场退出法律制度

金融机构的市场准入与退出是矛盾的两个方面,是不可分割的整体。优胜劣汰不仅是自然生存法则,也是市场经济运作的规则。只有充分发挥准入与退出制度间的协调配合作用,才能共同维护金融市场秩序和安全。

第一,改变当下行政权力主导下的退出形态,还金融机构市场退出以完全市场化的机制成为构建和完善相关法律制度的当务之急。具体而言,退出制度应当既包括绝对退出,即根据公司意思自治主动或由于公司发生危机或问题被动地出现主体资格和实际运营的完全消亡,也包括相对退出,即通过合并分立等形式实现原公司的市场退出,以改变当前我国金融机构主要以被动的、行政主导为主的退出模式,保障市场主体的正常流动性,实现对"僵尸"金融机构的及时清理,提高市场主体运营质量和活力,有利于民间资本更好地进入和参与,更有利于巩固民间资本发起设立金融机构和进行稳健运营信心,以及更为有效地保障各方法律主体的合法权益。

第二,基于混业经营的改革导向,打破并整合当前我国分散、片面的以金融机构的具体类型为界分的退出机制,正视民间资本和国有资本观念上的二元差异,消除民营金融机构与国有金融机构、其他公司制法人在退出制度方面的不合理歧视,逐步弱化行政机关在金融机构的市场退出中的作用,建立涵盖金融机构与其他企业法人在内的有机统一、完善规范的金融机构市场退出体系,更好地保障民营金融机构稳健运营的信心以及维护各相关利益主体的合法权益。

第三,在存款保险制度框架下,逐步完善问题金融机构的市场退出机制。存款保险制度不仅是市场退出机制的关键环节和制度保障，成为民间资本发起设立金融机构准入的公信力来源，也是消除民间资本和国有资本在发起设立金融机构的差异性的重要步骤。2015年5月，国务院颁布的《存款保险条例》正式施行。《存款保险条例》生效以及存款保险制度的诞生为当民间资本发起设立金融机构提供了坚实的前提保障，标志着我国金融监管理念的转变，有利于与国际金融市场接轨，有助于保障民间资本发起设立金融机构在市场竞争中发挥正常的作用，还有益于金融业的公平竞争及长远发展。首先，通过完善存款保险制度，以整合现行金融监管法律制度，可有条件分步骤地对是否应当赋予我国存款保险基金管理机构以直接监管权力进行调研或试点，尝试形成存款保险制、最后贷款人制、金融审慎监管的三位一体、三足鼎立的监管法律框架，提高对民营金融机构的监管效能，保障其有序退出且维护相关主体利益的最大化。其次，对存款保险制度如何发挥对问题金融机构的风险处置问题进一步明确，包括研究风险处置主导主体、风险处置模式以及《存款保险条例》与我国的金融法律体系的系统兼容等问题。最后，逐步实现《存款保险条例》与我国庞大的金融法律体系实现有机融合，继续研究制定相关民营金融机构市场退出的配套法律制度，最终构建系统化、市场化的金融机构退出法律体系。

四、结论

综上所述，随着政策的开闸，民间资本进入金融领域的方式也由“改造”扩展为“新设”，而这一转变也使得民间资本重新焕发了进入金融领域的热情。但是基于金融安全与秩序的考虑，这种开放也必将是理性而有条件的，民间资本发起设立金融机构必将植根于法律监管之下，才能使得开放政策与其健康发展不至于变成“一纸空文”。基于此，本文提出应当构建我国的民间资本发起设立金融机构的市场准入与退出法律制度体系，包括建立完善民营金融机构监管法律体系、利用和巩固金融市场化和利率市场化的改革成果并建立健全统一的市场退出法律制度等，以实现为中国民营金融机构的科学设立、健康发展和良性竞争提供法律理论和制度建议的根本目标。

农民专业合作社融资困境与对策研究

刘如翔　白芝荣*

内容提要：融资难一直是制约农民专业合作社发展壮大的“瓶颈”，尽管这一现象的产生有多方面的原因，但农民专业合作社的特殊制度设计是关键因素。从立法规定来看，典型意义的农民专业合作社具有农民联合、弱者联合、松散联合以及劳动联合的特质，农民专业合作社融资困境与这些特质之间存在密切的关联关系。针对这些特质，可以采取拓宽经营范围，加强政府扶持，适度限制退社以及加强制度供给等对策破解农民专业合作社的融资困境。

关键词：农民专业合作社　融资困境　原因　对策建议

一、引言

2006年《农民专业合作社法》出台以后，农民专业合作社获得法人主体资格，并开始享受各种税收优惠和扶持政策。在顶层制度设计逐渐清晰以及中央政策层面愈加重视的背景下，全国各地的农民专业合作社不管是在

---

* 刘如翔，四川师范大学法学院副教授，法学博士，硕士生导师；白芝荣，四川师范大学法学院民商法学硕士研究生。

数量上还是在规模上均有明显增长，然而，实践中越来越多的农民专业合作社开始面临融资困境，资金缺乏成为制约农民专业合作社进一步发展壮大的关键性因素。

有关农民专业合作社融资困境的形成原因，理论界已有较多研究，比较有代表性的观点包括从农民专业合作社自身角度来看，很多合作社运作机制不完善，未严格依法规范运作，财务管理混乱以至于无法获得金融机构的认可；从金融机构角度来看，农村金融服务体系有待健全，中国农业发展银行等政策性金融机构存在功能上的局限性，各大商业银行的业务日益向城市转移，农信社等传统农村金融服务机构出现“非农化”倾向，专门针对合作社的金融创新产品不足等；从政府角度来看，政府扶持政策覆盖面较窄、力度不足，且在操作过程中把关不严，甚至出现一些严格意义上不属于合作社的经济组织被作为示范合作社进行扶持的现象等。[1]

此类分析具有较强的针对性，相关对策建议也具有很强的参考价值，但另一方面，前述结论又皆有可反思之处：首先，目前并无数据或研究显示典型意义上的或者说严格依法运作的农民专业合作社更容易获得资金支持；[2]其次，商业银行等金融机构基于风险控制以及盈利目标的要求，对申请贷款的市场主体存在较多限制，但近年来民间融资活动日益活跃，私募基金、互联网金融等新型金融形式不断涌现，已经突破了传统融资渠道的局限性；最后，从政策层面来看，连续多年中央1号文件均提及合作社的发展问题，对合作社不可谓不重视，各地政府也多出台有专门的扶持政策和优惠措施，2009年银监会和农业部还专门下发了《关于做好农民专业合作社金融服务工作的意见》，探索构建农村合作金融机构与农民专业合作社的互动合作机制。然而，农民专业合作社的融资困境作为一种普遍现象依然没有得到有效解决，其中原因值得深思。

本文将视线集中在农民专业合作社这一组织形式本身，试图在解析现

---

〔1〕 在海南省2013年度省本级预算执行和其他财政收支的审计工作报告中提到，海南省审计厅对农民专业合作社财政扶持资金审计调查发现，海南省虚假合作社和运行不规范问题较为严重，全省已认定的190家省级示范社，获取财政补助的53家中有50家不符合认定标准，占94%，其中17家属于“假合作社”。参见《人民日报》2014年11月26日，第9版。

〔2〕 示范合作社与典型合作社严格意义上并不是相同概念，示范合作社基于政府扶持等外部加分因素的影响，事实上能够获得金融机构更高的授信额度以及来自政府机构的重点金融支持，但这并不意味着严格依法操作的合作社也能够获得相同的待遇，更何况实践中示范合作社也存在不规范之处，甚至有些完全不符合合作社的基本要件。

行立法所设计的典型合作社核心特质的基础上来探究农民专业合作社融资困境形成的原因,并提出相关建议和对策方案,希望对破解这一困境有所助益。

二、农民专业合作社的核心特质与立法解读

合作社的内在规定性究竟是什么,合作社具有哪些基本特征,理论界一直存在不同观点。有学者认为,合作社惠顾返还等原则所隐含的自我服务和以一人一票为基础的民主控制是不同时期合作社所坚持的基本原则(黄祖辉,2009);也有学者认为,所有者与惠顾者同一是合作社最基本的特征(邓衡山、王文烂,2014)。从实务角度来看,合作社自身一直在不断演变以适应市场竞争和社会发展的需要,从1844年罗虚代尔公平先锋社确立的八大基本原则,[1]到1995年国际合作社联盟对合作社原则的重新修订,[2]再到欧美等地出现的新一代合作社对传统合作社原则的颠覆,对合作社的理解不断在发生变化。

在我国,合作社的组织理念符合主流意识形态所倡导的基本精神,其发展一直受到政策层面的关注,甚至在很长一段时间,合作社被作为推进政治运动的工具和载体,直至《农民专业合作社法》出台以后,这种观念才得以根本扭转,合作社重新回归其互助经济组织的本色。从《农民专业合作社法》的相关规定来看,该法在吸收借鉴境外合作社实践经验的同时,并未完全照搬传统合作社的基本设计,而是在考虑我国合作经济组织发展现状的基础上,形成了我国立法对农民专业合作社的特殊理解:

1. 农民专业合作社是农民的联合

根据《农民专业合作社法》的规定,农民专业合作社的成员中,农民至少应当占成员总数的百分之八十。在我国,农民主要是一种制度概念,指代具有农村户籍和农村集体经济组织成员身份的公民,但从其本源来看农民更应该是一种职业概念。农民专业合作社是农民的联合组织,也就意味着农民专业合作社的业务范围主要集中在农业领域,《农民专业合作社法》规定合作社应以其成员为主要服务对象,提供农业生产资料的购买,农产品的销

---

〔1〕 这八项基本原则包括:开放和入社自由;民主管理;按惠顾额分配盈余;资本利息有限;用现金进行交易;只销售货真量足的商品;政治与宗教中立;重视成员教育。

〔2〕 修订后的基本原则包括:自愿和开放;成员民主控制;成员经济参与;自治和独立;教育、培训和宣传;合作社之间的合作;关心社区。

售、加工、运输、贮藏以及与农业生产经营有关的技术、信息等服务。非农民身份的企业、事业单位或者社会团体等按照规定也必须从事与农民专业合作社业务直接有关的生产经营活动,以及能够利用农民专业合作社提供的服务。

2. 农民专业合作社是弱者的联合

从起源来看,合作社是弱势群体为了应对日益激烈的市场竞争而形成的自助与互助组织,发起人大多是手工业者、小生产者、消费者、劳动者、农民等相对弱势的市场主体,成立合作社的动机多是因为不满资本对劳动的压榨。因此,早期出现的合作社不仅是一种经济组织,还承载了弱势群体对民主、公平等诸多价值目标的诉求,甚至被一些社会活动家视为代表未来社会发展方向的先进组织形式。时至今日,随着社会福利政策及制度的逐渐完善,合作社“福利小屋”的功能正在逐渐萎缩,其经济组织的定位更加清晰,但弱者联合的基本定性并未发生改变,“益贫性”仍是合作社成立的初衷。我国立法所确立的农民专业合作社也保留了这种定位,甚至于其功能预期除提高市场风险抵御能力,促进农民持续稳定增收等经济目标外,还包括诸如“进一步提升农民素质,培养新型农民,推进基层民主管理,构建农村和谐社会,建设社会主义新农村”〔1〕等政治生活当中改变农民弱势地位的目标。

3. 农民专业合作社是松散的联合

尽管农民专业合作社在立法层面被赋予了法人主体资格,但从其制度设计来看,农民专业合作社更像是一个组织松散的“乡村俱乐部”。一方面,立法明确以“入社自愿、退社自由”作为合作社组织的基本原则,成员入社时没有最低出资额的要求,退社时可以退还记载在该成员账户内的出资额、公积金份额以及可分配盈余,以至于合作社并不具有严格意义上法人应该享有的独立财产权;另一方面,立法模仿公司内部治理结构,设计了合作社的成员大会、理事会和监事会,但内部组织机构规范运作的责任约束机制以及合作社成员的权利救济机制基本没有强制性规定,这在很大程度上助长了合作社的异化现象,并导致合作社内部管理松散,缺乏凝聚力。

4. 农民专业合作社是劳动的联合

本质上,合作社是“劳动雇佣资本”的经济组织形式。根据经济学的一

---

〔1〕 参见2007年1月农业部《关于印发〈中华人民共和国农民专业合作社法宣传提纲〉的通知》(农经发〔2007〕1号)。

般观点,劳动雇佣资本意味着人力资本的所有者拥有企业的剩余控制权与剩余索取权,这在合作社的组织架构与运行机制中有明显体现:首先,从成员身份来看,农民专业合作社被定义为同类农产品的生产经营者或者同类农业生产经营服务的提供者、利用者组建的互助性经济组织,成员中人力资本所有者占合作社成员的绝大多数;其次,从治理结构来看,尽管立法允许出资额较大的成员享有附加表决权,但附加表决权总票数,不得超过本社成员基本表决权总票数的20%,且行使范围上还要受到章程限制,人力资本所有者实际上以一人一票为基本原则分配剩余控制权;最后,从盈利分配机制来看,合作社限制股金分红,强调资本受益有限原则,以惠顾额度作为主要分配依据,剩余索取权也主要是由人力资本所有者控制。

三、农民专业合作社融资困境的制度根源

农民专业合作社融资困境本质上是这种特殊形态的市场主体在向更大规模经济组织发展过程中出现的劳动要素与其他生产要素,尤其是资本要素难以融合的现象。从这一认识出发,农民专业合作社的特质应与其融资困境之间存在某种关联关系,如果能够证成,则至少说明目前普遍存在的农民专业合作社融资困境可以部分归因于现行立法对农民专业合作社的制度设计。

1. 农民联合的特质与融资困境的关联关系

农民联合的特质意味着农民专业合作社业务范围主要集中在农业领域,而且目前允许农民专业合作社进入的领域只有种植养殖类、农资服务类和农机服务类,这些领域都是几乎没有效益和负效益的(李璞玉,2013)。其他涉农并存在利润空间的领域,例如金融、保险、水利、供销、批发、农机生产等都被排斥在农民专业合作社之外,即便是实务中已经出现了农村沼气、劳务、乡村旅游、传统工艺品等覆盖农村二、三产业的经营类和服务类合作社,这些类型的合作社在注册登记中也遇到了法律障碍(苑鹏,2013)。从具体融资需求来看,农民专业合作社融资主要用于农业生产、加工、销售等环节,如改善基础设施、加工设备和仓储设施、收购农产品等。由于农业受自然因素影响较大,投资周期长,且预期收益不稳定,金融机构除承担一般商业项目带来的信贷风险外,还需要承担诸如自然风险、市场风险等其他类型的风险,在同等情况下,农民专业合作社的融资项目无疑是次优的选择。

2. 弱者联合的特质与融资困境的关联关系

从合作社内源融资渠道来看,弱者联合的特质说明农民专业合作社的

成员大多属于中低收入阶层，风险承受能力相对较弱，自有资金较少，因此，必然存在合作社原始出资不足以及再融资困难等情况，与此同时，《农民专业合作社法》未对合作社注册资本，以及成员最低出资额等做强制性要求，无形中又起到了推波助澜的作用。从合作社外源融资渠道来看，基于农民专业合作社弱者联合的身份定位，国家在政策层面给予了诸多优惠扶持措施，为合作社营造尽量宽松的经营环境，如合作社经营基本不纳税，工商行政部门很少进行专项检查等，“然而，对于金融机构传统的企业类业务而言，税务、工商等机关的检查正好可以作为公司经营的信用评价依据，这在我国信用评价体系尚不完善的现阶段具有非常重要的作用。过于自由宽松的外部环境导致了金融机构无法正确评估合作社的经营情况，导致合作社很难获得授信。”（周娟、卜雨明，2011）

3. 松散联合的特质与融资困境的关联关系

合作社的自由进出机制能够彰显合作社自愿联合的本质，也可以保护成员的利益，但是，“入社自愿，退社自由”的组织原则很大程度上是诱发融资困境的直接原因。一方面，松散联合的特质是对“搭便车”行为的正向激励，会导致合作社成员参与公共事务的积极性下降，“农户参加合作社的目的，并不是为了单纯地获得公平的投票权，也不是为了追求二次返利和股金分红。他们加入合作社最重要的目的是为了以较高的价格销售农产品和获得合作社提供的各项近似于免费的服务，以节约成本，提高收入，对于二次分红和按惠顾额返还则关心甚少。”（周春芳，2009）这种现象进一步发展将会产生内部治理结构混乱，合作社异化等问题，使合作社的信用评级进一步降低。另一方面，松散联合的特质使合作社的资本始终处于一种不稳定的状态，可能因为合作社经营状况难以评估以及不公平的风险分配机制而加强合作社外部融资的难度。2007 年《农民专业合作社法》赋予农民专业合作社独立法人主体资格，合作社成员仅对合作社债务承担有限责任。理论上来看，农民专业合作社的独立人格来源于独立的财产、独立的组织机构和独立的意志，其中独立的财产是农民专业合作社能够成为独立主体的关键，也是合作社成员承担有限责任的正当性基础。然而，自由退社的制度设计使得农民专业合作社并不具有严格意义上的法人财产权，合作社的债权人因此需要承担更多风险，这必然会加深金融机构贷款的顾虑。

4. 劳动联合的特质与融资困境的关联关系

劳动联合的特质说明合作社偏重劳动要素的作用，强调劳动要素对剩余控制权和剩余索取权的掌控,这一制度设计一定程度上忽略了其他要素所有者的合理诉求,必然导致融资困境。一方面,从股权性融资来看,“劳动雇佣资本”的表现形式之一是偏向于人力资本所有者的盈余分配规则,这不仅会使现有的合作社成员缺乏扩大出资的动力,对外部资本所有者而言也缺乏吸引力。另一方面,从债权性融资来看,“劳动雇佣资本”的机制也构成某种融资限制,突出表现为债权人对合作社盈利能力和松散管理体制的担忧。尽管存在一定争议,但经济学界有较多观点认为除特别情况外,劳动雇佣资本是低效率的,“资本雇佣劳动是一种能够保证只有合格的人才会被选做企业家(经营者)的机制;相反,如果劳动雇佣资本,则企业家(经营者)市场上将会被东郭先生所充斥”(张维迎,1995)。而事实上,合作社的制度设计的确缺乏对企业管理者的有效激励机制,大户、能人等在合作社管理运营中发挥更多作用的主体,其劳动价值在分配机制方面并未得到体现。

四、农民专业合作社融资困境的对策建议

从研究现状来看,理论界已有较多关于合作社融资困境的对策建议,如针对农村金融服务体系不健全、金融机构的信贷政策过于保守等问题,主张加大金融政策扶持力度;针对农民专业合作社自身发展不健全、财务管理制度混乱的情况,主张加大监督和引导力度;等等。这些建议具有一定的针对性和可操作性,但并未从制度根源的层面系统探讨融资困境的应对问题,为此,结合前文所述,笔者有以下一些设想:

(一)针对农民联合的特质拓宽经营范围

《农民专业合作社法》出台以前,理论界就存在立一部囊括所有合作社类型的“宽法”,还是只针对部分合作社类型的“窄法”的争论,从实际情况来看,后一观点被立法者采纳,原因在于我国现实生活中存在大量的异化合作社,除已经脱离合作社范畴的信用合作社和供销合作社以外,还有很多名不符实的经济组织也冠以合作社之名。在这一背景下,立法者选择了最符合传统合作社精神的农业类合作社作为试点,以寻求我国合作经济组织进一步改革及发展的可行路径,但正如前文所述,随之而来的问题是农民专业合作社的主营业务被限制在利润相对薄弱的领域,这既不利于合作社原始资本的积累,也不利于吸引外部资本的加入,因此,为突破融资困境适当放宽农民专业合作社的营业范围是必要的。

(二)针对弱者联合的特质加强政府扶持

农民专业合作社的特殊运作机理,使其成为一个外部具有营利性、内部具有公益性的特殊经济组织,可以承载更多的政策性目标,如增加农民收入,培养农民民主管理意识,提高农业产业发展水平,推动农村综合改革等。因此,弱者联合的特质是必须坚持的,然而由弱者组成的经济组织在激烈的市场竞争中必然面临生存和发展的问题,其中就包括融资困境。在这一背景下,政府的扶持必不可少,综合来看,有助于破解融资困境的措施不外乎两个方面:一是减负,二是引资。前者如继续加强税收等各方面的优惠措施,减少合作社行政管理性的成本支出;后者如继续加强专项资金扶持力度,对于部分合作社进行重点扶持等。然而,单纯财政资金的注入既是不现实的,也是不长久的,政府扶持的重心应是健全市场机制,恢复合作社在市场中的融资功能。基于这一考虑,可以在两方面开展工作:

1. 提供融资担保服务

合作社融资困境的表现之一是外部的金融资本难以流入合作社,造成这一现象的原因除合作社融资项目回报周期较长,收益不稳定之外,另一个重要的制约因素是合作社缺乏可担保物,这是合作社弱者联合的特质必然产生的问题。作为商事主体,债权人趋利避害的信贷条件无可厚非,为降低债权人的贷款风险,吸引金融资本流向合作社,一个较为可行的办法就是由政府或其主导的融资担保平台提供担保和风险补偿业务,以解决债权人的后顾之忧。

2. 创新金融服务形式

党的十七届三中全会提出,"允许有条件的农民专业合作社开展信用合作"。在合作社内部开展信用合作业务,本质上是对金融资本价值的有限肯定。实践中,较为常见的信用合作形式有两种:一是向合作社成员提供货币信用,以资金互助形式为主;二是向合作社成员提供商品信用,包括合作社内部农资、农产品赊销赊购等。开展信用合作短期来看能够帮助合作社成员缓解融资困难的现状,能够满足一些小额、短期、急需的借款需求,但对于一些较大规模的融资需求来看,建立在"小、弱、散"农户经营基础之上的合作社即便开展信用合作业务也很难满足全部需要,因此合作金融必须与商业性金融和政策性金融相结合,在这方面,政府可以发挥更多的引导作用,除在政策性金融方面探索新方法、新策略以外,重点是对商业性金融的政策扶持,鼓励金融机构探索创新金融产品,提供多元化的金融服务。

(三)针对松散联合的特质进行适度约束

稳定的资本基础是合作社作为法人的必备条件之一,也是合作社成员相互信任、共同发展的纽带,自由进出机制使合作社的资产始终处于一种不稳定的状态,这既不利于合作社业务的开展,也不利于合作社的再融资,可以说在很大程度上是合作社融资困境产生的首要原因。在这一认识的基础上,笔者认为,制度改进的重点在于成员退社不宜再坚持绝对自由退社的理念,应综合考虑各方利益,采取适度限制的原则,核心思想是适度限制资本要素的随意流出。可供选择的思路有两个:

1. 限制退社的成员

有观点认为,合作社成员中的"大户"和"能人"拥有合作社发展所需的稀缺资源,应限制其自由退出(米新丽,2008)。应该说这种思路是正确的,但因为难准确界定此类群体的外延,在实务中恐难操作,且仅仅因为其拥有较多资源就限制其退社缺乏正当性依据,因此,笔者认为,可以改为要求合作社成员中担任职务者,如理事会、监事会成员以及管理人员等都在任职期内不得退社,此类群体通常也具有"大户"和"能人"的身份,限制其退社可以发挥基本相同的效果,且此类群体的外延比较容易界定,限制其退社在法理上也具有说服力。

2. 限制退社的方式

目前,合作社采取的退社方式为直接退出,成员在退出合作社的同时也意味着资本要素的减少。为保持合作社资金的稳定性,可以考虑增加间接退社方式,即参照公司股权的运作机理,通过成员资格的转让和交易实现退社,当然,要求全体成员均采用此种方式退社,显然意味着合作社的公司化,从根本上颠覆了合作社的组织特征,因此,要求部分成员采取退社方式更具有可行性。至于此类成员的范围,可以限定为企事业单位或者社会团体等团体成员,一方面是因为团体成员往往拥有合作社发展所需要的资金、技术、市场、信息等有利条件,采取直接退社方式对合作社影响较大;另一方面也是因为团体成员具有更强的市场抗风险能力以及产权转移的渠道,因此,要求此类成员采取间接方式退社具有一定的可操作性,也有利于合作社的发展和各方利益的平衡。

(四)针对劳动联合的特质加强制度供给

合作社偏重劳动要素的作用,而忽略其他资源要素的价值,这种制度设计很容易产生融资困境。实践中大量异化合作社的出现也可以理解为资源要素的重新整合以及合作社为突破融资困境进行的自我调适。这种缺乏顶层制度设计的市场自发行为尽管可以提供政策改进的蓝本,但过高的试错成本以及无序的创新实验也必然会引发诸多问题,因此加强制度供给,设计更多合作社组织形式是解决融资困境的关键。同为市场主体组织法的《公司法》就设计了有限责任公司、股份有限公司、一人公司、国有独资公司等多种组织形式,《合伙企业法》也设计了普通合伙、特殊的普通合伙以及有限合伙等多种企业类型。《农民专业合作社法》也应当提供多元化的制度设计供成员选择,而且在实务中也确实存在一些运作比较成功的组织形式,比如20世纪末期在欧美等地出现的新一代合作社等。此类合作社在保留传统合作社基本特色的基础上,为了适应新时期发展的需要,对合作社的组织原则进行了较大调整,其特点主要包括交易份额制和封闭成员制两个方面(傅晨,2013)。通过比较可以发现,传统合作社更为强调农民之间的互助合作,强调组织的非营利性和互助性,新一代合作社则具有更高的经济效率,以更积极的姿态参与市场竞争,对资本也有更强的吸引力。无论是何种组织模式均有其存在的价值,应由成员根据需要进行选择,如合作社发展初期,农户个人能力有限,经济基础薄弱,更适合选择普通合作社,合作社规模扩大以后,产生更多融资需求则可以变更为新一代合作社或者采用其他更有利于吸引资本的机制,关键在于赋予成员自主选择权,而不是为了解决融资问题不得不在制度框架以外进行探险式的机制创新。

参考文献

1. 黄祖辉:《合作社的本质规定性及其漂移》,载《浙江大学学报》2009年第4期。

2. 邓衡山、王文烂:《合作社的本质规定与现实检视》,载《中国农村经济》2014年第7期。

3. 李璞玉:《农民专业合作社的融资难题及其对策》,载《农村经济》2013年第5期。

4. 苑鹏:《关于修订〈农民专业合作社法〉的几点思考》,载《湖南农业大学学报》2013 年第 8 期。

5. 周娟、卜雨明:《农民专业合作社融资难问题解析》,载《中国农民合作社》2011 年第 4 期。

6. 周春芳:《我国农民专业合作社规范发展中的矛盾及其思考》,载《农村经济》2009 年第 10 期。

7. 张维迎:《企业的企业家——契约理论》,上海人民出版社 1995 年版。

8. 米新丽:《论农民专业合作社的盈余分配制度》,载《法律科学》2008 年第 6 期。

9. 傅晨:《"新一代合作社":合作社制度创新的源泉》,载《中国农村经济》2003 年第 6 期。

P2P 网络借贷的异化和法律规制*

滕　腾**　张　帆***

内容提要：目前我国 P2P 网络借贷基本处于失范状态，政府监管缺位，法律制度供给严重不足，P2P 网络借贷平台缺乏有效的规范和引导。面对 P2P 网络借贷平台的异化，我们应当构建 P2P 网络借贷法律风险防范机制，加强地方政府监管，确立市场化的个人征信系统和信用评级制度，为 P2P 网络借贷的健康发展创造良好的外部环境。

关键词：P2P 网络借贷　民间借贷　法律风险　法律规制

P2P 网络借贷作为微型金融和小额信贷形式的新锐代表，一经引入便在中国异军突起，发展迅猛，其以网络平台为依托，将资金富余并且有投资意愿的个人，与信用良好但资金短缺的中小微企业主、大学生、工薪阶层等传统金融体制下的弱势群体撮合在一起，从而实现资金双方的互助共赢。P2P 网络平台只为双方提供交易机会，带

---

* 本文系中央高校基本科研业务费项目"P2P 网络借贷平台的法律治理研究"的阶段性成果（项目编号：ZYGX2015J168）。

** 滕腾，四川省委党校行政学院，西南财经大学经济法博士，讲师。

*** 张帆，电子科技大学政治与公共管理学院，西南财经大学经济法博士，副教授。

有中介服务的性质。尽管这种民间借贷在网络时代的金融创新极大改善了资本市场供需结构失衡的问题,但由于我国信用体系和风险控制机制不健全、相关立法和监管缺位,P2P 网络借贷暗藏了极大的金融风险和社会隐患,对金融安全和秩序价值带来了巨大的冲击和挑战。

一、P2P 网络借贷的现状及异化

P2P 网络借贷模式最早源于英国,因经营理念和运转模式的不同,具体分为 Prosper、Zopa 和 Kiva 三种模式。我国的 P2P 网络借贷模式主要是以 Prosper 和 Zopa 为模板,Prosper 模式以人情社会和信用系统为基础,是一种"熟人信贷"。网站本身所承担的风险较小,故手续费也较为低廉。网站一般从借款人处提取每笔借贷款的 1% ~3% 作为中介费用,从贷款人处按年总出借款额的 1% 收取服务费用。而 Zopa 是"可达成协议的空间(Zone of Possible Agreement)"的缩写。与 Prosper 模式的根本区别是,Zopa 将整个借贷过程控制在自己的手中,通过一系列机制降低信贷过程中存在的风险。网站将借款人分四个信用等级,出借者可根据借款人的信用等级、借款金额,利率和借款时限进行选择,Zopa 在整个交易中代替银行成为中间人,承担包括双方交易中所有事务、法律文件、信用认证、追讨欠账等责任。[1]

自 2007 年,P2P 网络借贷平台发展迅猛。2007 年行业总交易额仅为 2000 万元,2010 年已增长至 130 亿元。[2] 截至 2013 年底,我国 P2P 网贷平台数量为 523 家,网络平台借贷累计余额约为 268 亿元,是 2012 年的 4.8 倍;另据网贷之家测算,2013 年国内 P2P 网络借贷平台累计成交量达到 1048 亿元,是 2012 年累计成交量的 4.9 倍。据《中国互联网金融报告(2014)》数据显示,截至 2014 年 6 月,我国 P2P 网贷市场交易规模已经接近 1000 亿元,全年累计成交超过 3000 亿元,P2P 网贷平台数量达到 1263 家(中国互联网协会,2014)。截至 2014 年底,相关人员共计 60 万人,贷款合同额度超 800 亿元,并呈现出逐渐增长的势头。[3] P2P 借贷平台经营模式也呈现多元化,出现纯线上交易、P2P 借贷债权二级市场、O2O 模式、第三方担保等多元模式。[4] 据天眼数据研究中心不完全统计,截至 2015 年 5 月 31 日,我国 P2P

---

〔1〕 刘宇梅:《P2P 网络借贷法律问题探讨》,载《法治论坛》2013 年第 29 期。

〔2〕 刘宇梅:《P2P 网络借贷法律问题探讨》,载《法治论坛》2013 年第 29 期。

〔3〕 王宝娜、邬枫:《P2P 网络借贷法律风险及其规制》,载《人民论坛》2016 年第 2 期。

〔4〕 万志尧:《P2P 借贷的行政监管需求与刑法审视》,载《东方法学》2015 年第 2 期。

网贷平台数量达2643家。[1]

但是,在我国P2P网络借贷繁荣的同时,也出现了一些乱象。据不完全统计,2013年就有75家网贷平台由于资金实力不足、风险控制差、期限错配等问题发生诈骗和“跑路”事件。另据网贷之家数据显示,仅2014年国庆7天就有5家P2P平台出现“失联”和提现困难现象。[2] 进入2015年后,P2P网络借贷公司跑路的现象越来越多,一些担保机构也面临着因前期过度担保而带来的挤兑危机,[3]甚至行业倒闭潮此起彼伏。例如,震惊业内外的哈哈贷宣布关闭、南通贝尔创投被调查、淘金贷负责人携款潜逃、众贷网满月即破产等事件无不一次又一次地向社会发出了严重的风险警告。

由于当前P2P网贷模式无准入门槛、无行业标准、无机构监管,因此多数P2P借贷平台已经背离了信息中介的地位,其为了追求融资过程中利益,自身参与融资业务本身,表现为直接充当投资人、借款人、担保人等角色,使得平台具有了吸储、放贷、担保等金融职能。异化的P2P借贷业务已从多个方面突破了法律、法规的禁止性规定,部分已经构成了刑法分则的具体罪名。[4] 由此可见,我国P2P网贷迅速崛起的背后蕴含着巨大的风险,一旦P2P网络借贷风险爆发,不仅直接危及借贷双方的利益,影响到平台的正常运转,而且还会引起整个行业的动荡和社会秩序的稳定。

二、P2P网络借贷的法律风险分析

P2P网络借贷一直游走于法律的灰色地带,法律地位模糊不清。关于P2P贷款的准入资质、信息披露、内部管理等方面,工商和金融等部门均未有法律法规进行规制,同时,也未明确是否将其纳入监管。关于民间借贷的合法性及具体实施,国务院、中国人民银行等相关机构缺乏具体的实施细则,更没有针对P2P网络借贷的政策方针。2012年6月鄂尔多斯市人民政府公布了《鄂尔多斯市规范民间借贷暂行办法》的通知,是全国第一个全面、系统规范民间借贷行为的地方政府规章,尽管该暂行办法对民间借贷和小额信贷予以规范引导,甚至鼓励和支持民间借贷信息网络化平台运作,但对平台

---

〔1〕 俞林、康灿华、王龙:《互联网金融监管博弈研究:以P2P网贷模式为例》,载《南开经济研究》2015年第5期。

〔2〕 潘锡泉:《我国P2P网贷发展中蕴含的风险及监管思路》,载《当代经济管理》2015年第4期。

〔3〕 黄阳阳:《理财公司跑路多P2P监管迫在眉睫》,载《南京晨报》2015年4月13日,第A09版。

〔4〕 张雪楳:《P2P网络借贷相关法律问题研究》,载《法律适用》2014年第8期。

运营的实际问题并无具体涉及。[1]

甚至严格地说,如果依据1996年中国人民银行制定的《贷款通则》或者1998年国务院通过的《非法金融机构和非法金融业务活动取缔办法》的相关规定,作为民间借贷创新形式的P2P网络借贷应当被认为非法。相应地,《公司法》《证券法》和《刑法》中关于非法集资、非法吸收公众存款、集资诈骗的相关规定也就成为判断和处理P2P网络借贷涉嫌违法或犯罪的主要法律依据。

因此,目前,我国P2P网络借贷平台处于"监管真空"的无序发展状态,面临诸多法律风险和问题。

(一)成为滋生非法集资或合同诈骗的平台

随着吴英非法集资案件的曝光,人们看到了民间借贷的高风险及合法化边界的问题。P2P网络借贷平台也可能成为借款人进行非法集资或合同诈骗的工具。特别是单纯中介型以线上业务为主的网络贷款平台,出借人无法判定借款人所提供信息的真实性,借款人可能利用虚假身份发出贷款申请,也可能提供虚假的商业计划书,编造虚假资金用途。当出借人为不确定的社会公众,贷款数额累计到法律规定的"数额较大""数额巨大"的情形时,就可能构成非法集资罪。

(二)贷后资金监管难,借款人违约风险高

P2P网络借贷模式的最大风险是借款人的违约风险。违约风险也即信用风险,是指债务人或交易对手未能履行合同所规定的义务或信用质量发生变化,影响金融产品价值,从而给债权人或金融产品持有人造成经济损失的风险。[2] P2P网络借贷作为信用贷款,取决于借款人的自律。资金贷出后,没有完善的法律法规制约借款人如何使用资金,对贷后资金的追踪是一大难点。根据《最高人民法院关于人民法院审理借贷案件的若干意见》第13条规定:"在借贷关系中,仅起联系、介绍作用的人,不承担保证责任。"当借款人违约时,P2P网络借贷平台只能凭借公布"黑名单"、电话催收、降低借

---

〔1〕 Http://xxgk.ordos.gov.cn/szbm/IAO001_49469/201211/t20121120_733601.html,2014年5月13日访问。

〔2〕 徐连金主编:《贷款管理新办法》,上海财经大学出版社2010年版,第31页。

款人信用等软措施救济出借人的权益，网站仅仅充当追款者的角色。因此，对借款人的违约制约和打击缺少力度。

(三)成为洗钱犯罪的手段之一

提供资金的借款人可能利用 P2P 网络借贷平台洗钱。洗钱犯罪分子利用网络的分散性，可以将赃款分批分次地贷给平台上的借款人，每个出借人的出借资金所占比例都不大，这样一笔大额的赃款被分割成若干小额资金，贷出后收回转变为合法财产；或是犯罪分子利用平台直接以借款人和贷款人的双重身份出现，通过自借自贷的方式迅速合法化财产。且由于平台不是金融机构，反洗钱机构可能会忽视对网络借贷平台的监督。因此，借款人利用网络贷款平台通过分散出借资金进行洗钱就显得十分容易和隐蔽。

(四)借贷双方网络隐私权无法有效保护

P2P 网络借贷平台要求对借贷行为进行实名认证，一旦用户上传了真实有效的身份证、户口、信用卡等重要资料，就无法删除，只能由网站负责人操作。因此，一旦网站的保密技术被破解，一方面，借款人提供给网站的个人身份、财产信息等个人隐私泄露，借贷人的隐私权无法得到有效保护；另一方面，用户的账户信息、交易数据也可能会被篡改，使用户和平台公司都遭受巨大经济损失。

(五)监管缺失的风险

在我国，网络借贷大多是以电子信息发展、投资咨询和高科技信息产业等名称进行注册登记，现有的法律并未对这类公司从事金融信贷业务作出相关规定，有关民间借贷中介的法律法规仍是一片空白。此外，人民银行、银监会、工商局、工信部等部门均未明确对网络借贷公司的管理，使其实际处于监管真空的状态。监管的缺失，使得网络借贷游离于法律监管之外，很容易变身为“地下钱庄”，从借贷中介异化为打着理财幌子的非法吸储和放贷机构，蕴藏着巨大的金融和社会风险。

三、规制 P2P 网络借贷风险的路径

P2P 网络借贷法律风险的存在、相关配套措施的欠缺导致其发展受阻，因此，作为政府，需要改变管理思路，重视市场经济的自循环体系，同时尽快

制定、完善相关法律法规,对网络借贷的性质、地位、组织形式、监管主体、运营规范、进入与退出机制等加以具体规定,从而引导该行业朝着健康、有序的方向发展。

(一)完善P2P网络借贷的相关法律、法规

1.集资诈骗罪的认定。

通过P2P网络借贷平台,多个出借人共同筹集一笔借款出借给借款人,是否构成集资诈骗罪,要具体问题具体分析。大部分企业为了开展业务向普通同事或者亲友集资,在生产经营失败后,很可能被认定为非法集资行为,这种过于注重从形式上解释非法吸收公众存款罪的构成要件的做法必然使P2P网贷合法活动空间不断萎缩。因此,“一刀切”的方式显然不合理,应当根据借款人所借资金及所涉贷款人数目来认定。此外,贷款平台的资金账户应当受到监管,监管部门在设立准入条件后,对于擅自设立账户吸纳客户资金的行为应当认定为非法吸收公众存款。换言之,唯有违反规定以货币、资本经营为目的的吸收资金行为才可能扰乱到金融秩序,落入犯罪圈。相反,出于正常生产经营目的的吸收资金行为应当不属于刑法规制范畴。[1]

2.尽快制定《个人信息保护法》。

面对社会上对个人信息滥用的严重形势,我国亟须制定《个人信息保护法》,从法律上明确国家法律保护的个人信息数据资料范围、内容,明确掌握公民个人资料机构的责任义务,规定个人信息的采集、使用、公开、查询条件和使用限制以及个人信息的正当处理程序与行政复议、司法诉讼救济程序等。

我国对个人信息保护的研究还处于起步阶段。1997年发布的《计算机信息网络国际联网安全保护管理办法》和1998年发布的《中华人民共和国计算机信息网络国际联网管理暂行规定实施办法》规定了对部分网络隐私权进行保护。2009年2月28日第十一届全国人大常委会第七次会议通过的《中华人民共和国刑法修正案(七)》将出售或者非法提供公民个人信息的行为界定为犯罪行为。

---

[1] 梅腾、阎二鹏:《〈P2P网贷债权转让〉的刑法介入——以非法吸收公众存款罪的实质解释为视角》,载《中国人民公安大学学报》(社会科学版)2016年第2期。

但对个人信息的保护，不能仅仅依靠刑法上的威慑，在某些并不构成犯罪的情况下，应积极探索通过其他方式来实现对个人信息的保护。

（二）纳入地方政府监管范围

P2P 网络借贷平台应当被作为准金融机构来实施监管，设立 P2P 网络借贷平台及其分支机构，应当经监管部门审查批准准入。有学者提出，其应由各地的央行分支机构和银监会派出机构对其实施有效监管，此外，指定工商、税务、公安的经侦和网监部门协同管理。[1] 并且由监管部门颁发经营许可证，凭该许可证向工商行政管理部门申请注册登记。任何单位与个人未经监管部门批准不得从事 P2P 网络借贷业务。

（三）完善的自律监管

2011 年 10 月，我国 P2P 网络借贷平台成立了中国小额信贷服务中介机构联席会，并发布了《小额信贷服务中介机构行业自律公约》，这将有利于促进我国小额信贷服务中介机构的全国性行业自律，在这个基础上联合各方的力量，共同推进我国小额信贷服务中介行业的健康发展。

但与此同时，行业自律组织的发展任重而道远。首先其需要做好自身的管理工作，吸纳会员与合作机构，扩大影响力，做好信息登记与有效管理；其次需要探索、规范、促进行业的业务发展，协助建立起各贷款平台的信息共享与交流机制、学术研究与培训平台、行业标准与监督规范等。由此，真正起到行业组织自律监管的作用，为 P2P 网络借贷这一新兴事物的发展起到引领作用。

（四）确立市场化的个人征信系统和信用评级制度

建立一套统一有效的客户信用评价体系是 P2P 网络借贷健康发展的第一步。国外的 P2P 网络借贷建立在完备的个人征信体系之上。在英美市场，其成熟完善的征信体系对于 P2P 网贷的健康发展起着重要的保障作用。例如，美国拥有完整的信用体系 FICO 评分，第三方征信公司 ExPetian、TransUnion、Equifax 等向 Prosper 和 Lending Club 提供信用评分，网贷平台

---

[1] 陈静俊：《P2P 网络借贷：金融创新中的问题和对策研究》，载《科技信息》2011 年第 13 期。

再据此对贷款申请作出等级评定,从而有效地保证了交易安全。[1] 在美国办理P2P网络借贷时,借款人只需要提供美国合法公民身份证明即可在网站注册,当其拥有超过520分的个人信用评分记录并完整填写个人情况时,信用评价系统就会自动根据这些材料对借款人进行信用评级。[2] 由于我国的P2P网贷是在征信体系极不健全的情况下畸形发展起来的,央行征信系统还未与P2P网贷平台实现对接,且各网贷平台之间也未建立有效的信息共享和交换机制,导致各平台针对恶意违约的借款人建立的"黑名单"系统威慑力极其有限,因此,我国也可以借鉴美国的做法,扩大个人征信制度所服务的对象范围,允许网络借贷中介平台接入央行个人征信系统,浏览并使用个人信用报告,以便在借贷双方交易中根据贷款人的信用状况,及时作出风险提示,更好地为用户提供服务。而P2P网络借贷平台将借款人的信用记录反馈给央行数据库有利于个人信用信息的采集和完善,由此起到相辅相成,促进发展的作用。

四、结语

P2P网络借贷平台最核心的任务是为出借方和借款人提供一个能够双向选择的平台,保持信息的透明和及时传递,并为借贷双方提供一定程度上的专业咨询。作为一种金融创新,它是一把"双刃剑",一方面民间金融市场因其变得更加繁荣,民间闲置资金得到更好的利用,另一方面P2P网络借贷遭到了外界不断的质疑,在自身发展壮大的过程中产生了一些乱象。但是,我们应当意识到,作为民间金融的一种新兴模式,只要将其纳入法律保障的体系,建立并完善令其健康发展的外部环境,P2P网络借贷的前途将是一片光明。

---

〔1〕 伍坚:《我国P2P网贷平台监管的制度构建》,载《法学》2015年第4期。

〔2〕 赵精武:《P2P网络借贷的债权人保护问题》,载《法制与社会》2013年第8期。

互联网金融的政府规制与社会共治研究

潘　静*

内容提要：互联网金融平台违法行为的事前预防、事中威慑何以有效？这是保护数以千万计互联网金融出借人利益、控制金融风险的关键所在。目前在“政府中心规制”模式下，试图运用“重典治乱”的监管逻辑虽然在一定程度上可以整治违法行为，但预防与威慑效果不佳，互联网金融亟需新的社会治理范式。“多元共治”方式从自我约束、合约约束、社会约束、组织约束和法律规制五方面切入，以促进违法信息高速有效流动为进路，通过矫正政府规制理念、嵌入式自我约束、有效市场约束和声誉机制，在法治框架下构建多元主体协商—博弈—妥协—合作的共同治理平台，以实现有效防范和共同抵制违法行为，本文将积极探索防控金融风险的社会治理之道。

关键词：政府中心规制　多元共治　社会治理　互联网金融

一、互联网金融创新与政府中心规制之反思

2016新年伊始，互联网金融监管从宽松状态逐渐加强规制，规制力度表面上看来趋于严格。中国银监会等

---

* 潘静，法学博士，河北经贸大学法学院讲师，研究方向：金融法。

四部门于2016年8月24日联合发布《网络借贷信息中介机构业务活动管理暂行办法》(以下简称《暂行办法》),最终增加为13项禁止,此外明确资金存管,规定借款上限。与法律规范相配合的还有一系列的专项治理行动,2016年1月多地收紧互联网金融工商登记注册,更有甚者,北京、上海、深圳、宁波、绍兴直接“叫停”互联网金融注册登记;2月,国务院发布《关于进一步做好防范和处置非法集资工作的意见》要求抓住集资重点区域,重大案件依法打击,稳妥处置;4月国务院组织14部委开启为期一年互金专项整治,与此同时教育部、银监会联合发文整治不良“校园贷”;6月,国务院办公厅关于印发《互联网金融风险专项整治工作实施方案的通知》(国办发〔2016〕21号)。[1]

P2P平台违背监管规则主要表现在以下方面:(1)充当信用中介。[2]《暂行办法》第10条第3款规定:禁止“直接或变相向出借人提供担保或者承诺保本保息”,这十个平台官网均以醒目的文字表述“承诺保本保息”,尽管其保障方式或是风险准备金,或是担保公司的方式,但是平台所推荐的产品名称直接运用“保本保息”“保息保障”的字眼,这难免会让出借人认为平台自身就是类银行性质的信用中介,加之,当出借人在线咨询客服“谁来承担借款人违约的后果”时,客服多称“平台”或“担保公司”承担损失,均未告知“损失自担”等事宜。这种状况有可能更让出借人确信了借款合同违约损失非自担[3]的“事实”,进而出借人“放心大胆”地进行投资,进而平台违背了信息中介的法律定位。(2)不予披露借款人信息。[4] 十个平台中有六个平台对于借款人信息不予披露,其余四家仅对借款人基本信息和风险评估进行披露,对于可能产生的风险结果、已撮合未到期融资项目资金运用情况等信息大多未披露。特别是,当问到平台不予披露借款人信息的原因时,平

〔1〕《互联网金融风险专项整治工作实施方案的通知》明文规定:“P2P网络借贷平台应守住法律底线和政策红线,落实信息中介性质,不得设立资金池,不得发放贷款,不得非法集资,不得自融自保、代替客户承诺保本保息、期限错配、期限拆分、虚假宣传、虚构标的,不得通过虚构、夸大融资项目收益前景等方法误导出借人,除信用信息采集及核实、贷后跟踪、抵质押管理等业务外,不得从事线下营销。”

〔2〕《暂行办法》第26条规定:“网络借贷信息中介机构应当向出借人以醒目方式提示网络借贷风险和禁止性行为,并经出借人确认。”

〔3〕《暂行办法》第15条规定:“参与网络借贷的出借人应当履行下列义务:……(四)自行承担借贷产生的本息损失;”与P2P平台的做法相悖。

〔4〕《暂行办法》第30条规定:“网络借贷信息中介机构应当在其官方网站上向出借人充分披露借款人基本信息、融资项目基本信息、风险评估及可能产生的风险结果、已撮合未到期融资项目资金运用情况等有关信息。”

台客服回答"此投资是由平台和担保公司负责保本保息的,出借人不用担心借款人违约",以这种理由规避借款人信息披露,也正是验证了平台信用中介的违规性。(3)违反自动投标规则。[1] P2P平台的功能是撮合借贷双方,解决借贷方的信息不对称问题,但是,需要注意的是根据监管规则出借人有权利选择合意的借款标,平台想要安排借贷双方的配对,需要出借人的授权。之所以要禁止平台强行安排出借人资金流向,是为了杜绝平台自融或将借款流入关联企业。但以上十个平台中就有六个平台的出借人不能自己选择借款标,另外四个平台虽然可以自行选择借款人,但基于借款人的信息披露不充分,出借人很难通过了解借款人详情来甄别出违约概率较低的借款标。因此,出借人对出借资金的保值增值依然寄希望于平台和担保公司的保本保息,而没有做好损失自担的心理准备。(4)银行存管缺位。银行存管是作为保障出借人和借款人资金安全,防止平台自融、"资金池"、庞氏骗局、卷钱跑路的重要措施。但这十个平台中有七家未建立银行存管,交易量前十位的P2P平台银行存管接入率仅有30%,其他平台接入率更低。[2] 自2016年4月国务院组织14部委开启互金专项整治到8月颁布《暂行办法》以来,大多P2P平台处于观望态度,存管协议多数处在搁置状态。银行存管这一监管规则的落地虽然激起了业界强烈的反响,但并未激发行业积极接入银行存管的行动,当然究其原因各不相同,或是平台实力不足银行不予合作,或是考虑业务成本拖延落实,或是等待银行存管细则出台处于观望。大量P2P平台处于银行存管缺位状况必将置借贷双方资金处于风险之中,个别平台发生的道德风险,将会损害互联网金融行业的健康发展。

二、互联网金融之社会共治

政府规则作为控制社会行为的重要手段,通过立法、制定公共政策以及相应的执行对社会行为进行规制。然而如前所述,政府规制存在信息来源局限、执法资源稀缺、事中查处失效等缺陷,部分互联网金融企业正是利用这些规则漏洞在较长时间内违法违规运营,严重影响互联网金融行业的

[1] 《暂行办法》第25条规定:"未经出借人授权,网络借贷信息中介机构不得以任何形式代出借人行使决策。"

[2] 据网贷之家统计,截至2016年7月1日,与银行签订资金存管协议的平台有134家,占比5.6%,其中正式接入存管系统的仅有35家。http://www.wdzj.com/zhuanlan/guancha/17-2416-1.html,2016年9月15日访问。

健康发展。虽然互联网金融监管从“三无”时代已步入“严格监管”时期，但是监管实效依然不尽如人意，面对动辄百万亿融资、涉及百万人投资平台的轰然倒塌，难道我们就真的无法防患于未然吗？对于互联网金融平台的“事后查处”而非“事中规范”就是必然吗？面对法律规制在互联网金融行业的频频失效难道真的束手无策吗？回答这一系列问题的关键是弄清法律规则是否是控制互联网金融行业的唯一手段。从应然的角度而言，当然不是，法律规制仅作为社会控制手段之一。从罗伯特·C.埃里克森的全面社会控制体系来看，共有五种控制者可以作为制定规则并实施制裁的主体。

(一)适当的金融规制理念

社会共治涉及互联网金融平台、与平台建立合约关系的相对人、社会大众及组织等多方参与，要在政府机关的主导下进行，那么政府机关首先要具有“多方共治”的金融规制理念。我国的社会共治体系逐渐从理论走向实践，在应急管理、环境保护、食品药品安全、慈善事业等领域多元主体共同治理逐渐取代中心治理。随之我国金融市场和金融消费者的日趋成熟，特别是互联网金融作为非正规金融体系的重要成员其市场规模飞速膨胀、消费者数量与日俱增，以政府为主的中心治理模式已不能满足行业和社会的发展需求，因此政府机关要转变传统的监管思维，推动由政府、市场、组织、社会多元共治规制模式的建立。但需要特别强调的是，多方共治要在法治框架下建立，运用协商、博弈、妥协、合作机制，搭建精致的制度框架，以实现多方主体的协同治理，而不仅仅是松散的共同管理。政府面对互联网金融创新要更新监管理念，协同治理要分出层次，政府监管的对象以互联网金融机构和平台为主，充分调动平台自治的能动性，激励平台管理投融资方并赋予其管理职责，即建立“政府监管平台，平台管理客户”的规制模式。

(二)嵌入式自我约束

总体的社会控制体系一定至关重要地取决于自我执行来实现合作。承担现实社会基本秩序之责任的是教育，而不是法律。[1] 可见，自我约束在社

〔1〕 See Karl Llewellyn, The Bramble Bush, 1951, pp. 107 - 118.

会共治力量中起到举足轻重的作用,自我约束的规则来源于个人伦理,伦理道德可以通过教化得以提高,但是个人伦理对于基本的社会行为能够起到切实的指导,如“杀人者死,伤人及盗抵罪”“童叟无欺”“公序良俗”等,但是个人伦理面对于专业性极强的具体社会行为有时会“短路”,如判断P2P平台的资产证券化行为标准、确定哪类债权转让是合规的。自我约束的实现除了参照个人伦理以外,还要明确技术标准和法律标准,因此,要让自我约束在互联网金融这个专业性领域有效实现社会共治功能单纯的自我约束是远远不够的,而需要在自我约束中嵌入政府规制,这种嵌入式自我约束恰恰弥补了单纯政府规制的弊端。

针对互联网金融行业产品不断翻新,政府信息和监管滞后的特点,要充分考虑利用行业信息优势,建立政府与行业主体协商、对话和合作机制。“自我承诺”类规则就是符合多元共治理念的一种嵌入式自我约束模式。如上文指出,政府监管存在信息来源局限和执法资源不足等问题,其导致单纯的政府监管对互联网金融行业的监管失效。自我承诺类监管激励互联网金融进行自我约束,利用机构内部人士的专业知识和充分信息制定规则,正好弥补政府监管专业和信息方面的不足。具体而言,互联网金融平台在开展的新业务中实施适当的风险管理,不单纯为追求套利而设计新产品。同时,监管机构通过指标跟踪和测算,在承诺期结束后对于金融机构的承诺履行情况进行评估。评估结果能够给监管者提供有效的分类监管信息,使监管重点和监管效率得以提高。对于完成承诺的平台给予激励,而对于未完成承诺的平台采取严厉的监管和矫正措施。这种自我承诺类监管工具,不但能够对影子银行的监管套利行为形成威慑,又能激励产业界进行自我约束,降低监管机构的执法成本。

(三)行业组织搭建信用信息平台

剖析互联网金融平台与出借人之间的合约规则失效与社会约束异化的原因,我们不难发现出借人专业知识匮乏和平台违规违法信息流通不畅是两大重要因素。出借人作为社会个体的普通民众,当选择互联网金融平台的专业团队研发出来的产品时,必然表现出技术和法律的弱势,即使个别民众在实践中由于遭受损失而认识到平台的违法违规行为,也很难通过个体的力量抵制专业团队,况且这种个人抵制或司法救济均需要花费大量时间和物质成本。James C. Scott 认为声誉机制是"弱者的武器"。[1] 现代商业社会中所进行的大多是"陌生人交易",对于交易对手方的信息处于高度不对称状态。"作为过去行为的一个社会记认,声誉为交易者提供了重要的决策信息",[2]但在企业和个人信用档案不可获知的约束条件下,"规模"有可能取代"口碑"作为信誉的符号显示,但实践已经证明了这种取代是存在问题的。声誉应该是一种公共舆论,一旦某互联网金融平台遭受到公共舆论的负面评价,其他为数众多的出借人则"用脚投票",取消未来可能发生的潜在交易机会,从而达到共同抵制,对违规违法平台实施驱逐出市场的惩罚。

三、金融风险的社会治理之道

在现代经济社会,资金融通可以给企业和个人带来丰厚的收益,但是金融风险的聚集经常会给投资者造成巨大的伤害。当前应如何预防金融风险?从监管当局到普通投资者都提出要"加强监管""重典治乱""联合执法"作为应对之策。当然,这种监管思路在某种程度上能够对保障金融安全起到一定积极意义,但基于目前规制理念偏差、立法信息来源受限、执法资源稀缺、司法救济低效以及合约规则失效的现实约束条件,如果一种治理范式既能够借助自我约束和社会约束激励行为人或知情者提供有效立法、执法信息,又能够通过行业组织建立的信息平台使公众对行为者的优劣评价有效进入人们的认知结构,以企业信誉和金融风险作为信号显示,借助金融消费者"用脚投票",运用声誉机制直接影响金融企业的资金流,使企业合规和风控行为与企业核心利益正相关,那么这种治理范式的威慑作用优于"加强监管"类法律规制措施。社会治理应该是一项系统工程,其应该融合行动者、交易对手方、社会大众、行业组织和政府机构等多元共治者的协同约束,金融风险治理亦然。多元共治需要在法治框架下促使社会多方通过协商—博弈—妥协—合作的过程共同形成抵制违法行为的规则,多方主体对同一问题不同规则倾向的争论旨在通过反复协商、反复博弈找到分歧,通过反复妥协、反复合作平衡各方主体利益,最后形成共同行动,虽然这一反复的过程自然比"中心监管"制定规则花费更高的成本,但实际上增加的协调成本

---

〔1〕 See James C. Scott, Weapons of the Weak: Everyday Forms of Peasant, New Haven and London: Yale University Press, 1985, p. 79.

〔2〕 吴元元:《信息基础、声誉机制与执法优化——食品安全治理的新视野》,载《中国社会科学》2012年第6期,第132页。

会被随后形成的共同行动所产生的较好效果所抵销。若仅仅着眼于"中心监管",试图只是通过"重典治乱"的法律规制手段治理金融风险,那么这种单一的控制手段很可能无法在事前、事中阻却违法行为,反而可能会激发行为者的监管套利和规避法律的动机,增加实施成本,同时忽略了同样具有治理作用的多元共治——自我约束、合约约束、社会约束和组织约束。认识至此,我们应该在法治框架中将"社会治理"从金融法律政策的文本形式,转化为充分利用行动者、消费者、社会大众、行业组织和政府机关约束的制度实践,为有效控制金融风险注入更为广阔的崭新视野。并且,随着政府、市场、组织、社会多方体系日臻完善,多元共治模式必将被应用到更广泛的社会领域。

参考文献

1. [美]史蒂芬·布雷耶:《规制及其改革》,李洪雷等译,北京大学出版社 2008 年版。

2. [美]罗伯特·C. 埃里克森:《无需法律的秩序》,苏力译,中国政法大学出版社 2003 年版。

3. [美]丹尼尔·F. 史普博:《管制与市场》,余晖等译,上海三联书店、上海人民出版社 1999 年版。

4. 岳彩申:《民间借贷的激励性法律规制》,载《中国社会科学》2013 年第 10 期。

5. 姚海放等:《网络平台借贷的法律规制研究》,载《法学家》2013 年第 5 期,第 96 页。

6. 杨东:《互联网金融风险规制路径》,载《中国法学》2015 年第 3 期。

7. 潘静、柴振国:《中国影子银行的金融监管研究——运用市场约束优化政府监管》,载《现代法学》2013 年第 5 期。

8. Saule T. Omarova, Rethinking the Future of Self - Regulation in the Financial Industry,35 BROOK. J. INT'L L. 2010.

功能监管强化视角下的民间金融法律治理研究

刘子平[*]

内容提要：民间金融的政策变化与属性争议使如何对其进行法律治理成为难题。我国目前主要以非法集资法律制度作为对民间金融的法律规制手段。然而非法集资法律制度秉承的金融抑制政策导向和机构监管逻辑使其存在一定的滞后性；这种滞后性使地方政府产生对其进行选择性执法的动力，从而在民间金融的规制上与中央政府构成博弈，导致非法集资法律制度规制失灵，并出现对民间金融的监管空白。只有通过功能监管改革，将所有具有系统性风险的民间金融活动（无论合法与否）都纳入类型化的金融监管体系之中，才能有效避免监管空白，防止区域性金融风险的累积。此外，在一个更长的时间内，还应当拓宽金融市场准入，并明确地方金融监管权，以实现市场均衡和规制均衡，彻底解决我国的民间金融问题。

关键词：民间金融　非法集资　系统性风险　功能监管

一、引言

由于转型时期存在金融抑制（Mckinnon，1973；Shaw，

---

* 刘子平，北京大学博士后流动站、中国银监会博士后流动站研究员；研究方向：金融法、金融监管、国际经济法。

1973),我国实践中产生了大量的“民间金融”与“非法集资”现象。民间金融对改革开放以后我国民营经济的迅速发展起到了不可磨灭的积极作用,然而,其同时也导致民间金融风险在某些领域和地区持续累积。进入21世纪第二个十年之后,民间金融累积的风险开始在一些地区引发区域性金融危局:2011年底,温州最先爆发了集中性的民间金融资金链断裂危机;2012年,山西神木、内蒙古鄂尔多斯等地出现了类似的情况;2014年底2015年初,全国多个省市纷纷陷入民间金融危机的阴霾中。2015年底,一些涉嫌非法集资的互联网金融案件不断爆发,又再次将非法集资拉到了舆论的风口浪尖。面对愈演愈烈的区域性民间金融危局,如何对其进行法律治理,以避免和化解民间金融风险、导正严重的市场失灵成为亟待解决的问题。我国现有对民间金融的法律治理方式是“非法集资”法律规制,即对达到一定标准的民间金融活动予以“非法”的否定性评价,进而对其科以行政或刑事责任。然而,现实中不断引爆区域性金融风险的民间金融活动的存在表明,非法集资法律制度无法发挥其应有的效果。非法集资法律规制,特别是非法集资类刑事犯罪的覆盖范围不可谓不广,惩罚手段不可谓不严厉,为何非法集资行为却屡禁不止?对民间金融究竟应当以何种方式进行法律治理才能既不阻碍其积极作用的发挥,又避免其可能引发的金融风险呢?

现有文献对非法集资法律规制的讨论主要集中于对非法集资类犯罪构成要件和司法实践存在问题的讨论,并未着力解释其威慑力不足的原因。而对民间金融的法律治理方式的完善,学者们各持己见、莫衷一是。如高晋康和唐清利(2012)提出,对“黑色金融”,应当予以禁止,对应当纳入正规金融进行监管的金融活动应当规定其合法地位,将其合法化;汪丽丽(2013)认为应当保持民间金融的“民间性”,采取私人契约治理为主。此外,还有学者提出应在民法之外制定“民间金融法”对民间金融进行特别规定。本文认为,上述争议源自特殊的历史背景下学界对民间金融自身的属性以及民间金融与非法集资的关系长期以来未曾明确界定与厘清;并且,在功能监管模式(functional regulation)逐渐取代机构监管模式(institutional regulation)成为主流金融监管模式的今天,包括非法集资法律规制在内的上述各种治理思路,仍旧囿于机构监管的思维定式之中;机构监管与我国特殊历史时期的金融抑制结合在一起,容易催生监管空白,从而造成了现实中存在的种种问题。对民间金融的治理须跳脱机构监管的藩篱,利用功能监管改革的契机,厘清民间金融的属性与其正规化的边界、避免监管空白,从而实现对民间金融的有效治理。

本文内容安排如下:第二部分,在对机构监管与功能监管的基本理论做简要介绍的基础上回顾新中国成立以来民间金融的政策变迁和属性争议,指出民间金融治理面临的困境;第三部分,分析机构监管模式下非法集资规制失败的原因;第四部分,从功能监管视角下对民间金融的属性和监管边界进行重新界定;第五部分,提出对民间金融法律治理的具体建议。

二、民间金融的发展变迁与治理难题

由于“民间金融”并非严格意义上的法律概念,国内学者对其属性存在较大分歧,这种分歧导致人们对是否应当对其进行监管、应当如何监管莫衷一是。而这种属性争议又与新中国成立以来民间金融的发展历程与政策变迁息息相关。

(一)我国民间金融发展历程与政策变迁

新中国成立初期,与计划经济体制相适应,出于集中力量积累经济实力,特别是培育和发展我国重工业的需要,我国实行国有资本对金融领域的绝对控制,禁止民间资本进入金融领域与国有资本争夺资源。在这一时期,合法的民间金融仅被限制在亲友之间偶尔为之的互助性质的私人借贷范围内,除此之外,实践中少量存在的高利贷、钱庄、合会、有偿集资等民间资金融通行为都受到严厉打击。

改革开放以来,政策开始松动,政府对民间互助借贷之外的一些民间金融活动和民间金融组织的发展由绝对禁止转变为认可与鼓励。1992 年以后,社会主义市场经济改革方向的确立为中小企业拓宽了发展空间,民间金融适应了这些经济单位的融资需求而快速发展。而伴随其快速发展,开始出现了一些大量吸收民间资金、扰乱金融管理秩序,甚至具有诈骗性质的集资现象,1995 年至 2004 年,政策又趋于严厉,并通过《中华人民共和商业银行法》(以下简称《商业银行法》)、《全国人民代表大会常务委员会关于惩治破坏金融秩序犯罪的决定》、1997 年《中华人民共和国刑法(修订)》(以下简称《刑法》)等相关条文的规定建立了非法集资法律制度,惩治了一批非法集资的典型分子。

2004 年之后,政策又开始回暖,民间金融的积极作用开始被广泛认可。从 2004 年开始,中央 1 号文件每年都有关于发展农村多层次金融体系的论述。2005年5月,中国人民银行(以下简称人民银行)在《2004年中国区域金融运行报告》中对民间金融作出了具有里程碑意义的语言描述,明确提出“正确认识民间融资的补充作用”。2005年10月,人民银行决定在山西、四川、贵州、陕西、内蒙古5省(自治区)试点“只贷不存”的“小额贷款公司”。2009年6月,中国银行业监督管理委员会(以下简称“银监会”)颁布《小额贷款公司改制设立村镇银行暂行规定》(银监发〔2009〕48号),首次为我国民间金融机构向正规金融机构的转化给予明确指引。2012年,党的第十八届三中全会提出“扩大金融业对内对外开放,在加强监管前提下,允许具备条件的民间资本依法发起设立中小型银行等金融机构”,同时要“加快推进利率市场化”。2013年,P2P、“众筹”等依托互联网和移动互联网技术而产生的具有民间性质的“互联网金融”开始走入人们的视野,民间金融因“互联网金融”这种新鲜血液的注入而焕发出更加夺目的光彩。2014年8月,中国证券监督管理管理委员会(以下简称中国证监会)发布了《私募投资基金监督管理暂行办法》,对符合条件的私募基金的设立不再设立行政许可。2015年7月,人民银行等十部门发布了《关于促进互联网金融健康发展的指导意见》(银发〔2015〕221号),提出要鼓励互联网金融创新与“依法监管、适度监管、分类监管、协同监管、创新监管”的原则。然而时至今日,民间金融的发展始终无法摆脱“非法集资”这把“悬顶之剑”。在越来越严厉的打击之下,非法集资发案形势却呈现越来越严峻的趋势:最高人民法院的公开数据显示,2003年至2011年,全国法院年均一审审结非法吸收公众存款案件566件,集资诈骗案件229件,而2012年的数据分别是此前年均数据的2.9和2.3倍,呈现大规模增长的趋势。并从2011年开始,我国多地开始出现集中性的非法集资资金链断裂情况,而到了2014年底,这种区域性的民间金融危机在全国多个省市上演,法院审理的非法集资案件也达到历史峰值(钟文,2015)。

(二)民间金融属性争议及治理难题

对于民间金融,国外学界通常采用的类似概念为“非正规金融”(informal finance),且对其认识较为统一。例如,世界银行(1997年)的报告中指出,非正规金融与正规金融相对,是指没有被中央银行监管当局所规制的金融活动;又如,Isaksson(2002年)将非正规金融等同于在国家监管范围之外的金融活动。非正规金融的外延主要包括私人借贷、轮转基金、信用合作社、典当、财务公司，以及某些非政府组织等仅具有个体性风险的、采用原生、传统信用模式的金融活动（Adams 和 Fitchett，1992；世界银行，1997；Aliber，2002）。这些结构简单、具有原生性的金融活动对正规金融市场具有积极的补充作用，而一旦这些金融活动的规模和复杂性达到需要对其干预的程度，并对正规金融产生替代作用，便应当将其转化成正规金融加以规制（Schwarcz，2008）。这是因为，监管安排应当与风险程度相适应，对个体性风险而言，只需采用民商法通过保障单个交易安全即可避免或消除；而系统性风险作为一种市场整体风险，无法通过对单个交易的保障而进行控制，必须在交易外部施加特别监管和规制、采用金融法加以调整。这实际上体现了功能监管的思维逻辑。

与国外情况不同，我国学界对民间金融属性的认识存在较大争议，并伴随着民间金融政策的历史变迁呈现出一个明显的转变过程，依产生时间的先后主要有产权说、工商注册说、监管说等几种不同的学说。产权说和工商注册说出现较早，如姜旭朝（1996）认为，民间金融约等同于“民营金融”。李丹红（2000）持类似观点，认为民间金融包含所有民营金融主体提供的相关服务。其后，姜旭朝（2003）又改变了其之前的看法，将民间金融视同于未经工商登记而进行的金融活动，即采用了工商注册说。而监管说与国外非正规金融的内涵的表述最为一致，以是否纳入政府监管为判断标准。如左柏云（2001）认为，是否为民间金融的判断标准应当为其是否被纳入我国金融监管机构监管的范围内。监管说目前在我国学术界占据主要地位。

最早出现的产权说将民间金融的本质属性与主体的资金来源挂钩，尚带有明显的时代烙印，工商注册说与监管说的出现则是脱离计划经济色彩的一种进步。而工商注册说与监管说的区别在于，前者将民间金融与是否经过批准（合法性）挂钩，其本质上是机构监管逻辑的体现，即一项金融活动被监管的前提是其被批准成为从事具有提供金融服务资质的某类金融机构；而监管说则将其与是否受到金融监管（正规性）挂钩。前者必先经过合法性的判断，而后者则更多的是一种对客观状态的描述。需要注意的是，即使在监管说下，虽然我国民间金融与西方学者描述的非正规金融的内涵基本一致，但其外延却有很大差别。由于我国正规金融的覆盖范围过于狭窄，民间金融的外延不仅包括与非正规金融类似的风险水平较低的、与传统信用模式相联系的、对正规金融具有积极补充作用的原生性金融活动，还包括另一部分规模巨大的、影响越来越显著的、风险已达外部干预标准的、对正规金融具有替代作用的金融活动。这部分民间金融因其风险较高本应被纳入金融监管体系，跻身正规金融的行列，但由于我国正规金融的覆盖范围仍然过于狭窄，使这些金融活动无法获得与其风险水平相匹配的监管安排，在发挥着一定积极作用的同时，也积聚了巨大的金融风险（刘少军，2015）。

基于以上对民间金融本质属性认识的差异与我国民间金融外延的特殊性，如何对民间金融进行法律治理成为一个难以厘清的问题。现有文献呈现出对上述第二类风险达到外部干预标准的民间金融认识和研究不足，一些研究直接将我国民间金融的外延等同于上述第一类原生性民间金融活动，强调其积极作用，并基于此提出应对其主要采用契约治理机制，尽量避免政府对其过分干预。这种观点忽略了我国民间金融发展状况的特殊性，不符合我国民间金融发展的客观事实。事实上，近年来规模迅猛增加并不断引爆区域性民间金融风险的正是以上提到的第二类民间金融。另一些研究虽然注意到了民间金融内部的异化，但仍然秉承机构监管的思路，提出民间金融“合法化”的命题，即通过制定各种民间金融组织法，甚至制定所谓的“民间金融法”来赋予民间金融合法地位；然而其又陷入了逻辑的悖论之中，如果将这些民间金融合法化，那么其便不再是民间金融了，那么“民间金融法”便名不副实了。并且，在不改革现有机构监管模式及非法集资法律制度的前提下，民间金融“合法化”的命题本身也与我国现行的非法集资法律制度相违背。

三、当前民间金融规制失灵分析

在我国现行监管模式下，对“民间金融”的界定不论是以有无工商注册为标准，还是以是否被纳入监管为标准，其都无法落入监管当局的审慎监管范围之内。非法集资法律制度是现行监管模式下对民间金融进行法律治理的主要手段，其旨在通过对落在金融监管范围之外的达到一定标准的民间金融活动的禁止，降低爆发民间金融风险的可能。然而，事实表明其实施效果却不尽如人意。

（一）非法集资——机构监管模式下的民间金融法律治理

与民间金融不同，非法集资的概念在我国多个规范性法律文件中都有出现。根据其中 2010 年《最高人民法院关于审理非法集资刑事案件具体应用法律若干问题的解释》（法释〔2010〕18 号）（以下简称《2010 年司法解释》),非法集资是指“违反国家金融管理法律规定,向社会公众(包括单位和个人)吸收资金的行为”。非法集资法律制度的法律渊源既包括金融法的规定,也包括刑法的规定:

1. 在金融法层面上,首先,《商业银行法》等相关金融机构组织法中规定正规金融机构必须经由相关金融监管部门批准和授权才能得以设立;其次,一些规范性文件还对未经金融监管部门批准、擅自从事相关金融活动的行为进行了特别的禁止性规定,如 1997 年 9 月 8 日,中国人民银行发布了《中国人民银行、国家工商行政管理局关于严禁擅自批设金融机构、非法办理金融业务的紧急通知》(已失效)。

对违反这些金融法律法规的非法集资活动具有查处、取缔、罚款等行政权力则几经易主:1998 年出台的《非法金融机构和非法金融业务活动取缔办法》规定由人民银行负责取缔非法金融机构和非法金融业务活动,地方政府则应当予以协助。中国银监会成立后,2003 年出台的《中华人民共和国银行业监督管理法》规定,擅自设立银行业金融机构或者非法从事银行业金融机构的业务活动的,由中国银监会予以取缔,将非法集资的一部分监管权限赋予了银监会。2007 年,国务院批准成立了以中国银监会牵头,发改委、公安部、监察部、财政部、建设部、农业部、商务部、人民银行、工商总局、林业局、法制办、新闻办、证监会、保监会、中宣部、最高人民法院、最高人民检察院等部门参加的处置非法集资部际联席会议负责非法集资的处置工作,并指导、配合省级人民政府建立处置非法集资组织协调机制。此后,各地方政府开始陆续筹建打击和处置非法集资工作领导小组。2015 年 10 月,在经历了最新一轮民间金融危机之后,《国务院关于进一步做好防范和处置非法集资工作的意见》(国发〔2015〕59 号)明确了省级人民政府是防范和处置非法集资的第一责任人。

2. 在刑法层面上, 1997 年《刑法》增设“破坏金融管理秩序罪”一节,规定了“集资诈骗罪”“非法吸收公众存款罪”“擅自发行股票、公司、企业债券罪”等罪名,成为众所周知的非法集资类犯罪的滥觞。

根据《2010 年司法解释》的规定,非法集资行为具备四大特征:一是未经有关部门依法批准或者借用合法经营的形式吸收资金(非法性);二是通过媒体、推介会、传单、手机短信等途径向社会公开宣传(公开性);三是承诺在一定期限内以货币、实物、股权等方式还本付息或给付回报(利诱性);四是向社会公众即社会不特定对象吸收资金(社会性)。其中,“非法性”的实质是对金融特许经营权的违背。在我国目前的机构监管模式下,未经授权的金融活动必然不在监管当局的监管范围内,因此,非法集资符合工商注册说与监管说对民间金融的定义。而“公开性”“利诱性”和“社会性”是对“集资”的描述,公开性和社会性要求表明金融活动的规模和风险达到一定的标准才构成非法集资。由于非法集资属于“破坏金融管理秩序”的行为,其立法目的在于保护公共利益,从应然角度上说,仅具有个体风险的金融活动无涉公共利益、无须进行外部干预,因而显然无法达到这一标准,只有达到外部干预标准的金融活动才能构成非法集资;同时,达到外部干预标准又未经国家授权的金融行为因为不在机构监管主体的微观审慎监管范围内,其金融风险势必会破坏金融管理秩序。因此,本文认为,非法集资的规模和公开性要求恰恰是外部干预标准的具体体现。

因此,非法集资法律制度将我国的民间金融分为两部分,一部分是达到外部干预标准的民间金融(构成非法集资),另一部分是没有达到外部干预标准的民间金融活动(不构成非法集资),如图 1 所示。非法集资法律制度通过对无法获得合法身份但达到外部干预标准的民间金融的禁止性规定以防范其金融风险的累积,其是现行机构监管模式下对民间金融采取的一种以“堵”为主的治理方式。

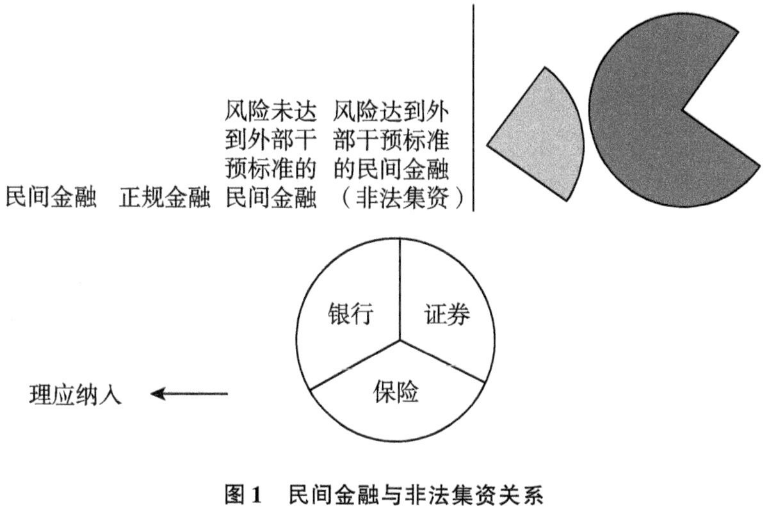

图 1　民间金融与非法集资关系

(二)中央—地方监管博弈下的非法集资规制效果分析

由于非法集资活动在其初始阶段往往不易被发现,监管机构难以适时采取制止措施,通常出现资金链断裂情况之后,才被作为刑事案件立案侦查。因此,对于非法集资而言,刑法的事后规制发挥了主要的阻吓作用。非法集资类犯罪可以囊括的金融活动范围极大,并且刑罚也较为严厉,其实施效果却未尽人意。究其原因,本文认为刑法对非法集资活动的阻吓效果不良固然与非法集资类犯罪的隐蔽性和相关法律条文本身的缺陷有关,然而,地方政府的态度对现行法律实施效果的影响可能更大。

由于渐进式的经济转型在很多时候是依靠地方实验和试错来进行的,因而地方政府在很多领域享有剩余立法权,中央政府也会容忍地方政府在一定程度上对中央所制定的制度进行突破(万江,2010)。这使得客观上地方政府与中央政府在一些领域的规制博弈成为可能。而从主观上,中央政府和地方政府对民间金融的政策导向存在显著差异:中央政府的政策倾向于保障金融稳定和金融安全;而地方政府更倾向于通过鼓励金融创新促进地方经济发展。因此,与中央政府所制定的非法集资法律制度体现出的抑制性政策导向相反,地方政府往往具有"重发展、轻风险"的倾向,对民间金融的发展持"默许"甚至"鼓励"的态度。这种规制博弈在一定程度上会削弱非法集资法律制度的实施效果。因此,民间金融的规模畸大并非仅为中央政府规制失灵的结果,而是在中央和地方政府进行规制博弈之后的结果。这也就可以解释为何非法集资在严刑峻法下却仍然屡禁不止(刘子平,2016)。

具体而言,一方面,地方政府对某些从事民间金融活动的行业、企业不加干涉甚至鼓励支持,这种故意或者放任地信用加持会促使民间金融的大发展甚至"非理性繁荣"。另一方面,通过影响相关案件的定性、立案和审判,地方政府可以控制涉嫌非法集资案件受到追责的程度。地方政府为当前防范和处置非法集资的第一责任人,并且,在非法集资刑事案件的处理上,非法集资行为地的地方法院又是实际进行审判活动的法院。我国地方法院与地方政府的关系曾多次被讨论,地方法院无论在财政上还是人事上都与地方政府具有密不可分的关系,在这种情况下,法院对案件的处理很难不受到地方政府的影响。事实上,在 2010 年之后,从多地制定的《处置非法集资工作操作流程》(如图 2 为某省相关工作流程)可以看到,所有涉嫌非法集资案件须经过地方政府主导的处置机制的筛选定性,才有可能进入立案侦查与审判阶段。因此,非法集资的处置集中体现了地方政府的意志。而地方政府对民间金融的积极态度在一定程度上应当说是由地方实体经济发展的实际需求所决定的。

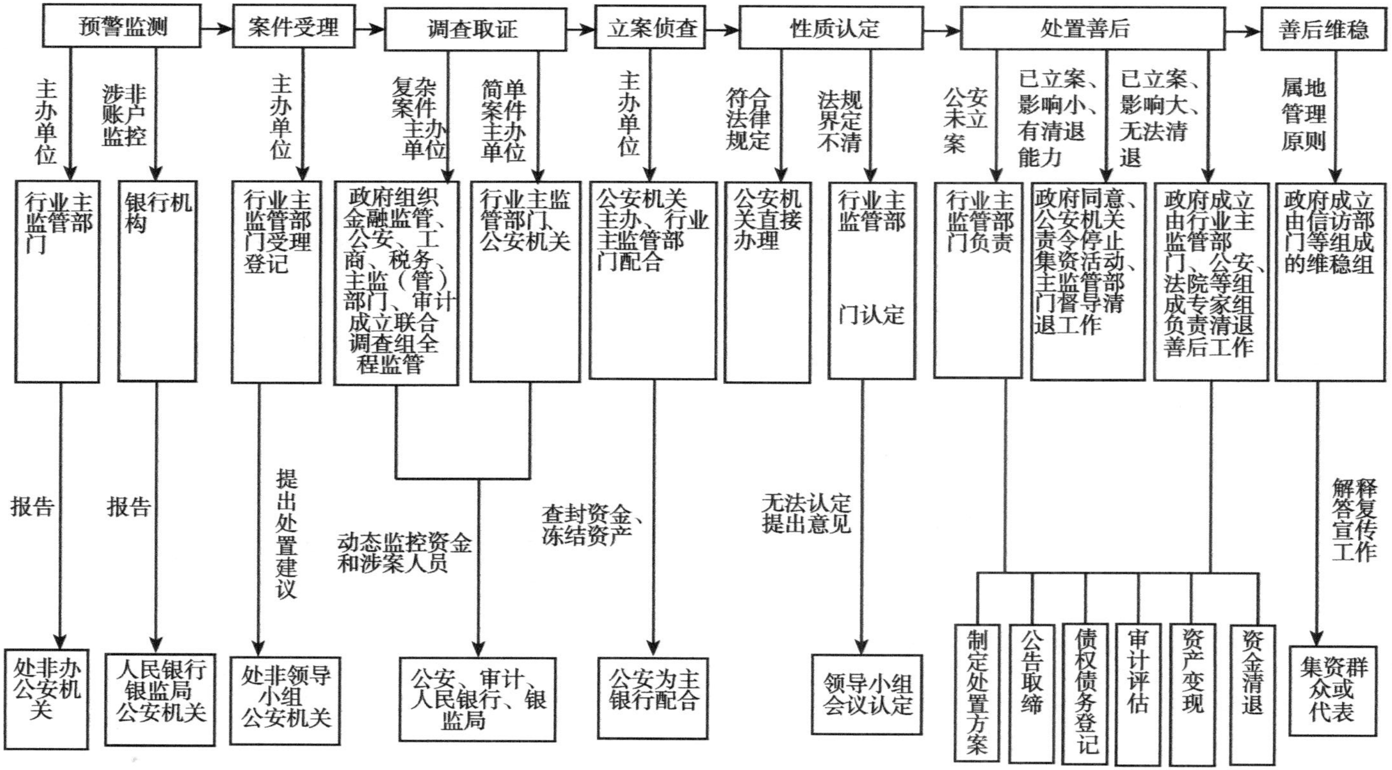

图2　某省防范和打击处置非法集资工作流程

(三)金融监管边界问题与现有模式下民间金融规制失灵

机构监管与功能监管两种模式下,金融监管边界的确定标准有显著区别。在机构监管模式下,“银行”“证券”等基本概念采用形式定义,仅限于依法成立的名称中带有“商业银行”“证券公司”字样的金融机构或其从事的金融活动。此时,一项活动被作为金融交易被监管当局监管的前提是其符合金融交易的形式定义,并系经合法程序批准设立的具有金融服务资质的金融机构所从事。未经授权的个人、一般工商企业与非法组织所从事的资金融通活动,或者合法金融机构所从事的在其金融服务资质之外的资金融通活动即为“非法”,并且不受金融监管机构的审慎监管。因此,在机构监管模式下,“合法性标准”(是否被授权从事某种金融业务)是决定金融活动是否受到监管以及受到何种监管的关键,确定了金融监管的外部和内部界限。

机构监管模式下容易出现监管空白问题。首先,金融领域内金融创新的不断出现、金融服务者出于监管套利的动机对金融交易结构的重新包装都有可能使很多金融活动无法落入现有形式定义范围内,从而呈现为非法状态,无从进行监管。如西方金融领域近几十年内涌现出的货币市场共同基金(MMMF)、资产证券化(Asset-backed Securities)与众筹(Crowd Funding)等金融创新在其出现之初都曾引发监管争议。其次,在存在金融抑制的情况下,合法金融机构所提供的金融服务无法满足私营部门的发展需要,大量金融活动可能因难以获得合法身份而成为非法金融活动并活动于地下。

在功能监管模式下,“银行业务”“证券”等基本概念采用功能性定义;功能性定义不给出结论性的定义,仅对该种业务的核心特点进行描述。也就是说,无论是合法金融机构、一般工商企业还是公民个人所从事的金融活动,甚至是非法组织所从事的金融活动,只要其符合某类金融交易的功能性定义,就被纳入金融监管范围之内。在此基础上,具备授权的金融活动是“合法”金融活动,而不具备授权的金融活动为“非法”金融活动,需要承担从事非法金融活动的相应责任。也就是说,在功能监管下,是否纳入监管与其交易结构、风险程度密切相关,而与“合法性”无关。所有达到一定风险水平的交易(无论合法与否)都纳入了金融监管范围内。这使得现实中大量存在的未获授权的非典型性金融交易与金融创新都得以自动落入金融监管范围内。因此,功能监管能有效防止监管空白的出现。

与机构监管下由“合法性标准”确定金融监管的内外部界限不同,功能监管下,是否纳入金融监管需要视其具体的交易结构是否符合某类金融交易的功能性定义,其深层原因在于符合功能性定义的金融交易的风险水平达到了需要对其进行外部干预的程度,因此,需要将其纳入金融监管的范围,监管安排须与风险程度相适应。因此,功能监管模式下确定金融监管外部边界的是“风险标准”。而在金融领域内部,决定金融监管内部界限的依然是不同类型金融交易的迥异的风险水平。具体而言,金融交易按照交易结构的复杂程度与风险水平,可以划分为私人借贷、标准化合约(证券交易)、长期的标准化合约(期货)、集合投资工具(共同基金)为中介的交易、固定收益中介机构(存款机构)为中介的交易与或有收益中介机构(保险公司)为中介的交易等几种交易类型架(Jackson,1999)。其中,“一对一”的私人借贷是最为简单的民间金融形式,仅具有个体风险,当事人可以自行进行风险分配,使用民商法保障合同实施即可,不必落入金融监管的范围内。而其他几种金融交易均因存在“一对多”的公共属性且交易结构具有巨大的结构性风险,必须在交易外部施加特别监管与规制,采用金融法保障其实施,否则有可能爆发严重的金融风险(甘培忠和吴韬,2016)。而这几类金融交易的风险水平又是如此的不同,以至于需要采用不同的监管措施将其风险都控制到适当的程度,从而形成并列的多个法律监管框架。基于风险标准的类型化监管逻辑是西方国家金融监管的基本逻辑,即使在实行统一监管的国家,其统一监管机构内部也存在分治的不同部门负责不同类型的金融活动的微观审慎监管。只不过不同国家的类型化监管分类标准与监管主体的统合程度有所区别。例如,美国的类型化监管框架(如表1所示),一般而言,对交易结构越复杂、风险程度越高的金融交易类型通常会采用较为严厉的监管措施。

表1 美国的类型化监管框架

监管措施类别 / 监管领域	私人安排	反欺诈	强制披露	开放性规则	资本结构规则	担保
证券(证券法)		√	√		√	
集合投资工具为中介的交易(投资公司法、证券法)		√	√	√	√	
存款机构为中介的交易(银行法)			√	√	√	√
保险公司为中介的交易(保险法)			√	√	√	√

然而,即使是对于这几种需要采用金融法施加外部干预的金融交易类型而言,没有达到一定交易规模或只针对特定群体的金融活动因其风险未达到外部干预标准,仍然被排除在金融监管范围之外。这体现为功能性定义下广泛存在的一些豁免和排除。例如,美国金融法中的最低水平豁免与合格投资者豁免将风险水平未达到外部干预需要的金融活动排除于金融监管的范围之外。因此,实践中,"风险标准"往往被具体化为表征规模大小和投资者财富多少的数字。

在现有监管模式下,非法集资法律制度存在威慑力不足的问题,符合非法集资定义的民间金融活动大量存在,且具有极大的金融风险;对这部分风险已达到外部干预标准的民间金融而言,就产生了监管空白的问题(刘少军,2013)。正规金融活动受到严格监管,而这部分发挥类似功能的民间金融活动出现了监管空白,严重的规制失衡导致资本出于监管套利的冲动从正规金融领域向民间金融领域流动,从而导致这部分民间金融规模变得越来越大,风险累积而最终爆发民间金融危机,如图3所示。

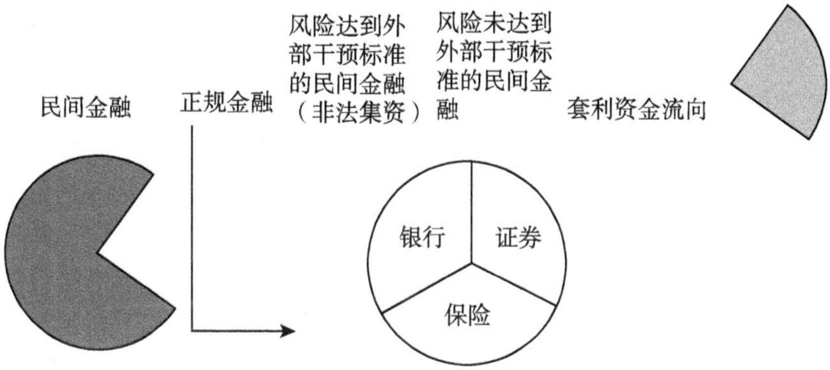

图 3　正规金融与民间金融资金流向

四、功能监管模式下民间金融概念重构与监管边界探析

当前非法集资法律制度无法很好地对我国的民间金融问题进行治理；而由机构监管向功能监管转变是大势所趋，运用功能主义的逻辑，使民间金融活动受到与其金融风险相匹配的监管安排，变堵为疏，才能有效地避免监管空白。以下拟在功能监管视角下，对民间金融的概念进行重构，厘清我国民间金融的内涵和外延，进而探索其监管边界。

（一）功能监管下民间金融内涵与外延的厘清

1. 民间金融的内涵

民间金融中的“金融”活动与一般经济活动的差别在于其在很多情况下脱离了简单的一对一的私人契约关系，体现出多人关系中的公共属性，需要以特别规制更为严格地进行保护。并且，从金融交易的结构上，无论是标准合约，还是以集合投资工具、存款工具等为中介的金融交易，其所包含的巨大的结构性风险都很难通过民商法对单个金融交易的保护来控制。因此，在金融业的大部分领域，来自政府的外部干预都是必要的，金融法取代民商法成为调整金融关系的主要法律依据。

民间金融中的“民间”是指其未被纳入金融监管的范围之中。这也正是民间金融与正规金融的区别之所在。由以上对“金融”的分析可知，由于金融活动自身具有的系统性风险和结构性风险，其规制制度须与金融活动同步发展，规制的存在和发展既是正规化的条件，同时也是现代化的标准，未纳入规制与监管框架的金融活动便具有“原生性”。“原生性”意味着其结构较为简单、风险较小,从而不必对其进行外部干预,然而这种“原生性”在我国特殊的发展背景下却容易使人将其与“资金来源”或“合法性”联系在一起,从而在对民间金融的概念认识上出现模糊。由于改革开放初期金融抑制政策的实施,我国公有制经济占据绝对优势,市场中金融活动的资金来源在很大程度上仅以公有制资本为主;而私人或者私营资本从事的少量的原始性金融活动往往未经授权。这就使得风险标准与资金来源标准、合法性标准出现了相当的重合性。正是这种重合性误导了对于民间金融的定义标准,使其在所有制主体是公还是私、是否经过审批取得资质等问题上纠缠不清。随着制度与经济的发展,风险标准、资金来源标准与合法性标准三者的重合性逐渐降低,再应用后两者进行识别已经越来越失去现实意义,甚至会出现监管空白的问题。缺少管理、未经批准等仅是民间融资的外在表现,并且造成这些的原因是源于现有的监管制度并未给予其正规化的途径。民间金融的实质特征仍然是其没有纳入正规的风险规制和金融监管制度下,从而使其表现为不规范和不正式(甘培忠和吴韬,2016)。在当今主要西方国家(例如美国),也存在未经授权却达到风险标准的非法金融活动,例如未经注册的证券发行行为、未经授权的银行业务等,但其由于实行功能监管仍然受到金融监管当局的监管控制。因此,这些金融活动在这些国家并不属于民间金融的范畴。

2. 民间金融的外延

从外延上看,我国的民间金融包含的具体形式多种多样:依照行为主体进行分类,民间金融可以分为公民个人从事的民间金融活动、“准金融机构”从事的民间金融活动、互联网金融企业从事的民间金融活动、普通工商企业从事的民间金融活动、未注册机构从事的民间金融活动,如表 2 所示。

表 2　民间金融活动依照主体分类列

依照主体分类	具体表现形式
个人	私人借贷、个人从事非法集资活动等
一般工商企业	房地产公司、教育机构等从事企业拆借、非法集资活动等
准金融机构	准金融机构从事的合法金融活动与非法集资活动
互联网金融	P2P 平台等从事非法集资活动
未注册机构	地下钱庄、合会等

根据交易结构的复杂程度，民间金融又可以分为一对一民间借贷、合作式民间金融活动、直接融资型民间金融活动、集合投资型民间金融活动与存款机构型民间金融活动，其交易的复杂程度和交易风险依序递增，如表 3 所示。

表 3　民间金融活动依照交易结构分类列

依照交易结构分类	具体表现形式
一对一借贷	私人借贷、典当等
合作式民间金融	合会、轮会、抬会等
直接融资型民间金融	房地产企业等直接吸收资金用于自身生产经营
集合投资型民间金融	“e 租宝”非法集资、私募基金等资金池理财
存款机构型民间金融	担保公司、地下钱庄等吸收公众存款用于放贷

按照是否具有非法占有目的进行分类，民间金融可以分为欺诈性民间金融与非欺诈性民间金融，如表 4 所示。欺诈行为本身就是道德风险的一种表现形式，因此，欺诈性民间金融的投资者面临巨大风险。

表 4　民间金融活动依照是否具有非法占有目的分类列

依照主观恶性分类	具体表现形式
欺诈性民间金融	庞氏骗局、金字塔骗局等诈骗行为
非欺诈性民间金融	其他民间金融

而按照民间金融活动的风险水平是否达到外部干预标准进行分类，民间金融又可以分为风险未达外部干预标准的民间金融活动与风险达到外部干预标准的民间金融活动，如表 5 所示。

表 5　民间金融活动依照风险是否达到外部干预标准分类列

依照风险水平分类	具体表现形式
风险未达外部干预标准	私人借贷、合作金融（初级阶段）
风险达到外部干预标准	各类主体所进行的非法集资活动

综上，民间金融是指未被纳入政府金融监管范围的以货币资金为标的价值转移与本息支付。通过以上对民间金融内涵和外延的厘清，我们不难

发现我国民间金融的概念本身存在的矛盾性:“金融”的本质要求在其达到一定规模和复杂程度时进行专业的金融监管,而“民间”又表示其未受到金融监管。因此,“应然意义上的民间金融”应当仅包括风险未达外部干预标准的那一部分金融活动。而“实然意义上的民间金融”不仅包括风险未达外部干预标准的金融活动,还包括实践中大量存在的应受监管而未受监管的民间金融。显然在这里,应然和实然状况出现了矛盾,并导致对“风险达到外部干预标准的民间金融”到底是不是民间金融感到进退两难的逻辑问题。实际上,对于这一部分民间金融,如果其在将来受到金融监管当局的相应处置,那么其便脱离民间金融的范畴,如图4所示。也就是说,民间金融的外延是动态性和建立在实然基础上的。恰恰是这一部分风险水平与监管安排不匹配的、夹杂在应然和实然缝隙之间的民间金融的风险持续累积酿成了几年来此起彼伏的区域性民间金融危局(刘子平,2016)。因此,对我国民间金融进行治理的核心问题就是要实现对这部分民间金融的合理处置。

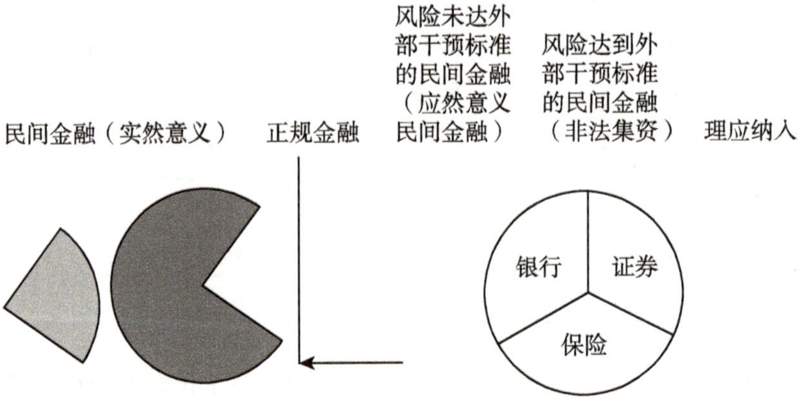

图4　民间金融与正规金融动态关系示意

(二)功能监管下民间金融正规化边界的厘清

对于上述夹杂在应然与实然之间的民间金融,在现有文献中,有一些学者对其没有给予足够的重视,仅强调原生性民间金融的积极作用,因而提出保持民间金融的“非正规性”,并主张对民间金融应以民商法调整为主,这种观点显然与现实不符。还有一些学者提出民间金融“合法化”的观点,强调给予民间金融合法身份,通过增设新的正规金融门类以缩小非法集资的范围,将这些民间金融组织改造成合法金融机构以控制其风险。然而本文认为,这种机构监管逻辑下的解决方式并不能很好地解决现实问题,基于我国当前金融抑制的基本情况,短期内,无论我们增加了怎样的一些中小金融机构门类,或者为民间金融确定了一个看似多么完美的合法界限,金融抑制的实际情况依然会催生大量逾越法律界限、进入监管空白的民间金融,无法保证监管措施与风险水平相匹配。只有通过机构监管模式向功能监管模式的转型,对"商业银行""证券""共同基金"等基本概念采用功能性定义,将所有符合功能性定义的民间金融(无论合法与否)都纳入金融监管主体的干预范围之内对其进行与其风险水平相适应的规制(正规化),才能有效杜绝出现监管空白、防范金融风险。因此,对这部分民间金融应当首先通过功能监管改革实现其"正规化",之后在一个中长期的时间内,再通过市场化改革措施使更多金融活动在"正规化"之后得以"合法化",使更多主体能够参与市场竞争,从而彻底改变金融抑制政策对金融市场的扭曲作用。

而民间金融与正规金融本来就是"一体两面"的一对概念,首先明确正规金融的应有范围,需要被"正规化"的民间金融的范围就自然得以确定。因此,研究民间金融正规化的边界问题也就是研究正规金融覆盖范围的修正问题,研究如何将现行金融监管体系的覆盖范围扩大到能够有效防控民间金融风险的具体策略。这涉及金融监管的外部边界问题。此外,由于民间金融的主体类型、交易结构多种多样,不同金融交易的交易结构和风险水平有很大差异,所以,在确定将达到外部干预标准的民间金融纳入正规金融的监管体系之后,应对具体某一种交易适用哪一种监管框架(银行、保险,还是证券)、由哪一个监管机构进行监管也是需要考虑的问题。这又涉及金融监管体系内部不同监管框架之间的界限问题,涉及正规金融的类型化监管问题。因此,民间金融的治理应是建立在对我国金融监管体制的系统性改革之上的,需要采用整体性而非局部性的思维,而绝非如一些学者所提出的那样,在正规金融体系之外再另外制定一部"民间金融法"对民间金融加以规制。

遵照类型化监管逻辑,对于实践中存在的诸多非典型性民间金融交易,应当按照其交易结构进行分类,分别纳入该类别正规金融监管框架之中,有效解决其监管主体的确定问题、避免出现监管空白,如表6所示。具体而言,一对一借贷与合作式民间金融由于未达外部干预标准依然由民商法进行调整;规模和人数达到一定标准的直接融资型民间金融、集合投资型民间金融与存款机构型民间金融则依次归于证券与银行监管主体进行处置,可被确认为

“未注册证券发行行为”与“非法银行业务”进而对其科以法律责任。

表6　民间金融活动类型化监管逻辑

交易结构类别	民间金融活动	应当落入的监管框架
一对一借贷	私人借贷、典当等	民商法
合作式民间金融	合会、轮会、抬会等	民商法
直接融资型民间金融	房地产企业等直接吸收资金用于自身生产经营	证券法律监管框架
集合投资型民间金融	“e租宝”非法集资、私募基金等资金池理财	证券法律监管框架
存款机构型民间金融	担保公司、地下钱庄等吸收公众存款用于放贷	银行法律监管框架

五、结论及政策启示

民间金融问题在一定程度上反映了我国金融监管整体上的滞后性，这种滞后性包括金融监管目标的滞后性、监管模式的滞后性与对金融创新的反应滞后性等。对于这种滞后性，中央政府不能漠视其存在，也不能简单将监管职责转移给地方政府，而应当肩负起顶层设计的重任，强化功能监管，对金融监管的界限问题与中央—地方监管权限的划分问题作出整体优化，使金融监管回归均衡状态。而要做到这些，则必须首先转变金融监管理念，对民间金融活动实行与其风险相匹配的监管安排；进而利用功能监管改革作为契机，从以下多方面采取措施对民间金融问题进行综合治理：

第一，以风险控制为核心，进一步强化功能监管。具体而言，首先，需要对我国现行的《商业银行法》《证券法》等进行修改，引入功能性定义，无论任何机构，只要其从事的业务符合银行业务与证券业务的功能性定义，都应当受到上述法律规定的监管主体的监管并履行相关义务。如若其从事金融业务没有得到授权，则应承担非法开展金融业务的责任，但其依然处于金融监管范围之中。此时对未授权金融活动的惩治不再是基于其对金融准入制度的挑战，而是由于其恶意规避法律为金融活动设置的与其风险程度相匹配的监管标准和社会责任。其次，确定外部干预标准的具体判断方式。可以参考美国法在功能性定义下的最低水平豁免与合格投资者豁免的相关制度。不满足外部干预标准的民间金融则依然采用民商法进行调整。最后，对“证券”“银行”等业务做更加精密的界分，理顺类型化的金融监管逻辑，以应对可能出现的新型、非典型性金融交易的监管框架选择问题。此时，原先符合非法集资概念的金融活动将根据其交易结构被定性为“未授权银行业务”或者“未注册证券发行行为”。此外，还应当建立监管协调机制，以充当实践中不可避免地识别难题的裁判者。

第二，进一步深化金融业市场化改革。解决民间金融问题的根本途径和我国金融监管体制的中长期改革目标还应当是在防范风险的同时改变金融抑制的现状，促进市场竞争，以真正发挥市场优化资源配置的功能，满足市场主体的融资需求。在间接融资方面，大力发展中小银行业机构。直接融资方面，发展多层次资本市场，包括区域性股权市场与场外市场。

第三，进一步加强地方金融监管。缺乏监管的民间金融绝大部分活动范围限于特定省市。传统中央金融监管机构及其在各地市的分支机构对地方金融机构的监管力有不逮，难以应对数量如此巨大、种类如此驳杂的民间金融（朱太辉，2015）。很多省市都成立了“金融办”，在事实上承担了地方金融监管的职能，却并无法律依据，其监管方式、人员素质、人力资源都存在严重问题。因此，应当健全法律法规，提升地方金融办的监管能力，将地方政府的金融发展和金融管理职能分开，并建立中央与地方之间、地方与地方之间的监管协调机制。

参考文献

1. 艾茜：《个人征信法律制度研究》，中国政法大学 2006 年博士学位论文。

2. 陈蓉：《论我国民间金融管制的重构》，西南政法大学 2008 年博士学位论文。

3. 甘培忠、吴韬：《民间融资法律规制问题研究》，北京大学出版社 2016 年版。

4. 高晋康、唐清利：《我国民间金融规范化的法律规制》，法律出版社 2012 年版。

5. 黄韬：《刑法完不成的任务——治理非法集资刑事司法实践的现实制度困境》，载《中国刑事法杂志》2011 年第 11 期，第 37 ~46 页。

6. 姜旭朝：《中国民间金融研究》，山东人民出版社 1996 年版。

7. 姜旭朝、丁昌峰:《民间金融理论分析:范畴、比较与制度变迁》,载《金融研究》2004 年第 8 期,第 104 ~ 115 页。

8. 李丹红:《农村民间金融发展现状与重点改革政策》,载《金融研究》2000 年第 5 期,第 121 ~ 128 页。

9. 李富有、匡桦:《基于声誉约束的民间金融组织风险及其防范》,载《华南农业大学学报》(社会科学版)2010 年第 1 期,第 42 ~ 48 页。

10. 李有星、范俊浩:《非法集资中的不特定对象标准探析——证券私募视角的全新解读》,载《浙江大学学报》(人文社科版)2011 年第 5 期,第 129 ~ 139 页。

11. 刘少军:《准金融"机构与业务"监管的法理研究》,载《金融法学家》2013 年第 5 辑。

12. 刘少军:《民间及互联网金融监管怎么破》,载《当代金融家》2015 年第 1 期,第 96 ~ 98 页。

13. 刘燕:《发现金融监管的制度逻辑——对孙大午案件的一个点评》,载《法学家》2004 年第 3 期,第 134 ~ 141 页。

14. 刘子平:《民间金融危局的成因分析与法律回应——基于对 H 省的调研》,载《金融法苑》2016 年第 1 期,第 28 ~ 41 页。

15. 卢现祥:《论我国的非正式金融与金融管制》,载《中南财经大学学报》1995 年第 1 期,第 59 ~ 62 页。

16. 彭冰:《非法集资活动的刑法规制》,载《清华法学》2009 年第 3 期,第 121 ~ 131 页。

17. 万江:《中央经济政策的地方执行研究——以招商引资为例》,西南财经大学 2010 年博士学位论文。

18. 汪丽丽:《非正式金融法律规制研究》,华东政法大学 2013 年博士学位论文。

19. 中国人民银行:《2014 年中国区域金融运行报告》,中国金融出版社 2005 年版。

20. 钟文:《全国非法集资案达到历史峰值》,载《中国企业报》2015 年 6 月 9 日。

21. 朱太辉:《货币信贷内生扩张及其经济效应研究》,中国金融出版社 2015 年版。

22. 左柏云:《民间金融问题研究》,载《金融理论与实践》2001 年第 5

期,第22~23页。

23. Aliber, M. , Informal Finance in the Informal Economy: Promoting Decent Work among the Working Poor, International Labour Organization Working Paper,2002.

24. Isaksson, A. , The Importance of Informal Finance in Kenyan Manufacturing,United Nations Industrial Development Organization (UNIDO) Working Paper,2002.

25. Adams, D. , and D. Fitchett, Informal Finance in Low-Income Countries,Westview Press,1992.

26. Jackson, H. , Regulation in A Multi-Sectored Financial Services Industry: An Exploratory Essay, Ssrn Electronic Journal,1999,77(2),319 - 397.

27. Holt,K. ,and J. Stiglitz,Introduction: Imperfect Information and Rural Credit Market-Puzzles and Policy Perspective,World Bank Economic Review, 1990,4(3),235 -250.

28. Mckinnon, R. , Money and Capital in Economic Development, Brookings Institution,1973.

29. Shaw, E. , Financial Deepening in Economic Development, Oxford University Press,1973.

30. Schwarcz,S. ,Systemic Risk,Duke Law School Legal Studies Research Paper Series,Research Paper No. 163,2008.

31. Stiglits,J. ,and A. Weiss,Credit Rationing in Markets with Imperfect Information,American Economic Review,1981,71(71),393 -410.

32. World Bank,Informal Financial Markets and Financial Intermediation in Four African Countries,http://www-wds. worldbank. org,1997.

银行抽贷、贷款期限与宏观不确定性：连续时间金融的视角

张一林*

内容提要：当一笔贷款到期时，银行在抽贷与续贷之间做出选择，续贷的风险取决于贷款期限的长短。本文基于一个动态的连续时间金融模型，考察宏观不确定环境下，贷款期限对银行抽贷与续贷选择的重要影响。研究发现，在不确定的经济环境中，资不抵债的企业并不一定被银行抽贷，但当贷款期限较长时，企业被银行抽贷的可能性较高。本文的政策含义在于，在经济下行、银行抽贷问题较为严重的当下，政策部门不宜通过要求银行延长贷款期限的方式来处理银行抽贷问题，这不仅难以从根本上缓解银行抽贷问题，反而可能加剧这一问题的严重性。

关键词：抽贷断贷　资金链断裂　稳增长

一、引言

“银行抽贷”是指这样一种现象：当一笔贷款到期后，企业按期偿还银行利息和本金，但当企业还完旧债后，银行却不再给企业发放新的贷款。[1] 银行抽贷会对企业造

---

* 张一林，西南财经大学金融学院教师。

[1] 广义的银行抽贷还包括银行在贷款尚未到期前要求企业提前还款，但这种情形在现实中相对较少，本文主要研究银行在企业按期偿还债务后不再给企业续贷进而造成企业资金链断裂的情形。

成巨大的资金压力，极易引发企业资金链断裂，甚至破产等严重后果，当金融体系中大量银行频繁抽贷时，实体经济将处于极度的不稳定之中。在我国，银行抽贷问题由来已久，近年来伴随经济下行、民间投资增速下降等问题，银行频繁地抽贷再次引发政策部门的高度关注，中央和地方采取了一系列应对措施以期减少银行抽贷现象。[1]然而在学术层面上，深入研究银行抽贷问题的文献还较为缺乏，尚未对银行抽贷的原因、影响因素和影响机制、政策工具的有效性等进行系统地考察。

本文考察宏观不确定环境下贷款期限对银行抽贷决策的影响。贷款期限是银行贷款合约中最重要的条款之一（孙铮等，2005；Barclay and Smith，1995；Guedes and Opler，1996）。我国银行贷款期限有一个重要的特征：银行贷款大多是半年、1 年的短期贷款，企业（尤其是中小企业）很难获得 1 年期以上的中长期贷款。贷款期限过短导致的问题是，企业需要频繁地向银行还款，然后再向银行续贷，当宏观经济出现较大不确定性时，企业每次还款后都可能面临被银行抽贷的风险。[2]贷款期限的长短如何影响银行的抽贷决策？在经济下行的阶段，政策部门是否应当鼓励银行发放期限更长的贷款？对于这些重要问题，已有研究尚未给出令人满意的答案。

本文研究表明，抽贷是银行的一种选择权（real option）：当一笔贷款到期时，银行可以选择抽贷，也可以选择给企业续贷，待该笔续贷贷款到期时再次选择是抽贷还是续贷，以此往复。在银行自由决策的金融市场中，抽贷是银行本身的“权力”。然而，给定合作企业，银行往往只有一次抽贷的机会，因为一旦银行选择抽贷，企业很可能陷入破产的困境，企业破产意味着银企合作终止。[3]

抽贷对于银行的重要性在于：当银行发现贷款风险上升时——例如宏观经济突然受到外部因素的负面冲击——银行可以通过抽贷来及时避免未来可

[1] 2016 年上半年，国务院督查组赴 18 个省市调查民间投资下降问题，发现在经济下行压力下，银行大幅收缩对民营企业的贷款即银行抽贷，是导致民间投资下降的重要原因。为缓解银行抽贷问题，中国银监会 2016 年 8 月下发《关于做好银行金融机构债权人委员会有关工作的通知》，明确要求银行不得随意抽贷、停贷，并要求银行“最大限度地”帮助企业。与此同时，一些地方政府也采取“稳定”措施防止银行抽贷。2016 年 7 月，山东省人民政府出台《关于金融支持实体经济发展的意见》规定，银行单方面对企业抽贷、断贷、停贷将被予以严处。杭州市萧山区人民政府在 2014 年为了防止银行对当地骨干民企抽贷，曾以政府在银行的存款、养老保险资金为“筹码”要求银行不得抽贷。

[2] 当银行贷款以短期贷款为主时，企业除了可能被银行抽贷，还不得不频繁地寻求民间借贷市场的“过桥贷款”（用于偿还银行本金），由此催生出庞大的过桥贷款市场。

[3] 这就如同握有资金的企业，可以选择在今天投资，也可以选择在未来某一时刻投资一样。

能出现的损失。在企业不断还贷、不断续贷的动态环境中,银行在做出抽贷决策时,需要进行充分的权衡:一方面,抽贷帮助银行规避未来的风险;但另一方面,银行也承担了抽贷的机会成本——银企合作终止后银行再无法从被抽贷的企业身上获得利息收入。本文构建了一个连续时间金融的动态模型,从理论上探讨银行在做出抽贷决策时如何权衡抽贷的"收益"与成本。

本文的模型与连续时间金融文献的模型有着重要的区别。[1]已有的连续时间金融文献启发我们考察不确定环境下银行的贷款决策,但这些文献难以揭示贷款期限如何影响银行的抽贷行为,原因在于,这些文献普遍采用了这样一种假定:银行可以在任意时间点执行其选择权——把这一假定延伸至银行抽贷问题上,意味着银行可以随时对企业抽贷。然而,实际情况却与这种假定大相径庭,在现实中,银行通常只能在贷款到期的时候对企业抽贷,在其他时间点上,银行难以对企业进行抽贷,贷款期限的长短成为银行抽贷决策的重要影响因素。本文在同类文献中首次探讨了企业资产服从几何布朗运动,但银行只能在贷款到期的离散时间点上对企业抽贷的情形,并给出了一种专门求解该类动态最优化问题的方法,这是本文的主要贡献之一。

本文研究表明,贷款期限是影响银行抽贷、续贷选择的重要因素,在充满不确定性的经济环境中,贷款期限与企业面临的抽贷风险之间存在复杂的关系。当贷款期限较短时,企业需要频繁向银行还款(还款后再续贷),但企业每次还款后,企业成功续贷的概率较高。反之,如果是长期贷款,尽管企业间隔很久才进行一次续贷,但企业每次续贷的成功概率都较小(给定续贷贷款的期限不变)——较长的贷款期限使得银行续贷后会长时间暴露在不确定性之下,严重降低银行的续贷激励。可见,贷款期限与企业面临的抽贷风险之间并非单调关系,在一定的情况下,增加贷款期限可能增大企业被银行抽贷的风险。

---

[1] 基于连续时间金融(Continuous-Time Finance)思想的建模方法在近年来的金融和经济学研究中得到广泛应用。例如,He and Xiong(2012)用几何布朗运动刻画企业的资产变化,考察市场流动性枯竭对到期债务展期和违约风险的影响。Bolton et al.(2014)同样将企业的资产刻画为几何布朗运动,考察企业内外部融资来源的最优选择与最优投资策略。Leland(1994)也假定企业资产服从几何布朗运动,得到了企业长期债务的最优违约时机和债券的定价公式。Morellec and Schürhoff(2011)用几何布朗运动描述企业潜在项目的投资收益,探讨了在信息不对称的情况下,企业如何通过策略性地选择投资时机和资产结构来向市场发送有利于企业的信号。Sannikov(2008)在连续时间金融的视角下重新审视了委托代理问题,给出了一个连续动态、带有结构化特征的最优薪酬契约。罗涛和樊纲治(2013)用几何布朗运动刻画地方政府的项目收益,考察了地方政府在贯彻中央政府发展战略方面的最优激励机制。更多连续时间金融文献请参见Sundaresan(2000)的文献综述以及Dixit and Pindyck(1994)的经典教程。

基于连续时间金融的动态视角,我们还发现了有别于传统静态模型的结论:只要企业资产的预期回报率达到一定水平,即使企业"资不抵债"(总资产低于总负债),银行仍然可能为企业续贷,此时,企业总资产较低(意味着企业的清算价值较低)反而可以使得银行没有强烈的动机去对企业抽贷;反之,如果企业资产的预期回报率低于一定水平,即使企业可以按期偿还利息和本金("资可抵债"),在企业偿还完本息后,银行仍然可能对企业抽贷。这表明,当考虑到银行与企业的动态合作时,决定银行是否抽贷的关键因素不是企业当期的还款能力,而是企业未来的还款能力,后者受到各种不确定因素的影响。此外我们还发现,企业被抽贷的概率与贷款利率之间呈"U型"关系,意味着存在一个使得企业抽贷风险最小化的最优贷款利率,充分反映了在充满不确定性的环境中银行抽贷与续贷决策的复杂性。

本文的政策含义在于,在经济下行、银行抽贷现象频繁发生的当下,政策部门应当允许银行适当缩短贷款期限,这有助于保证银行续贷的激励。银行随意抽贷会对实体经济造成"雪上加霜"的负面影响,然而,如果政策部门通过要求银行延长贷款期限的方式来应对银行抽贷问题——例如要求银行必须发放一定数量的中长期贷款——不仅难以从根本上缓解银行抽贷现象,反而可能严重影响银行的续贷激励、恶化银行抽贷问题。要从根本上解决银行抽贷问题,需要区分短期贷款和长期贷款的比较优势,以及不同企业的不同特性,从而找到企业特性与贷款期限之间的最优匹配关系。如果通过行政干预的方式让银行为不适宜长期贷款的企业(如一些成长性不是特别高、现金流不是特别充裕的中小企业)提供长期贷款,反而可能增大这些企业被银行抽贷的风险。

余下内容的安排为:第二部分回顾相关文献,并进一步阐述本文的贡献;第三部分用一个简单的例子说明贷款期限对银行抽贷行为的影响机制;第四部分介绍模型的基本框架;第五部分探讨银行抽贷的决策过程;第六部分考察贷款期限对银行抽贷决策的影响;第七部分进行延伸性的探讨;最后一部分总结全文并讨论政策启示。

二、文献述评

银行抽贷是一个重要的经济现象,但遗憾的是,深入探讨银行抽贷问题的文献较少(在作者掌握的资料范围内)。银行抽贷问题具有一定的复杂性,正如张一林和樊纲治(2016)指出,银行通过抽贷可以避免未来可能遭受的损失,但银行抽贷后,企业很可能陷入破产的困境。由于企业破产具有不可逆性,银行抽贷也往往意味着银行损失未来从该企业身上可能获取的利息,这是银行抽贷的机会成本。张一林和樊纲治(2016)构建了一个连续时间金融模型探讨银行如何权衡抽贷的收益与成本,但他们侧重于考察贷款利率对银行抽贷决策的影响,而本文重点关注贷款期限对银行抽贷行为的影响。此外,与以往的连续时间金融文献一样,张一林和樊纲治(2016)考虑的是银行随时可以抽贷的情形,而本文考察银行只能在贷款到期的时间点上执行抽贷决策的情形,这是对银行抽贷问题的重要拓展。

本文还为研究企业债务期限问题提供了新的视角。债务期限(或称债务期限结构)是现代金融学的核心议题,已有文献围绕企业债务期限的决定因素进行了大量的理论和实证研究。[1] 自 Myers(1977)以来,信息不对称因素受到广泛关注,其中 Diamond(1991,1993)的研究产生了尤为深远的影响。Diamond(1991、1993)的研究表明,短期债务既有优点也有缺点:其优点是减少企业的逆向选择和道德风险,进而减少融资的信息成本;缺点是使得企业需要频繁地再融资,增大了企业的破产概率;长期债务的特性则恰好相反。[2] 给定短期债务和长期债务的特性,Diamond(1991,1993)推测,信息不对称程度较低(如信用评级较高)的企业更加偏好短期债务,信息不对称程度处于中等程度的企业偏好长期债务,而信息不对称问题最为严重的企业无法获得长期融资,只能进行短期融资。这一理论预测得到大量实证研究的支持(Barclay and Smit,1995;Guedes and Opler,1996;Stohs and Mauer,1996;Antoniou et al.,2006;Fan et al.,2012)。

本文与从信息不对称的角度研究债务期限的文献有着重要的区别。本文在一个信息对称的理论框架下考察了企业的债务期限问题,重点关注企业的债务期限对银行抽贷概率的影响。本文的出发点在于,银行抽贷(大多情况下)都不是由于银行担心企业的道德风险(或逆向选择问题),[3] 银行抽贷更多是银行对续贷的风险和收益进行理性权衡后的结果。银行续贷的

---

[1] 参见 Barclay and Smith(1995)和 Guedes and Opler(1996)对债务期限文献的综述。

[2] 本文的理论模型反映了银行抽贷对企业产生的严重负面影响,银行抽贷会增加企业破产的概率,但正如现实情况,银行抽贷并不一定意味着企业破产。从这一点来看,本文考察的抽贷风险的内涵比破产风险的内涵更广。

[3] 从另一个角度来讲,如果银行抽贷是因为和企业之间存在信息不对称,那么银行一开始可能就不会给企业贷款,也就不存在之后续贷、抽贷的问题。

风险主要来自未来的不确定性(如未来宏观经济的走向、企业未来的盈利水平等)，这类不确定性对于银行和企业双方而言通常是信息对称的。进一步，本文讨论的是银行与企业之间的借贷行为，而不是 Diamond(1991、1993)所讨论的直接融资(arm-length lending)的情况。银行作为现代金融体系中最重要的金融中介，其核心职能便是收集、获取借款者的信息，并对资金使用情况进行严格的监督(林毅夫等，2009；龚强等，2014)，银行在制定抽贷决策时，其与企业之间的信息不对称程度，会显著低于 Diamond(1991、1993)所讨论的直接融资的情况。[1]

另一个与以往文献的重要区别在于，本文考察银行与企业的动态合作，而非传统文献考虑的静态合作。在以往文献中，长期债务的“长期”通常是指债务到期期限与企业的资金使用周期(如项目建设周期)一致——长期债务到期后，企业的资金使用周期也刚好结束，不需要续贷。然而从现实来看，银行贷款最长通常不会超过 5 年，而大多数企业的生命周期远远长于 5 年。不同于以往文献的静态视角，本文考虑了一种动态的情况：企业的资金需求周期足够长(无限期)，以至于企业可获得的任何贷款的期限都短于企业的资金需求周期，因此企业需要不断地、滚动地融入资金、不断续贷。在这种动态的环境中，银行在制定续贷决策时，不仅需要考虑企业当期的偿债能力，也需要考虑企业未来偿债能力的不确定性。本文的动态模型更适于讨论现金流不稳定性较高、金融依赖度较强、更易因抽贷而破产的中小企业，而传统文献的静态模型更适于分析大企业。

三、一个简单的例子

考虑企业投资一个项目，完成该项目需要 4 年时间，项目资金均来自银行贷款。理想情况是，企业获得为期 4 年的贷款，此时债务期限与资产期限相匹配，企业中途不需要续贷，企业不面临被银行抽贷的风险。然而，企业通常很难获得 4 年期的长期贷款。假设可供企业选择的只有 2 年期贷款和 1 年期贷款，2 年期贷款的利息高于 1 年期。如果企业选择 1 年期贷款，则企业每年的年末都要续贷，直到第 4 年项目结束；如果企业选择 2 年期贷款，则企业只需要在第 2 年年末的时候进行一次续贷，之后不再需要续贷。假定贷

[1] 即使银行与企业之间存在信息不对称，但这种信息不对称更多出现在银行刚开始接触企业的时候。随着银企合作不断深入，银企之间的信息不对称程度会迅速下降(林毅夫等，2016；Boot，2000)。

款期限一旦确定后无法更改(重新缔约的时间太长、谈判成本太高),即企业一开始选择了1(2)年期贷款,未来续贷时也是1(2)年期贷款。

假设前2年宏观经济较好,企业都顺利还款,但在第2年年末的时候,宏观经济受到外部冲击,此时企业第3年和第4年的盈利状况出现较大的不确定性。银行需要权衡续贷的收益与风险。1年期贷款使得银行有权在第3年年末不给企业续贷,如果银行在第3年年末发现宏观经济不景气,则银行可以在第3年年末行使“抽贷权”,避免第4年可能出现的损失。反之,若是2年期贷款,如果银行在第2年年末续贷,则必须一直“等待”至第4年年末,即使银行在第3年年末的时候发现宏观经济不景气、企业第4年很有可能发生较大的亏损,银行也无法在第3年“退出”。因此,在第2年年末的时候,如果是1年期贷款,则银行更“敢于”续贷,企业成功续贷的可能性更高;但如果是2年期贷款,则银行续贷的激励较弱,企业遭遇抽贷的可能性更高。

这个例子表明,当贷款期限较长时,尽管企业还款的次数较少,但被银行抽贷的可能性不一定较低,反而可能较高。为清楚地揭示贷款期限对银行抽贷、续贷选择的复杂影响,本文构建了一个连续时间金融的动态模型,对该问题进行探讨,详见下一部分。

四、一个连续时间金融的理论框架

考虑一家银行和一家企业的贷款合作。沿袭关系型贷款(relationship lending)的文献,我们假定银行和企业之间信息对称(张一林和樊纲治,2016;Hart and Moore,1998;Acharya et al.,2011)。银行和企业均为风险中性,且银行和企业内部均无委托代理问题(Bolton and Freixas,2000)。

(一)企业资产

假定企业在没有借款时,其资产价值$\{w_t:0 \leqslant t < \infty\}$服从几何布朗运动

$$dw_t = \mu w_t dt + \sigma w_t d B_t \tag{1}$$

上式中,μ为企业资产价值在单位时间内的增长率,μ越大意味着企业资产增速越快,企业的成长性和盈利能力越高。σ为企业资产变化的波动率,衡量了宏观经济的不确定性,也衡量了企业盈利能力、现金流等方面的不确定性。σ越大,则$w_{t+\Delta t}$相对于w_t的变动幅度$Var(w_{t+\Delta t} - w_t)$越大。注意到,$\sigma$表示的不确定性既包含资产价值下降的情形,也包含资产价值增加的

情形。$\{B_t:0 \leqslant t < < \infty\}$ 是标准几何布朗运动，$dBt = \varepsilon\sqrt{dt}$，$\varepsilon$ 服从标准正态分布 $N(0,1)$，B_t 代表企业受到的外部冲击。为保证解的收敛性，不失一般性地假定 $\mu > \frac{1}{2}\sigma^2$。

由上述微分方程可得 w_t 的随机运动过程为

$$w_t = w_0\exp\left\{\left(\mu - \frac{1}{2}\sigma^2\right)t + \sigma B_t\right\} \tag{2}$$

(二)贷款的期限、本金与利率

记贷款期限为 T，T 表示企业借款后需要隔多长时间还款。从现实来看，银行的贷款期限一般为半年、一年、两年等，因此，我们考虑 $T \geqslant 0$ 以至于企业只在离散的时间点上偿还贷款的情况，而非已有的连续时间金融文献那样，假定的企业随时都在(连续地)偿还贷款。企业在离散时间点上还款还意味着，银行抽贷也只能发生在离散的时间点上，而非银行随时可以对企业进行抽贷，这一模型设定是对连续时间金融文献的重要拓展。

记贷款本金为 f，贷款利率为 i。我们假定贷款的期限、利率和本金一旦确定后，其更改成本足够高以至于银行和企业都不愿意更改，换言之，在银企合作的整个过程中，T、f、i 都是外生给定的常数。[1]

(三)续贷与抽贷

我们考虑第一笔贷款到期时的情况，之后的情况依此类推：

假定企业前期已经从银行借入了一笔资金 f，[2]企业需要在时间间隔 T 之后偿还银行利息 I，

$$I = f\left[(1+i)^T - 1\right] \tag{3}$$

上式表示，利息 I 按复利计算，因此，贷款期限 T 越长，不仅总利息越高($\frac{\partial I}{\partial T} > 0$)，每一年的平均利息也越高($\frac{\partial(\frac{I}{T})}{\partial T} > 0$)。这一设定符合利率期

〔1〕 我们在后文讨论了当这一假定不成立时的情形，那时本文的内在逻辑依然成立。

〔2〕 这里暗含了这样一个假定：企业的初始资产价值足够高以至于银行愿意放出第一笔贷款。由于本文主要分析银行的抽贷(续贷)决策，因此我们不专门探讨首次放贷的情况，而是假定企业能够获得首次贷款，但企业是否能够获得首次续贷(第二笔贷款)，却存在不确定性。

限结构的基本特征,即贷款期限越长,利息越高。

借鉴文献,我们定义 $t=0$ 是指第一笔贷款到期的时期,这也是企业第一次还款、银行第一次决定是否给企业续贷的时期。[1] 为了方便表述,定义期限为 T 的无风险利率为

$$R \equiv (1+r)^T - 1 \tag{4}$$

其中,r 是1年期的无风险利率。利息 I 的单位是金额,无风险利率 R 的单位是百分比。

在贷款到期时,企业除了偿还利息,还可能需要偿还银行本金,是否需要偿还本金取决于银行是否给企业续贷,具体而言:

在贷款到期的时候,如果银行选择给企业续贷,则企业不需要偿还本金(但仍需偿还利息 I)。[2] 记企业偿还利息前的瞬时资产价值为 w_0,那么企业支付利息后,其资产价值立刻从 w_0 下降为 w_{0+},如图1所示。

$$w_{0+} = \max\{w_0 - I, 0\} \tag{5}$$

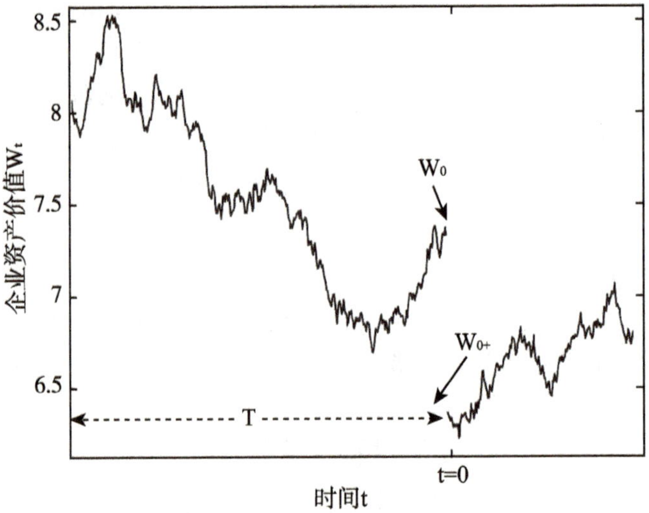

图1　企业资产的变化过程

---

〔1〕 实际上,当企业偿还了第一笔贷款、获得了第一次续贷之后(过去的已经过去),$t=0$ 就可以表示企业第二次还款、银行第二次续贷的时期,依此类推可知,我们只需要分析 $t=0$ 的情形,就可以分析所有时期的续贷,这也是后文只分析 $t=0$ 期的原因。

〔2〕 企业之所以必须支付利息,是因为银行面临储户支取存款的需求,但由于所有储户通常不会在同一时间一起支取全部存款,因此企业不一定需要偿还本金。这一设定刻画出银行"流动性转换"的职能(Diamond and Dybvig,1983)。

我们考虑企业承担有限责任的情况,因此,企业的资产不会为负,即 $w_{0+} \geqslant 0$ 。

如果银行选择给企业续贷且 $w_0 > I$(表示企业在贷款到期时有能力偿还利息),那么在时间 T 之后,也就是续贷贷款到期时,企业的资产价值 w_T 等于

$$w_T = (w_0 - I)\exp\{(\mu - \frac{1}{2}\sigma^2)T + \sigma B_T\} \tag{6}$$

上式表示,站在 $t = 0$ 期银行第一次续贷的时间点上,对于银行和企业而言,下一次续贷时企业的资产价值 w_T 是一个不确定的随机变量, w_T 服从上面的随机过程,其中 B_T 是标准布朗运动 B_t 在 T 时刻的值。

不同于续贷的情形,如果银行在 $t = 0$ 期决定对企业抽贷,则银企合作终止,此时企业不仅需要支付利息 I ,还需要偿还银行本金 f ,企业的资产价值从 w_0 立刻下降为

$$w_{0+} = \max\{w_0 - I - f, 0\} \tag{7}$$

基于几何布朗运动的性质,如果发生 $w_{0+} = 0$ 的情形,那么之后的 w_t 将永远停留在0 。为此,我们定义“企业破产”,它是指当 $w_{0+} = 0$ 即企业偿还了利息或本金后无剩余时的情形。企业破产和银行抽贷都意味着银行与企业的信贷合作终止。

(6)式和(7)式体现了本文模型设定的一般性:企业既可能因资不抵“息”($w_0 \leq I$)而破产,也可能因资不抵“债”(本金加利息, $w_0 \leqslant I + f$)而破产。另一方面,银行抽贷并非一定导致企业破产。实际上,只有当企业资产价值足够低以至于 $w_0 \leqslant I + f$ 时,银行抽贷才会导致企业破产。此外还可以看到,当 $w_0 - I - f > 0$ 即企业资可抵债时,尽管银行抽贷不会导致企业破产,但 $w_0 - I > w_0 - I - f$,这表明,相比于续贷的情况,银行抽贷会造成企业资产更大的损失,这刻画出银行抽贷对企业的负面影响。

考虑银行的收益。在还款期 $t = 0$ 到来时,银行首先收回利息 I ,接下来,如果银行决定给企业续贷,则银行可以在续贷贷款到期时($t = T$ 时)获得利息收入 I ,并再次决定是否续贷;反之,如果银行在 $t = 0$ 决定对企业抽贷,则银企合作结束,银行未来不再获得利息收入。

记银行抽贷后银行获得的剩余为 $F(w_0)$,我们称 $F(w_0)$ 为“抽贷剩余”, $F(w_0)$ 满足

$$F(w_0)=\begin{cases} I+f & if\ w_0 \geqslant I+f \\ (1-\alpha)\,w_0 & if\ 0 \leqslant w_0 < I+f \end{cases} \tag{8}$$

(8)式第一行表示,当银行抽贷时,如果企业资产足以支付利息和本金,则银行可以收回全部的利息和本金 $I+f$(但是银行未来不再获得新的利息收入,这是银行抽贷所需承担的机会成本)。第二行表示,当银行抽贷时,如果企业资不抵债,则企业所有资产用于偿还银行债务,银行获得清算剩余 $(1-\alpha)w$,α 衡量了清算成本的大小。

为简化起见,假定清算成本为 $\alpha=0$,则银行抽贷剩余 $F(w_0)$ 简化为:

$$F(w_0)=\min\{I+f,w_0\} \tag{9}$$

给定上述设定,企业资产的变化过程将服从如下伊藤过程

$$w_{0+}=\begin{cases} \max\{w_0-I,0\}, & \text{如果银行续贷} \\ \max\{w_0-I-f,0\}, & \text{如果银行抽贷} \end{cases} \tag{10}$$

$$dw_t=\mu\, w_t dt+\sigma\, w_t d\,B_t,0<t\leqslant T \tag{11}$$

(10)式和(11)式表示,在 $t=0$ 贷款到期时,企业的资产价值会出现向下的跳跃,跳跃的幅度取决于银行是续贷还是抽贷;在此之后直到下一个还款期到来前($0<t\leqslant T$),企业的资产价值服从连续的几何布朗运动,如图1所示。

(四)时序(Timing)

我们结合图1综述企业和银行的信贷合作过程。在每一笔贷款到期前,企业资产价值服从几何布朗运动,直到该笔贷款到期。在贷款到期时,企业先向银行支付利息,然后,银行决定是否抽贷:如果银行抽贷,则企业除了支付银行利息,还需要偿还银行本金,银企信贷合作终止;如果银行续贷,则企业不需要偿还本金,只需要支付利息,此时企业资产价值向下跳跃 I ,与此同时,企业获得新的贷款,继续经营到这笔贷款到期,然后重复上述过程。

为方便表述,我们定义还款期 $k=1,2,3\cdots k$ 代表企业第 k 次还款,$t=(k-1)T$ 表示第 k 笔贷款的到期日。例如,$t=0$ 表示第1笔贷款到期,$t=T$ 表示第2笔贷款到期。自然,$(k-1)T<t\leqslant kT$ 表示第 k 笔贷款到期后和新一笔贷款到期前这一时间段。例如,$0<t\leqslant T$ 表示第1笔贷款到期后和第2笔贷款到期前这一个时间段。

五、银行决策：续贷还是抽贷

(一)银行最优“退出”时机

每一笔贷款到期时，都有两种可能使得银行与企业的信贷合作终止：

情形1：企业资不抵息，银企合作被动终止。当贷款到期时，如果 $w_0 \leq I$ 即企业的资产价值低于利息，那么企业需要用全部的资产 w_0 偿还利息，偿还债务后资产价值降为0，企业破产，银企信贷合作被动终止。令 τ 表示第一次发生情形1所描述的情况

$$\tau \equiv \inf\{k \geqslant 1 \mid w_{(k-1)T+} = 0\} \tag{12}$$

情形2：银行抽贷，银行主动退出和企业的信贷合作。即使 $w_0 > I$ 即企业有能力偿还利息，但银行也有可能对企业抽贷，主动终止与企业的信贷合作。记银行抽贷发生在第 N 笔贷款到期的时候。那么，在贷款到期日，$N = 1$ 将意味银行此期对企业抽贷；$N \geqslant 2$ 意味着银行此期续贷。

综合上面两种情形，信贷终止将发生在情形1和情形2其中任意一个先发生的时候。定义终止时间 M

$$M \equiv \min\{\tau, N\} \tag{13}$$

银行的目标函数为：

$$X(w_0) \equiv \sup_N E\left[\sum_{j=1}^{M-1}(1+r)^{-(j-1)T}I + (1+r)^{-(M-1)T}F(w_{(M-1)T}) \mid w_t|_{t=0} = w_0\right] \tag{14}$$

上式表示，银行选择一个最优的抽贷时机 N，N 使得银行期望收益最大化。银行的期望收益由两部分构成。$\sum_{j=1}^{M-1}(1+r)^{-(j-1)T}I$ 是信贷合作终止前银行获得的总利息收入的贴现值。$(1+r)^{-(M-1)T}F(w_{(M-1)T})$ 是信贷合作终止时银行获得的清算剩余的贴现值。注意到，由于企业的资产价值处于不断变化的过程中，因此，银行对 N 的选择不仅影响银行的利息收入，也会影响信贷合作终止时银行能够获得的剩余。

综上所述，在 $t = 0$ 贷款到期时，银行面临抽贷和续贷两种选择。如果银行选择抽贷，则银行获得抽贷剩余 $F(w_0)$；反之，如果银行选择续贷，则银行保持与企业的信贷合作，记银行续贷的期望收入为 $L(w_0)$。此时，银行的目标函数可以转化为

$$X(w_0) = \begin{cases} L(w_0), & \text{如果银行选择续贷} \\ F(w_0), & \text{如果银行选择抽贷} \end{cases} \tag{15}$$

引理1:在一笔(旧的)贷款到期时,当且仅当 $L(w_0) \geq F(w_0)$ 即银行续贷的期望收入高于立刻抽贷所能获得的剩余时,银行选择给企业续贷。

引理1非常直观,但有几点值得说明。第一,当贷款到期时,如果企业资不抵息($w_0 \leq I$),则企业"自动"破产,此时 $X(w_0) = F(w_0)$ 。第二,银行在决定是否续贷时,不仅要比较续贷与抽贷两种选择各自的收益,也要考虑如果续贷那么续贷的最优时长 N 应当是多少,而 N 又取决于企业的资产价值 w_0 、成长性 μ 、不确定性 σ 等反映企业特性的因素。

我们需要求解银行的最优决策 N ,但这个最优化问题较难直接求解,我们可以将其转化为一个更加直观的问题:在续贷的时候,企业的资产价值 w_0 低于多少,银行不会给企业续贷? 具体而言,在贷款到期时,银行可以观察到企业当时的资产价值 w_0 , w_0 反映了企业当期的偿付能力,也从一定程度上反映了企业未来的偿付能力。显然,如果 $w_0 \to \infty$,则银行会选择续贷,因为此时银行续贷的风险足够低、银行的收益能够得到充分保证。反之,如果 $w_0 \to 0$,则银行会选择抽贷,因为此时给企业续贷的风险过高。

由此可见,可能存在一个临界值 w^* ,当贷款到期时,如果企业当时的资产价值 $w_0 > w^*$,则银行选择续贷,银行的收入为 $L(w_0)$;反之,如果 $w_0 \leq w^*$,则银行选择抽贷,银行的抽贷剩余为 $F(w_0)$ 。按照这一推测, w^* 应当满足(16)式,即当 $w_0 = w^*$ 时,续贷和抽贷对于银行无差异。

$$L(w^*) = F(w^*) \tag{16}$$

我们称 w^* 为"抽贷门槛"。w^* 的高低衡量了银行抽贷的倾向强弱,也衡量企业遭遇银行抽贷的风险大小。w^* 越大意味着银行对企业的"容忍度"越低,银行续贷的激励越弱,企业遭遇银行抽贷的可能性越高。

w^* 和 N 的关系可用下式表示,即 N 是企业资产价值首次下降至 w^* 的时间

$$N = \inf\{k \geq 1 \mid w_{(k-1)T} \leq w^*\} \tag{17}$$

下面我们求解 w^* 。

(二)求解抽贷门槛 w^*

要得到 w^* ,我们只需解得 $L(w_0)$ 的表达式,然后根据(16)式,令 $L(w_0) =$

$F(w_0)$ 即可。$F(w_0)$ 由(9)式给出,因此我们只需求解 $L(w_0)$ 。

在 $t=0$ 贷款到期时,如果企业有能力偿付利息($w_0>I$),根据动态规划理论,银行续贷的期望收益 $L(w_0)$ 应当满足

$$L(w_0)=I+\frac{1}{1+R}E_0[L(w_T)]=I+\frac{1}{1+R}\int_{-\infty}^{+\infty}L[(w_0-I)\exp\{(\mu-\frac{1}{2}\sigma^2)T+\sigma\sqrt{T}y\}]\varphi(y)dy \tag{18}$$

其中 $\varphi(y)$ 是标准正态分布的密度函数。(18)式表明,$L(w_0)$ 由两部分构成:一部分是银行当期获得的利息收入 I ,另一部分是银行未来的期望收益 $\frac{1}{1+R}E_0[L(w_T)]$ 。从(18)式第二个等号后面的式子可以看到,企业支付利息后,其资产价值从 w_0 下降为 w_0-I ,因此,银行未来的收益 $L(w_T)$ 与过去利息收入 I 相关。

(18)式是一个积分方程,这个积分方程有两个边界条件:

边界条件1:当 $w_0\le I$ 时,$L(w_0)=w_0$

边界条件2:当 $w_0\to\infty$时,$L(w_0)=\sum_{k=1}^{\infty}\frac{1}{(1+R)^{k-1}}I=(\frac{1+R}{R})I$

边界条件1的经济含义是,当贷款到期时,如果企业的资产价值过低以至于连利息 I 都无力偿还,则企业破产,银行获得剩余 w_0 。

边界条件2的经济含义是,当企业的资产价值足够高以至于银行贷款不存在任何风险时,银行将一直给企业续贷,此时银行续贷的收益等于利息总收入的贴现。

边界条件1和2给出了 $L(w_0)$ 的下界和上界,而(18)式给出了 $L(w_0)$ 在上下界之间的随机运动特征。给定(18)式和两个边界条件,通过令 $L(w_0)=F(w_0)$,我们可以解得 w^* ,进而得到银行的最优策略:当 $w_0>w^*$ 时,$L(w_0)>F(w_0)$,银行的最优策略是续贷;当 $w_0\le w^*$ 时,$L(w_0)\le F(w_0)$,银行的最优策略是抽贷,即停止与企业的信贷合作、收回本金,避免未来可能面临的贷款损失。

然而,已有文献的最优化方法还无法求解 $L(w_0)$ 。一方面,当状态变量(企业的资产价值)为连续变量,决策者(银行)也可以连续(随时)执行决策时,文献是将动态最优化问题转化为一个 Hamilton-Jacobi-Bellman(HJB)方程,然后求得最优决策,但在本文考虑的银行抽贷问题上,银行只能在贷款到期的离散时间点上决定是否抽贷,而不是随时可以抽贷,此时 HJB 方法不

再适用;另一方面,当状态变量为离散变量,同时决策者也是在离散时间点执行决策时,文献采用动态规划(dynamic programming)的方法求解最优决策,[1]但在本文,企业的资产价值是连续变化(除还款的瞬时点之外),传统的动态规划方法也不适用。

实际上,$L(w_0)$ 对应的(18)式这个积分方程(给定边界条件1和2的条件下)并没有显示解,本文给出了一个数值求解方法,具体过程见附录,数值结果见下一节。

(三)数值分析

图2给出了有关抽贷门槛 w^* 存在性的数值结果,根据这一结果,我们得到有关银行最优停贷时机 w^* 的命题:

命题1:(1)当$\mu < r$时,存在抽贷门槛 w^*,使得在任意贷款到期时,如果企业那时的资产价值 $w_0 \leqslant w^*$,则银行对企业抽贷;反之,如果 $w_0 > w^*$,则银行给企业续贷。(2)当$\mu > r$时,只要企业能够按期偿还利息即 $w_0 > I$,银行都会续贷。

图2第一幅图对应命题1(1),图中参数$\mu = 0.02 < r = 0.05$,即企业的成长率低于无风险利率。图中实线表示银行续贷的收益 $L(w_0)$,虚线表示银行的抽贷剩余 $F(w_0)$。从图中可以看出,实线和虚线存在唯一的交点,该交点对应的 w 即为 w^*,它使得 $L(w^*) = F(w^*)$。在交点的左边,$w_0 < w^*$,$L(w_0) < F(w_0)$,在这种情况下,银行的抽贷剩余大于为企业续贷获得的期望收益,银行的理性选择是对企业抽贷。而在交点的右边,$w_0 > w^*$,$L(w_0) > F(w_0)$,在这种情况下,银行给企业续贷的期望收益大于立刻抽贷获得的剩余,银行的理性选择是给企业续贷。

给定图2第一幅图的参数设定($f = 5, i = 0.2, r = 0.05, \sigma = 0.15, T = 1$,$\mu = 0.02$),可以得到 $w^* = 6.57$,我们对这一数值结果进行讨论。$T = 1$ 表示一年期贷款。在贷款到期时,企业的总负债为 $(1+i)f = 6$。根据 $w^* = 6.57 > (1+i)f = 6$ 可知,在贷款到期时,即使企业的净资产大于零[$w_0 - (1+i)f > 0$,这也意味着企业当期有能力偿付利息],只要企业还款时的总资产 w_0 低于6.57,企业仍然可能被银行抽贷。这是因为,如果 $w_0 < 6.57$,

[1] 这一方法被大量运用在宏观经济分析的动态随机一般均衡(DSGE)模型中。

则企业在支付利息后的资产剩余 $w_t - 1 < 5.57$，给定企业的成长率 $\mu = 0.02$，企业在下一次还款时其资产总值超过 6.57 的概率较小，银行给企业续贷的风险较大，银行的理性选择是对企业抽贷。这表明，银行是否对企业抽贷，在很大程度上取决于企业未来的还款能力。从另一个角度来看，$\frac{if}{w^*} = 15.22\%$ 表明，如果是 1 年期贷款，当企业的利息支出占到总资产的 15.22% 以上时意味着企业的债务负担过重，企业很可能被银行抽贷。

我们结合图 2 第一幅图对 $L(w_0)$ 和 $F(w_0)$ 的性质进行进一步的讨论。可以看到，银行的续贷收益 $L(w_0)$ 随 w_0 的增加而增加，即企业资产价值越高，银行抽贷的机会成本越大，这与直觉相符。但注意到，之所以银行收益随着 w_0 的增加而增加，不是因为贷款利率或贷款规模增加，而是因为银行可以不断对企业进行续贷，以此滚动获取收益，更重要的是，未来一旦出现企业资产价值严重下降的情况（$w \leqslant w^*$），银行可以通过抽贷来控制风险，因此，$L(w_0)$ 也可以视作银行"抽贷权"的价值。不同于 $L(w_0)$，抽贷剩余 $F(w_0)$ 先递增后不变，其最大值 $\max F(w_0) = I + f$。另外，当 $w \leqslant I$ 时，虚线与实线重合，即 $L(w_0) = F(w_0) = w_0$，这是因为，当企业资产过低以至于连利息都无力支付时，企业将破产，银行的剩余等于企业的清算价值。

图 2 第二幅图给出了命题 1(2) 的数值结果，图中参数 $\mu = 0.08 > r = 0.05$，即企业的成长率高于无风险利率。当 $\mu > r$ 时，银行的理性选择是，只要企业能够按期偿还利息（$w_0 > I$），银行都会续贷，即使 $w_0 \leq w^*$。从图 2 第二幅图来看，当 $\mu > r$ 时，虚线 $L(w_0)$ 始终在实线 $F(w_0)$ 之上，即银行的续贷收益始终高于抽贷剩余。其原因如下。考虑 $I < w < I + f$ 的情况。[1] 如果银行停贷，则银行获得利息 I 和剩余 $w - I$，后者在下一期的价值为 $(w - I)e^{rT}$。反之，如果银行续贷，则银行先获得利息 I，然后，企业资产在下一次还款时的期望值为 $(w - I)e^{\mu T}$。由于 $\mu > r$，故 $(w - I)e^{\mu T} > (w - I)e^{rT}$。这意味着，银行的理性选择是在这一期给企业续贷，给予企业发展的时间，然后在下一期从企业身上获取更多租金（rents）。换言之，只要企业资产的增长率高于无风险利率且企业能够按期支付利息（但不要求企业能够全额偿付本金），那么对于银行而言，保持与企业的信贷合作关系更有利于银行。但需要注意到，该结论成立的前提是银行有权在贷款到期时不再给企业续贷，即银行拥

〔1〕 $w \geqslant I + f$ 的情况类似且更加简单，不再赘述。

有抽贷的选择权,如果这一前提不成立,则该结论不一定成立。[1]

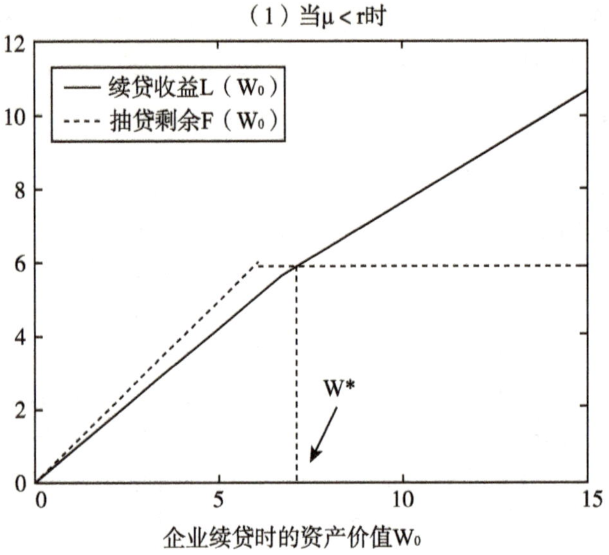

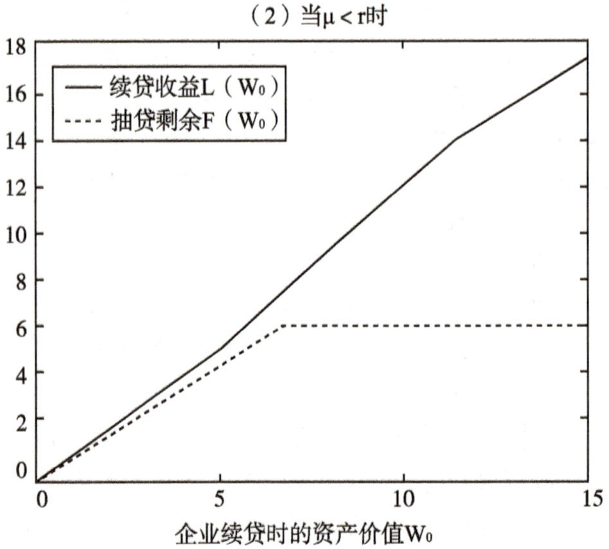

注:参数设定为 $f=5$, $i=0.2$, $r=0.05$, $\sigma=0.15$, $T=1$,(1)中 $\mu=0.02$,(2)中 $\mu=0.08$。

图 2　银行最优停贷时机

---

[1] 此外,本文假定银行为风险中性,如果银行为风险厌恶,则当 σ 足够大或者银行风险厌恶程度足够高时,该结论也不一定成立。

为了更清楚地看到企业成长性与银行续贷决策之间的关系，我们数值模拟了银行停贷时机 w^* 与企业资产平均增长率 μ 之间的关系，如图 3 所示。可以看到，随着 μ 增加，w^* 不断下降，即 $\frac{\partial w^*}{\partial \mu} < 0$。其经济含义在于，企业的成长性越高，银行对企业的“容忍度”也越高，银行抽贷的可能性越低。这表明，企业的资产收益率对于银行抽贷决策有着重要的影响。一家企业的资产收益率受到多种因素的影响，在这些因素之中，宏观经济的景气度对企业的资产表现往往有着最重要的影响，基于此，我们给出下面的推论：

推论 1：银行抽贷现象更容易发生在经济下行的时候，而当经济扩张时，发生银行抽贷发生的可能性相对较小。

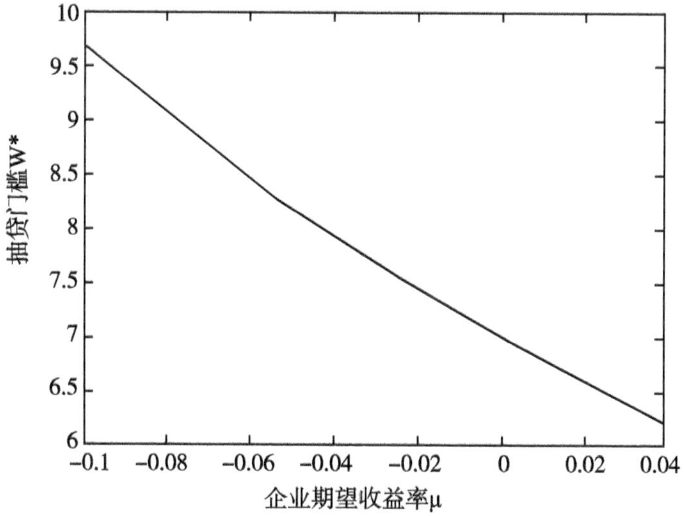

注：参数设定为 $f=5, i=0.2, r=0.05, \sigma=0.15, T=1$。

图 3　企业资产收益率对银行抽贷行为的影响

六、贷款期限越长越好吗？

(一) 贷款期限对银行抽贷行为的影响

上文讨论了银行最优停贷时机 w^* 及其基本性质，这一部分讨论贷款期限 T 对 w^* 的影响。我们想要回答的问题是，T 越长，发生银行抽贷的可能性是越低还是越高?为回答这一问题,我们数值模拟了 w^* 与 T 之间的关系,如图 4 所示。在图 4 的基础上,我们给出命题 2。

命题 2:$\frac{\partial w^*}{\partial T} > 0$,银行的贷款期限(距离银行下一次行使抽贷权的时间间隔)越长,银行续贷的要求(对企业资产价值的要求)越高,抽贷的可能性越大。

命题 2 表明,贷款期限越长,尽管企业续贷的次数越少,但每次续贷时银行对企业资产价值的最低要求 w^* 也越高。考虑到企业资产价值的不确定性,这意味着贷款期限越长,企业面临的资金链断裂风险可能不是越低,而是越高。根据表 1 来看,当贷款期限为半年($T = 0.5$)时,银行的抽贷门槛为 6.03,非常接近企业的总负债 $I + f = 6$,表明银行对企业的“容忍度”较高。当贷款期限延长到 1 年时,银行的抽贷门槛上升到 6.57,相较于半年期的抽贷门槛上升 8.96%,可以理解为银行对企业的“容忍度”下降 8.96%。当贷款期限进一步延长到 2 年时,抽贷门槛上升到 7.82,大大地高于企业的总负债,相较于 1 年期的抽贷门槛上升 19.03%。

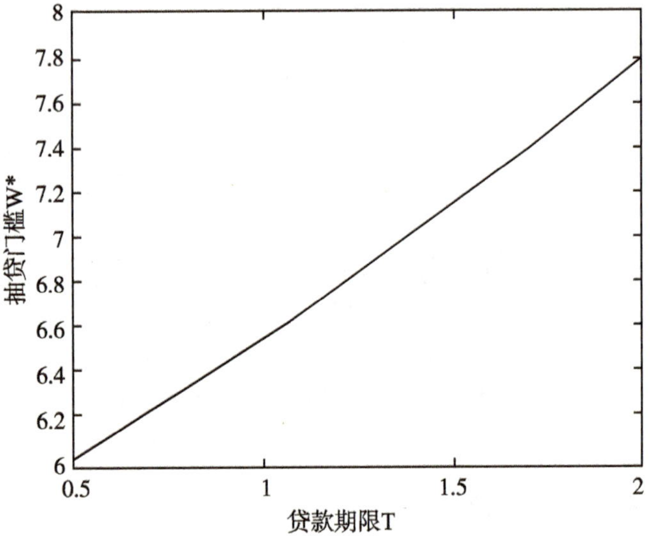

注:参数设定为 $f=5$,$i=0.2$,$r=0.05$,$\mu=0.02$,$\sigma=0.15$。

图 4 贷款期限对银行抽贷行为的影响

表1　不同贷款期限对应的抽贷门槛

贷款期限 T	0.5	1	2
抽贷门槛 w^*	6.03	6.57	7.82

围绕命题2，我们讨论银行如何通过抽贷来控制贷款风险。比较一年期贷款（$T = 1$）和两年期贷款（$T = 2$）。对于前者，银行有权在一年贷款到期后不再给企业续贷，这意味着，如果一年后银行发现宏观经济不景气、企业盈利状况不佳，则银行可以行使抽贷权，及时退出与企业的信贷合作，避免第二年遭受损失。反之，如果是两年期贷款，在第一年年末的时候，银行没有抽贷权，即使银行预测企业第二年很可能出现利润严重下滑的情况，银行也无法退出与企业的合作，而不得不承担第二年（已经被提前预期到）的损失。这样一来，相比于一年期贷款，银行发放两年期贷款的激励更弱，在续贷时对企业资产价值的要求更高，企业被银行抽贷的可能性更大。在宏观经济景气度不高（$\mu < r$）的情况下，贷款期限 T 越长，银行越"不敢"续贷，此时缩短贷款期限反而更有利于企业获得续贷，减少银行抽贷的概率。

（二）贷款期限可变的情况

到目前为止，我们假定贷款期限一旦确定后不再改变，实际上，我们可以基于已有的结果讨论贷款期限可变的情形。假定每笔贷款到期后，企业与银行可以就续贷贷款的期限进行协商。由命题2得到的 $\frac{\partial w^*}{\partial T} > 0$ 可知，当宏观经济遭遇负面冲击时，企业和银行都有缩短贷款期限的动机：对于银行而言，缩短贷款期限可以减少其暴露在不确定性中的时间，使得银行未来在发现贷款风险上升后可以及时地规避风险（通过抽贷来实现）；对于企业而言，缩短贷款期限后，银行的续贷激励增加，企业资金链断裂的风险减小。

上述理论推测与一些重要的典型事实相符。以2008年次贷危机为例。次级抵押贷款的主要发放者是非银行的贷款机构，如抵押贷款公司、消费金融公司等，而这些贷款机构的资金大多来自货币市场基金、养老基金等机构投资者提供的短期贷款，例如，期限在30天以内的商业票据贷款。在次贷危机初步显现时，货币市场基金等机构投资者并非一开始就对贷款机构进行抽贷，而是缩短商业票据的还款期限，让贷款机构更频繁地还款、再续贷，许多商业票据的还款期限从 30 天缩短为隔夜还款（Acharyaet al.，2011；Bernanke，2015）。根据本文的理论分析，在次级贷款违约率攀升的情况下，尽管缩短商业票据的还款期限会增大贷款机构的还款频率，但这使得机构投资者更易控制风险，这反过来使得贷款机构更容易获得续贷和债务展期。

（三）最优贷款期限

命题 2 表明，贷款期限越短，企业越容易获得续贷，但这并不意味着短期贷款在所有方面都优于长期贷款。本文的核心论点是，当贷款期限总是短于企业资金使用的周期进而企业无论如何都需要进行续贷时，短期贷款续贷的成功性高于长期贷款，尤其是当企业资产价值因宏观经济下行而严重下降的时候。但本文也指出，贷款期限过短也存在显著的负面效应，它使得企业需要频繁地向银行还款，尽管银行每次抽贷的可能性较低（因为贷款期限很短），但如果企业资产价值的波动过于剧烈，那么在企业整个生命周期中（本文为无穷期），发生银行抽贷的可能性仍然很高。

给定长期贷款和短期贷款各自的比较优势，不同的企业所适宜的贷款期限不同。长期贷款相比于短期贷款的优点在于企业续贷的次数更少，但其不足之处在于企业获得续贷的可能性更低。从企业的整个生命周期来看，长期贷款更适合经营相对稳健、现金流相对充裕的企业（往往是大企业），但对于不确定性较高或者资产规模相对较小的企业（例如一些中小企业），短期贷款往往更加合适。

我们给出以下推论，但限于篇幅，我们并不进行严格的数学证明。

推论 2：给定企业的不确定性 σ 和成长性 μ，存在一个最优的贷款期限 T^*，使得企业整个生命周期面临的总的抽贷风险达到最小化。

七、进一步讨论

（一）贷款利率对银行抽贷行为的影响

我们数值模拟了贷款利率 i 与银行抽贷门槛 w^* 之间的关系，结果如图 5 所示。可以看到，i 与 w^* 并不是单调关系，而是“U 形”的非线性关系，表明贷款利率与银行抽贷行为之间存在复杂的关系。

命题 3：存在最优贷款利率 i^* 使得银行的抽贷门槛 w^*（抽贷的可能性）最小化。

命题3表明，过低的贷款利率或过高的贷款利率都不利于企业获得稳定、可持续的金融支持。当贷款利率过低时（$i < i^*$），企业利息支出较少，但银行续贷的期望收入较低，银行缺乏续贷的激励，企业面临较高的抽贷风险。当贷款利率过高时（$i > i^*$），尽管银行利息收入很高，但高利率使得企业的资产价值在每次偿还利息后都会出现较大幅度的下降，企业的长期发展价值受到较为严重的损害，这也会减少银行续贷的激励。最优贷款利率 i^* 是对上述两种效应的最优权衡。命题3的政策含义在于，政策部门不宜轻易通过干预贷款利率的方式来解决银行抽贷问题。[1]

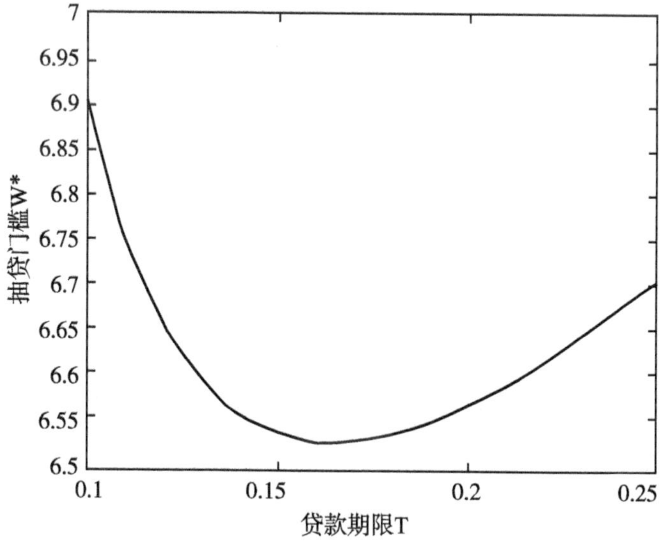

注：参数设定为 $f=5, r=0.05, \mu=0.02, \sigma=0.15, T=1$。

图5　贷款利率 i 与银行抽贷门槛 w^* 的关系

（二）过桥贷款

在本文模型中，如果银行同意续贷，则企业无须偿还本金 f（只需偿还利息 i）。但在现实中，每当一笔贷款到期，企业除了偿还利息外，通常还需要偿还本金，此时许多企业往往先从民间借贷市场上借入与银行本金等额的过桥贷款，用于偿还银行本金，然后，待银行的续贷资金审批下来后，再用该笔资金偿还过桥贷款。本文没有直接针对过桥贷款进行建模，但通过命题2可以对过桥贷款进行讨论。

---

[1] 张一林和樊纲治（2016）也得出一致的结论。

我们已经讨论了短期贷款的优势在于增加企业获得续贷的可能性,但从短期贷款的现实运作来看,贷款到期时,企业需要偿还银行本金,但对于流动资金相对紧缺的中小企业而言,一次性归还全部本金往往非常困难,因为前期投入的本金大多已经转为固定资产等长期投资。如果没有过桥贷款这一融资渠道,那么现金流不足的中小企业为了偿还银行本金,将不得不"变现"资产,承担很高的变现成本(Diamond and Dybvig,1983)。如果企业利用过桥贷款来偿还银行本金,将可以避免资产变现的成本,只要过桥贷款的成本低于资产变现的成本,过桥贷款就有利于企业。从这个角度来讲,过桥贷款使得银行短期贷款的比较优势得以发挥。我国以短期贷款为主的债务期限结构为过桥贷款的广泛存在提供了制度基础。

八、总结与政策启示

长期以来,银行抽贷问题困扰着企业和政府,在当前经济下行的阶段,银行抽贷使得原本已经经营困难的企业面临更大的挑战。为解决银行抽贷问题,我国政策部门做出了巨大的努力。然而,对于银行抽贷这一重要的经济现象,学术界尚缺乏深入的理论和实证研究。本文从理论上探讨了银行抽贷的决策过程,有助于为减少无效率的银行抽贷现象提供一定的启示。

本文研究发现,在宏观经济不确定的环境中,当企业资产的增长率未达到足够高的水平时,存在以企业资产价值为临界值的银行抽贷门槛。在贷款到期时,如果企业的资产价值低于该门槛,那么银行将对企业抽贷。尽管抽贷不利于企业,但对于银行而言,抽贷给予了银行一种防范风险、及时止损的手段。进一步,本文重点考察了贷款期限对银行抽贷行为的影响,发现贷款期限越高,抽贷门槛越高,意味着企业每次贷款到期时被银行抽贷的可能性越高。不同于传统意义上认为长期贷款有利于企业,本文研究表明,当企业的生命周期足够长以至于企业需要不断滚动地续贷时,长期贷款不一定能够降低反而可能增大企业面临的抽贷风险。进一步,本文还探讨了最优贷款期限、最优贷款利率、过桥贷款等问题。

经济下行引发的银行抽贷问题对实现"稳增长"目标提出巨大的挑战。由于银行抽贷往往发生在贷款到期的时间点上,因此,一些政策建议指出通过让银行发放期限更长的贷款来减少企业还款的次数,以期实现减少银行抽贷的政策目标。然而本文研究表明,这种政策的实施效果取决于被实施对象的企业特性,政策部门需要考虑到企业的资金需求周期、成长性、资产波动率等企业特性是否适合长期贷款。如果企业的特性与长期贷款不相匹配,那么盲目延长贷款期限很可能对银行激励产生负面扭曲,不仅不会减少银行抽贷现象,反而可能使得银行更快地"退出"对实体经济的金融支持。

不可否认的是,本文还存在一定的局限性。本文的理论模型仅考虑了一家代表性企业与一家代表性银行的信贷合作,并假定贷款期限和利率为外生给定。未来可以尝试引入市场结构,考察多家企业与多家银行的博弈,并内生化贷款期限和利率。此外,本文假定企业与银行之间信息完全对称,这是为了将研究重点放在不确定性和贷款期限对银行抽贷行为的影响上,但现实中银行对企业的了解是一个逐步深入的过程,在信贷合作的初期,银行与企业之间的信息不对称问题较为严重,相关问题值得进一步研究。

附录

$L(w)$ 的数值求解方法:

我们给出贷款期限 $T = 1$ 的数值求解方法,其余 $T = 2,3,4,\cdots$ 的情况类似。

由边界条件 1 可知,当 $w \le fi$ 时, $L(w) = w$ 。

假设 W 是一个非常大的值,由边界条件 2 可知,当 $w \ge W$ 时, $L(w) = (\frac{1+r}{r})I$ 。

对于 $L(w)$,需要将其离散化,方法如下:

令 $L = \{L_z\}_{z=1}^{Q}$,其中 $L_z = L(zh)$, h 是一个接近于零的正数, $Q = \frac{W}{h}$,记 $q = \frac{I}{h}$ 。

根据边界条件 1, $L_z = zh$,这里 $z = 1,2,3,\cdots q$ 。

根据边界条件 2, $L_Q = W$ 。

接下来,我们需要求解 $\{L_z\}_{z=q+1}^{Q-1}$,这里一共有 $Q - q - 1$ 个未知数。

对于任意的 $q + 1 \leqslant z \leqslant Q - 1$,根据(18)式,

$$L_z = I + \frac{1}{1+r}\int_{-\infty}^{\infty} L\{(zh - I)\exp[(\mu - \frac{1}{2}\sigma^2) + \sigma y]\}\frac{1}{\sqrt{2\pi}}e^{-\frac{y^2}{2}}dy$$

$$\approx I + \frac{1}{1+r}\sum_{j=1}^{J} L\{(zh - I)\exp[(\mu - \frac{1}{2}\sigma^2) + \sigma y_j]\}\frac{1}{\sqrt{2\pi}}e^{-\frac{y_j^2}{2}}\Delta y$$

我们将上式第二行做了离散化处理。原来的积分是从负无穷到正无穷,但在实际计算中,由于标准正态分布在 -3 到 3 之间的概率几乎等于 1,因此我们假设 y 的取值在 -3.5 到 3.5 之间。令 ?$y = 0.01$,则 $y_j = -3.5, -3.49, -3.48, \cdots, 3.48, 3.49, 3.5$。

对于给定的 y_j,我们可以计算 $(zh - fi)\exp\{(\mu - \frac{1}{2}\sigma^2) + \sigma y_j\}$,并将其近似到最接近的整数倍步长,也就是找出 $D(z,j)$,使得

$$D(z,j)h \approx (zh - fi)\exp\{(\mu - \frac{1}{2}\sigma^2) + \sigma y_j\}$$

在计算 $D(z,j)$ 的过程中,如果 $D(z,j) < 1$,则令 $D(z,j) = 1$;如果 $D(z,j) > Q$,则令 $D(z,j) = Q$。此时,L_z 被转化为

$$L_z = fi + \frac{1}{1+r}\sum_{j=1}^{J} L_{D(z,j)} \frac{1}{\sqrt{2\pi}} e^{-\frac{y_j^2}{2}} \Delta y, \quad z = q+1, q+2, \cdots, Q-1$$

这样,我们就把原来的积分方程转化成了一个含有 $Q - q - 1$ 个未知数的线性方程,同时,我们可以得到 $Q - q - 1$ 这样的线性方程,用 Matlab 即可求解。

参考文献

1. 林毅夫、张一林、龚强:《企业规模、银行规模与最优银行业结构——基于新结构经济学的视角》2016 年工作论文。

2. 林毅夫、孙希芳、姜烨:《经济发展中的最优金融结构理论初探》,载《经济研究》2009 年第 8 期,第 4 ~ 17 页。

3. 罗涛、樊纲治:《不确定经济环境下稳增长目标的贯彻与地方投资战略》,载《经济学(季刊)》2013 年第 4 期,第 1161 ~ 1191 页。

4. 龚强、张一林、林毅夫:《产业结构、风险特性与最优金融结构》,载《经济研究》2014 年第 4 期,第 4 ~ 16 页。

5. 孙铮、刘凤委、李增泉:《市场化程度、政府干预与企业债务期限结构》,载《经济研究》2005 年第 5 期,第 52 ~ 63 页。

6. 张一林、樊纲治:《信贷紧缩、企业价值与最优贷款利率》,载《经济研究》2016 年第 6 期,第 71 ~ 82 页。

7. Acharya, V. V., D. Gale, and T. Yorulmazer, "Rollover Risk and Market Freezes", *Journal of Finance*, 2011, 66(4), pp. 1177 – 1209.

8. Antoniou, A., Y. Guney, and K. Paudyal, "The Determinants of Debt Maturity Structure: Evidence from France, Germany and the UK", *European Financial Management*, 2006, 12(2), pp. 161 – 194.

9. Barclay, M. J., and C. W. Smith, "The Maturity Structure of Corporate Debt", *Journal of Finance*, 1995, 50(2), pp. 609 – 631.

10. Bernanke, B. S., The Courage to Act: A Memoir of A Crisis and Its Aftermath. W. W. Norton & Company, 2015.

11. Bolton, P., and X. Freixas, "Equity, Bonds and Bank Debt: Capital Structure and Financial Market Equilibrium under Asymmetric Information", *Journal of Political Economy*, 2000, 108(2), pp. 324 – 351.

12. Bolton, P., N. Wang, and J. Yang, "Investment under Uncertainty and the Value of Real and Financial Flexibility", 2014, AFA working paper.

13. Boot, A. W., "Relationship Banking: What Do We Know?", *Journal of Financial Intermediation*, 2000, 9(1), pp. 7 – 25.

14. Diamond, D. W., "Debt Maturity Structure and Liquidity Risk", *Quarterly Journal of Economics*, 1991, 106(3), pp. 709 – 737.

15. Diamond, D. W., "Seniority and Maturity of Debt Contracts", *Journal of Financial Economics*, 1993, 33(3), pp. 341 – 368.

16. Diamond, D. W., and P. H. Dybvig, "Bank Runs, Deposit Insurance and Liquidity", *Journal of Political Economy*, 1983, 91(3), pp. 401 – 419.

17. Dixit, A. K., and R. S. Pindyck, *Investment under Uncertainty*, Princeton University Press, 1994.

18. Fan, J. P. H., S. Titman, and G. Twite, "An International Comparison of Capital Structure and Debt Maturity Choices", *Journal of Financial and Quantitative Analysis*, 2012, 47(1), pp. 23 – 56.

19. Guedes, J., and T. Opler, "The Determinants of the Maturity of Corporate Debt Issues", *Journal of Finance*, 1996, 51(5), pp. 1809 – 1833.

20. Hart, O., and J. Moore, "Default and Renegotiation: A Dynamic Model of Debt", *Quarterly Journal of Economics*, 1998, 113(1), pp. 1 – 41.

21. He, Z., and W. Xiong, "Rollover Risk and Credit Risk", *Journal of Finance*, 2012, 67(2), pp. 391 – 430.

22. Leland, H. E., "Corporate Debt Value, Bond Covenants and Optimal

Capital Structure", *Journal of Finance*, 1994, 49(4), pp. 1213 – 1252.

23. Morellec, E., and N. Schürhoff, "Corporate Investment and Financing Under Asymmetric Information", *Journal of Financial Economics*, 2011, 99(2), pp. 262 – 288.

24. Myers, S. C., "Determinants of Corporate Borrowing", *Journal of Financial Economics*, 1977, 5(2), pp. 147 – 175.

25. Sannikov, Y., "A Continuous-Time Version of the Principal-Agent Problem", *Review of Economic Studies*, 2008, 75(3), pp. 957 – 984.

26. Stohs, M. H., and D. C. Mauer, "The Determinants of Corporate Debt Maturity Structure", Journal of Business, 1996, 69(3), pp. 279 – 312.

27. Sundaresan, S. M., "Continuous-Time Methods in Finance: A Review and An Assessment", Journal of Finance, 2000, 55(4), pp. 1569 – 1622.

构建民间借贷防控体系研究

——M市R县人民法院2014年度426件案件引发的思考

任丽平*

内容提要：民间借贷作为正规金融机构的重要补充，为经济发展发挥了不可忽视的作用，特别是近年来，三四线城市房地产业的迅猛发展，民间借贷也日渐频繁，由于民间借贷的隐蔽性、任意性，使民间借贷主体群体化、债务构成复杂化，除自然人之间的借贷外，出现了小额贷公司、担保公司、融资公司等多以法人形式出现的借贷方式，这种可以从事小额借贷的公司常常披着合法外衣掩饰非法的借贷，甚至从事非法集资等犯罪活动，但形式永远掩饰不掉现实借贷所产生的巨大风险及法律不明、监管缺失所体现出来的各种弊端。现笔者以所在法院2014年度426件[1]民间借贷纠纷所呈现出的问题作为思考之源，探析如何构建一个健康、诚信、有序服务经济发展的民间借贷之路。

关键词：主体复杂　形式多样　制度构建

---

* 任丽平，四川省仁寿县人，大学本科，仁寿县人民法院审判员。获全省法院系统第十七届学术讨论会论文优秀奖。

〔1〕 2014年度全院民间借贷纠纷民初结案为462件，其中部分为买卖合同纠纷、合伙关系解除等案件中形成的经济纠纷，审判中对案由作了变更，在统计时对其予以了扣除。

近年来,R县人民法院民间借贷纠纷案件逐渐增多,看似简单的借贷却蕴含了很多错综复杂的关系,法院作为公权力救济的最后一道防线并非能解决所有的民间纠纷,虽然纠纷在法院得到了公正的审判,但并非法院的一纸判决就能彻底解决当事人的实质问题,只有将事物可能发生的纠纷控制在前端,各方协同,尽早采取可控措施才能解决问题的根本,才有利于社会健康稳定发展。

一、典型案件裁判引发的思考

(一)公告类

案例一:原告彭某(四川自贡人)诉称与被告张某在上海做化工原料生意时认识,因双方是老乡,因此关系密切,双方也有部分业务往来,自2006年起被告以集资购买化工原料为由向其借款21万元,后被告陆续归还部分借款,被告于2012年1月8日向原告出具了一张"收据",明确被告至2012年1月8日尚欠原告18万元。因被告无法查找,经公告送达相关法律文书后,缺席开庭审理,庭审中原告举证证据有双方当事人身份信息、被告出具的"收据"、未出庭作证的证人证言(证实原、被告曾发生过借贷关系)。最后判决驳回原告彭某的诉讼请求。

案例二:原告辜某诉朱某、李某(曾为夫妻,于2013年6月19日离婚)民间借贷纠纷一案。原告诉称,2012年6月20日其妻亲戚朱某因做生意缺资金向其借款100万元,当日原告即通过银行账户汇转款100万元给被告朱某,朱某于2012年7月1日向原告出具了借条(没有李某签字),约定每月30日前给付利息,同时口头约定利息2%/月。借款后被告朱某付息至2013年4月30日,至今未还本金及部分利息。本案两被告经公告传唤未到庭参加诉讼,最后判决被告朱某、李某偿还原告辜某借款100万元。

(二)涉及工程类

案例三:原告龚某诉某建筑工程有限公司(法定代表人:吴某)自2012年7月起陆续向其借款500万元,并由被告出具了借条(共7张),双方口头约定月利率5%。借款后被告付资金占用费(利息)至2013年10月底,本金未还。被告辩称,借条属实,部分借款没有实际履行,只认可350万元,并称已还本金277万元,资金占用费没有依据。审理中原告提供转账凭证10张,总金额275.1万元,称其他借款为现金给付,但转汇款时间、金额与借条形成时间均不一致;被告提供20笔转账支付凭证,并称现金还款2.5万元,总计277万元,其中4笔用途还款及10笔用途往来的资金总额184.5万元,用途材料/货款的6笔总金额90万元。最后认定被告借款500万元,借条无息,已偿还本金184.5万元。

(三)借条外"被"担责的人

案例四:原告王某诉秦某、何某(秦某,男,生于1985年5月17日,何某,女,生于1986年11月14日,教师,二被告于2011年1月11日结婚,2012年10月生育一子,2013年6月5日离婚)民间借贷纠纷一案。原告诉称,2012年3月被告秦某借原告39.2万元,约定2014年4月25日前归还(庭审中出具2013年6月14日秦某打的借条,借款金额39.2万元,原告称是以2012年3月的借条重新打的一张借条)。被告秦某辩称借款是事实,而且借了几次,但是2013年8月才向原告借的钱。被告何某辩称此债务非二被告婚内共同债务,秦某欠款既没有投资工程也未用于家庭共同开支,而是用于违法活动及偿还高利贷利息,其不应承担偿还责任。最后判决二被告偿还原告借款。

上述案件反映出目前民间借贷纠纷中的几种比较典型的情形及相应的问题。(1)公告缺席开庭类;此类案件一是出现同案不同判的情形,二是反映出民间借贷中严重的诚信危机。(2)涉工程类民间借贷案存在借贷次数多,资金往来频繁;此类案件借条数量多、还款次数也多,借条中有隐含利息的、有计算复利的,无论是借款还是还款都存在现金支付或是转账,只要面对诉讼,双方对往来资金的数量及用途就存争议。借贷双方自己都无法理清往来资金及用途,法官也不可能完全真实地还原双方的资金流向及用途,只能凭借双方的举证情况及案件事实作出判决,这样的结果总会有一方利益受损,不免增加上诉案件,浪费司法资源。(3)借条之外"被"担责的人;主要反映在夫妻一方举债,而另一方并不知情,一旦成为被告,当事人就难以逾越《〈婚姻法〉解释(二)》第24条[1]之规定。在此,笔者无意点评案件调

[1] 《〈婚姻法〉解释(二)》第24条规定:"债权人就婚姻关系存续期间夫妻一方以个人名义所负债务主张权利的,应当按夫妻共同债务处理。但夫妻一方能够证明债权人与债务人明确约定为个人债务,或者能够证明属于婚姻法第19条第3款规定情形的除外。"

判的正确性,只是意欲探寻民间借贷纠纷案件中蕴含的复杂关系:目前民间借贷早已突破了传统的亲情、友情的经济模式(如求学、治病等),也不仅仅是前几年的熟人圈投资模式,而是接近疯狂的熟人圈+的资本模式,如熟人+熟人、+朋友、+亲戚等以逐利为目的的投机性借贷。如何把大量涌入法院的民间借贷纠纷引发的矛盾预防在民间借贷初期,控制在一个比较明确的、规范的范围内才会节约更多的司法资源,减少司法审判风险,不仅需要制度建设,更需要完善立法,才能建立一个健康、稳定、诚信的民间借贷机制。

二、问题分析来源

以案例为样本综合分析,全面描述民间借贷纠纷中引发的各种问题,同时与承办案件的法官、执行法官及公安经侦人员交流与访谈,对案件及相关情况进行深一步了解,以探寻案件中蕴含的复杂关系、当事人对民间借贷的心态及其他行业人员对民间借贷的看法、建议。通过书面的分析及相关一线人员的真实交流,我们看到的不仅仅是案例、数据,更多的是案件背后复杂的关系及民间借贷中蕴含的巨大风险,以此探寻出一条让民间借贷回归理性之路。

三、立法理论与现实应用之困惑

(一)民间借贷的由来及法律规定之不足

借贷是一种历史悠久的社会经济现象,它是经济发展过程中自发形成的产物。虽然传统的"民间借贷"以亲情、友情为基础而作为生活救急的借贷一直存在,但一直是没得到法律的正名。"借贷"一词在法律法规中最早出现在1987年1月1日实施的《民法通则》[1],之后1991年8月13日实施的《最高人民法院关于人民法院审理借贷案件的若干意见》第1条明确了民间借贷的合法性[2]。而"借款"一词最早出现在《经济合同法》(已失效),之后在1999年10月1日实施的《合同法》中对借款合同用一

---

〔1〕《民法通则》第90条规定:合法的借贷关系受法律保护。

〔2〕《最高人民法院关于人民法院审理借贷案件的若干意见》第1条规定:公民之间的借贷纠纷,公民与法人之间的借贷纠纷以及公民与其他组织之间的借贷纠纷,应作为借贷案件受理。

个章节（第十二章）的内容作了规定，而且对自然人之间的借款效力及利率约定作了明确规定（至此相关的司法解释被修订），由此民间借贷在法律上更加完善。但在审判实践中“民间借贷”纠纷在案由的适用上基本是以欠款纠纷而定，直到2008 年最高人民法院《民事案件案由规定》才将“民间借贷纠纷”作为借款合同纠纷的第四级案由，至此民间借贷纠纷终于实至名归。

目前审理民间借贷纠纷的法律规定除了上述提到的《民法通则》《合同法》及《最高人民法院关于人民法院审理借贷案件的若干意见》的司法解释外，还会适用一些相关的部门法及司法解释。如《物权法》《担保法》及司法解释、《婚姻法》解释（二）等，这些法律法规在解决传统的民间借贷纠纷时发挥过不小的作用，但目前民间借贷纠纷主体群体化、债务关系复杂化，再适用那些规定模糊、笼统、操作性不强的法律法规已不能全面解决其中的各类问题。比如在现实法律法规中没有对借贷主体进行限制，一些小额贷款公司的法人就以个人名义或以关联企业名义对外变相吸收公众存款，无限增大了民间借贷风险，甚至有些公务员、金融从业人员也参与民间借贷，严重损害了国家公职人员形象。在处理这些新型的借贷关系时存在合法性与违法性的界限不明，这也赋予了法官极大的自由裁量权，其结果会在审判实践中由于法律适用的不统一而影响司法权威，甚至造成错案。而且此类案件极易引发群体性案件，造成众多社会不稳定因素，不同部门之间遇到类似案件还会存在推诿现象。[1]

（二）实践现状之剖析

1. 对案件缺席审判情况的统计：缺席的审判拷问着借款人的诚信，也考验着司法的公信

---

〔1〕 公安经侦人员访谈录。A 公安：R 县这两年做房地产的老板大量从民间融资，小贷公司也大量吸收群众手中资金放贷给工地老板，少的上千万元，多的有上亿元的，由于目前房产滞销，资金链容易断裂，一断老板就跑路，小贷公司老板也跟到遭殃，但最终都是老百姓吃亏，一般都是几十上百的人借了钱。找不到老板了，他们就到公安局来找人，但对这种具有合法借贷关系的群体性事件我们也难办，一般是建议他们到法院诉讼，等待解决。甚至有老板主动跑来公安局投案，其实这种人是来寻求保护的，他们怕遭到债主的暴力追讨。一般我们也是建议他到法院解决。

表1　2014年度民间借贷判决案件被告是否到庭情况统计

判决案件				
	到　庭	缺　席		合计
		公告送达	传票送达	
数量(件)	60	63	71	194
到庭率(%)	30.9	32.5	36.6	—
		69.1		

表2　2014年度民间借贷调、撤案件数量及相关情况统计

	调解案件			撤诉案件〔1〕					
					未履行				
	当庭履行	未履行(制作调解书)	合计	已履行	公告过	被迫撤诉	按撤诉处理	其他	合计
数量(件)	5	123(其中2件公告过)	128	8	9	14	6	67	104

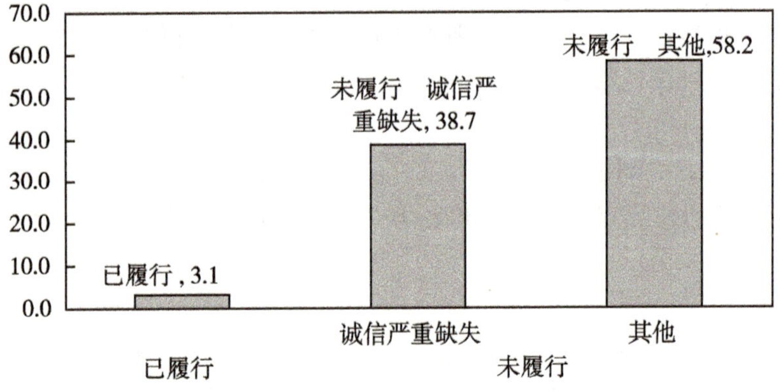

图1　2014年度民间借贷案履行情况及存在诚信严重缺失情况〔2〕

〔1〕 被迫撤诉在此指原告在撤诉申请书中写明因无法查找被告，而被迫撤回起诉的情形。

〔2〕 诚信严重缺失包括在调、判、撤案件中有过公告、传票传唤拒不到庭及当事人被迫撤诉、按撤诉处理的案件。

表1、表2及图1反映出如下特点:(1)民间借贷出现严重的诚信危机,不少借款人采取躲避的态度对待出借人及法院诉讼,法院的法律文书多次送达、公告送达较为普遍,严重影响审判质效。法院整个民间借贷案件在诉中履行率仅为3.1%,(履行的标的只有155.7万元,占诉讼标的2.3亿的0.68%),出现了严重诚信危机的占到了38.7%,而且判决案件中到庭率仅为30.9%,缺席审判率达到了69.1%。(2)缺席审判案件增多,案结事未了的案件就增多,影响司法权威;公告送达与传票传唤拒不到庭的案件都会增大承办人工作量,增大案件审查难度,同时也考验法官的火眼金睛,拷量法官的自由心证,难免会出现同案不同判的情况,而且目前司法文书的上网公开,势必会让一些好事之人拿着放大镜看事,影响法院公正形象及司法公信力。另外民间借贷案件中96.9%的案件无论是判决、还是调解、撤诉,都是判而未决,和而未解的案件,它们都等待着法院的执行或是又提起诉讼(撤诉案),无疑进入执行的案件又迅猛增加,但面对执行难与执行无果的现实,这种恶行循环不仅仅是影响法院的质效考评,更严重的是众多当事人对法院工作的不信任和极度不满。

2. 民间借贷越来越趋向于一种炒钱行为

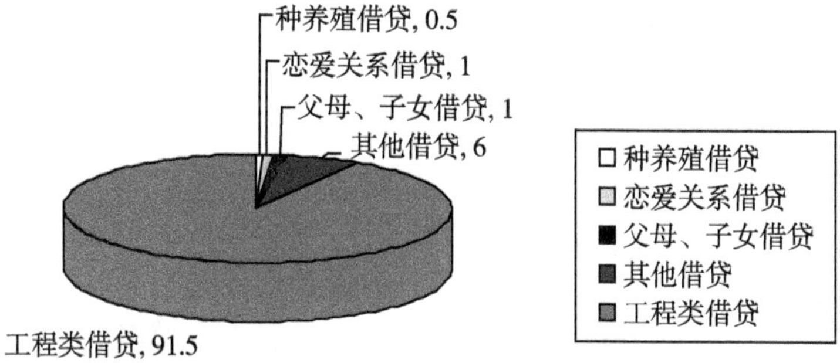

图2　民间借贷资金按用途(形成原因)情况分类

图2反映出传统的民间借贷很少,越来越多的借贷与投资逐利有关,一方面说明公民经济状况越来越好,另一方面又说明房地产业需求资金大,正规金融系统融资难。在有市场需求,又有高额利息的诱惑下,民间资本逐渐流向房地产业,91.5%的借贷案件与房地产工程建设有关。这与2009年后房地产业开始急剧升温有一定关系,特别是在房价暴涨之后,很多公民存款明显缩水,特别是在购房方面引发了一定的恐慌,之前可以买两套房的,涨价后连一套都买不了。进而出现公民对持有现金存在不安全感,因为银行

存款不能让货币保值,更不可能增值。这时很多公民就需要为资金找一个可以投资增值的机会,这正好迎合了房地产业对资金的需求,于是民间资本开始普遍流入房地产工程建设项目。由于工程方面的借贷资金数额较大,一般都在10万元以上,最高的单笔借款500万元(2014年度一审标的限额),个人借款余额1000万元以上,实际流向工程方面的资金占民间借款诉讼标的的比例还大于91.5%。审判实务中反映出的工程借贷都许以高利息,基本上月息3%,最高的达到6%,出借人年龄最大的80岁,最小的22岁,出借人范围更广,其中包括公务员、金融从业人员。整个民间借贷呈现出一种全民放贷的现象。高额的利息让很多人失去了巨大的风险意识,整个行业也变得越来越混乱,崩盘的概率也越来越大,在一个财政收入只有18.2亿元〔1〕的小县城,民间借贷诉讼标的却达到了2.3亿元,而且2014年度在R县法院涉及的"窝案"〔2〕就有5起以上。

3.越来越多的关系复杂的民间借贷纠正占用有限的司法资源

(1)民间借贷案件逐年增多。全院2013、2014年度民间借贷纠纷分别结案290件、426件(不包含民间借贷相关的数百件民保、民管案件),同比分别增长10.3%、46.9%,分别占同期民初案件结案数的7.8%、11.6%。同时全院2014年度未结民间借贷案13件〔3〕,占全院半年以上未结案总数61件的21.3%。

(2)借贷主体群体化债务构成复杂化,特别是多个"民间借贷圈"的破裂,影响社会稳定。不少民间借贷纠纷涉及债权人人数众多,一旦债务人出现资金链断裂等问题,极易引起群体性事件。R县法院2014年度审理的债务人为一人,债权人10人以上的民间借贷案件占同类案件的比例超过20%。同时审判实务中发现有些债权人又是其他民间借贷案件的债务人,即有些债权人并非单一地出借自己的资金,而是有多个"民间借贷圈",汇集了亲戚、朋友、邻居、甚至向银行借贷的资金等。"民间借贷圈子虽然人数较少,但是人与人之间的关系比较复杂,除了有借贷关系之外,还会有亲戚、朋友、邻居、同事、同学等多方面的联系。单个'民间借贷圈'会变成相互联系

〔1〕来自R县人民政府官网年度统计,标题:2014年全县财政、金融运行平稳。

〔2〕"窝案"在此指特定的借款人向人数众多的不特定对象借款(一般都超过30人),借款总额在1000万元以上的多个民间借贷纠纷。窝案基本上都跨年度诉讼。

〔3〕来源于R县法院审判管理通报第11期,全院半年以上未结案数,截止时间为2015年6月9日(内部资料)。

的多个'民间借贷圈'。这种社会互动关系范围的扩大会导致社会风险如多米诺骨牌效应般扩大,多个'民间借贷圈'关系破裂会产生较大的社会风险。2011年以来,浙江温州、内蒙古鄂尔多斯、山东青岛、陕西神木县、湖南长沙等地已经拉响这方面的警报"[1]。此类民间借贷纠纷涉及的债权人人数众多,债务数额巨大,调判后也不能及时执行,除享有抵押担保等优先权外,都等待统一分配可执行财产,否则容易引发群体性涉诉涉法信访案件,增加维稳难度。

(3)"借条"不规范,隐含各种风险,增加审理难度。"有的债权人仅有内容简单的欠条、借据,缺乏借款实际支出的证据,有的债权人仅能提供汇款凭证而缺乏证明款项性质的证据,证据的缺乏和不完善,给法院认定事实带来很大困难"。[2] 另外现实案例中的借条90%都对利息有书面约定,只是存在约定过高或不明的情况,其中最高利息达到月息6%。部分看似没有书面约定利息的借条,其实在借条本金中隐含预先扣除的利息、有的口头约定利息,按月已支付,有的借条中存在复利,甚至完全是利息形成的借条。[3] 同时借条中对担保的设定存在对抵押物未办理相关抵押登记手续,甚至同一担保物对多个债权人提供担保,对保证人的保证责任及保证期限未作约定等等。不管是哪种不规范,只要双方存在争议都会增加审理难度,加之借款人跑路的、逃避诉讼的增多,更加增大审判难度。

4. 民间借贷中,借款人的配偶往往成为难以逾越的《〈婚姻法〉解释(二)》第24条的受伤者

在民间借贷纠纷的审判中,往往有一部分借条只有夫妻一方的签名,诉讼时夫妻另一方又被列为被告,在这情况下如何认定为夫妻共同债务对法官也是一种考验,而现实的裁判中法官原则上都是依据现有的法律法规进行判决,虽然借条中只有夫妻一方签名,根据《〈婚姻法〉解释(二)》第24条

[1] 候玉京、戴顺、王尚银:《民间借贷风险防控体系的重要一环——建立系统性信息报告制度的调研和思考》,载《江南论坛》2015年第3期,第39页。

[2] 白昌前:《司法视角下的民间借贷风险防范研究》,载《时代金融》2015年第4期下旬刊,第297页。

[3] 法官访谈录:A法官:真正以投资为目的的借款,没有不要利息的,目前在民间借贷业内已普遍形成行规,拿钱给利,只是利息反映形式不同而已。我曾经办过一个案子,总共借款50万元,按月付息7.5万元,一年后借款人陆续还款40多万元,但双方又对借款及利息进行了结算,借款人还欠100万元,并重新出具借条。这种案件明显是高利放贷,如果不仔细审查,当事人又不承认是高息形成的借条,那就容易形成错案。

之规定,很明显借款人配偶一方很难举证免除自己的责任。在R县法院的此类案件中无一例外的判决为夫妻共同债务,虽然法院的判决是依法最大限度地保护了出借人的利益,但是,对于借款人配偶一方的权利是不是有所剥夺应该是值得探讨的问题。[1] 因为在借贷关系形成的时候,借贷双方完全排除了借款人配偶一方的知情权(根据权利与义务对待的原则,其实此时就可以认为债权人是放弃了借款人配偶承担的义务),然而在诉讼时却又被作为被告要求承担责任,甚至查封夫妻共同所有的不动产。[2] 在信息如此发达的时代,只需要一个电话就可以告知配偶一方或是通知配偶一方到场,如此简便、快捷的方式为何要在借贷关系形成时给省略,这不得不让人怀疑一些借贷关系的真实性或是借贷资金用途的合法性,否则有些借贷关系就会借一件合法外衣掩饰他人的知情权,绑架他人的意愿,"抢劫"他人的合法财产。这种情况不仅可能滋生虚假诉讼,也可能隐含违法犯罪活动。如案例四中的何某,结婚两年半,生育一子(不满周岁),然后离婚,除了一个孩子,还有离婚后被判承担的夫妻债务上百万(在法院中还有其他数件民间借贷案),她无疑是婚姻当中的受害者,也是司法适用困境之下的受伤者,而且越来越多的民间借贷纠纷会有若干个像何某一样的情况出现。

5. 民间借贷中小额贷款公司、担保公司的违法违规操作助推了民间借贷风险

小额贷款本是一项扶贫惠农的利好政策,特别是在2008年5月4日,中国人民银行、中国银监会联合颁布了《关于小额贷款公司试点工作的指导意见》后,小额贷款公司有了合法身份,民间资本进入金融行业有了一个合法通道。因为小额贷款的手续简便、效率高,曾为中小企业和三农企业提供了有力的资金支持,各地小额贷款公司也得到很快发展,民间投资热情高涨。2011年至2012年间R县先后成立了多家小额贷款公司及担保融资公司,恰好这个时期R县的房地产业正处于发展顶峰,但受国家政策调控,银根紧缩的影响,房地产业急需民间注入大额资金,此时小额贷款公司、担保公司等

---

〔1〕 法官访谈录:B法官:在民间借贷中,借条只有夫妻一方签名的存在一定比例,但是法官判案也面临两难问题,判或不判都会受到当事人的质疑,再加上借款人躲避、跑路等,增加审理难度。有时只能依据现有法律判决。

〔2〕 采访执行法官:执行中,夫妻双方均为被告被判决共同偿还借款的,对保全的夫妻共有不动产当然执行;对夫妻一方作为被告被判决偿还借款的,在执行过程中,如果夫妻双方未离婚的,对保全的夫妻共有不动产当然执行,如果已离婚的,一般不予执行,但实践中存在分歧,会因执行人员不同而结果不同。

以追求利益最大化为目的的法人企业的出现及时缓解了房地产业的融资问题,但“只贷不存的小额贷款机构很难长期存活,它实际上已经成为一个投资公司,要承担巨大的风险,付出很高的操作成本,但回报则仅仅是利息。小额贷款公司如果不能吸收存款,就不可能成为真正可赢利的商业模式。”[1]因此,小额贷款公司、担保公司等公司法人就以其个人名义或是关联企业名义对外大量吸收个人存款,甚至招募当地有影响力的人为其拉款,转而违规将大额资金转贷工程建设项目,由此形成了以其为中心的多个“民间借贷圈”,也潜在形成了巨大的社会风险,只要其资金链断裂,影响范围之大,造成后果之严重,2014 年度 R 县的“窝案”之一就是由小额贷款公司引起的。

四、建立民间借贷防控体系之构想

目前,普遍认为民间借贷是公民个人之间及公民与非金融组织之间基于金钱关系产生的债权债务关系,并且不受国家宏观调控和货币政策的限制,因此民间借贷这种隐蔽性、任意性隐含巨大的风险,也带来许多急需解决的现实问题。由于这种公民个人之间的诚信缺失引发了较大的社会矛盾,而现有的政策、法律法规又不足以解决的情况下,完善立法,建立更全面的个人信用系统就显得尤为重要。

(一)制定专门的民间借贷法

由于民间借贷的普遍存在,其隐蔽性、任意性导致越来越多的社会矛盾,各地跑路潮及“多个民间借贷圈”的破裂,致使群体性事件时有发生,增加了维稳的难度。而目前解决民间借贷纠纷的法律法规分散在不同的法律及司法解释中,由于不同的法律规则之间可能会产生矛盾与冲突,不仅不利于案件审判,还会出现同案不同判的情形。因此笔者认为制定专门的民间借贷法势在必行,专门的《民间借贷法》可以明确民间借贷的定义、借贷主体的范围、借贷资金的来源及用途、借贷的利率限制、担保的设定、保证人的条件限制、借贷监管机构及职责等一系列民间借贷中的各主体、各行为、各环节等要素作出统一的规定。统一规范的《民间借贷法》有利于合理规范、引导公民的民间借贷行为,有利于司法裁判适用法律依据统一,裁判结果一

---

〔1〕 廖恺:《小额贷款公司的法律制度研究》,2013 年 1 月 11 日载中国法院网。

致,实现法律效果与社会效果有机统一,增强司法威慑力,树立司法公信力。

(二)修改现行法律法规,增加法律适用的合理性、协调性

1. 修改《〈婚姻法〉解释(二)》第 24 条的规定

该规定致使夫妻一方难以举证,成为民间借贷的受害者。建议修改为:债权人就婚姻关系存续期间夫妻一方以个人名义所负债务主张权利的,债权人应当对该债权是否属于夫妻双方共同债务进行举证。否则该债务视为夫妻一方的个人债务,或者夫妻一方享有不动产被执行的豁免权。

2. 修改刑法相关金融犯罪的规定

涉及民间借贷的《刑法》处罚主要是第 176 条的非法吸收公众存款罪。对于该项罪名就罪的表现形式、概念及构成要件来看,民间借贷中的“窝案”大体符合该罪名,但并不完全符合,却又超越了“未向社会公开宣传,在亲友或者单位内部针对特定对象吸收资金的,不属于非法吸收或者变相吸收公众存款”之特定对象的范围规定。民间借贷的“窝案”往往涉案资金都在数千万以上,债权人人数众多,易引发群体性事件。此类案件一旦发生,债务人往往都是跑路,债权人却集体“造访”公安或是政府,但债务人受到刑事处罚的基本没有,主要是罪的构成要件不完全对应,另一方面债权人也担心债务人受刑事处罚导致债务无法追回,而拒绝抓捕债务人。因此让犯罪分子钻了法律的空子,修改势在必行,针对当前民间借贷的犯罪构成要件建议增加:当个人或单位的资产负债比例超过 1:1.2,个人或单位仍以其影响力对外许以高息(超过同类银行贷款利率的 2 倍)借贷,借贷余额超过负债率 10% 以上且数额达到 100 万元以上的属于非法吸收或者变相吸收公众存款,即构成非法吸收公众存款罪。

(三)引入民间借贷公证前置,为全面建成个人信用系统提供一个第三方平台,有效预防民间借贷的隐蔽性、任意性

目前个人及单位动态信用信息的获取主要是在正规的金融机构。而民间借贷的普遍性、隐蔽性、任意性造成了个人及单位诚信的严重缺失,要有效全面解决个人诚信缺失给民间借贷带来的危害,引入公证前置不但有法律依据,更能让当前民间借贷回归理性。1992 年司法部《关于办理民间借贷合同公证的意见》,2000 年最高人民法院、司法部联合发布的《关于公证机关赋予强制执行效力的债权文书执行有关问题的联合通知》,此两项规定为民

间借贷合同公证办理及依法赋予民间借贷合同强制执行效力提供了有力的司法保障。

如何让公证与个人信用系统有效衔接，真正让公证成为提供个人信用信息的第三方平台还需要完善相关公证制度，加强宣传力度，让民间借贷公证前置常态化、制度化，让公证债权享有特权。比如除享有抵押担保、质押等优先权外，公证过的债权（公证时没有担保物的债权）优于其他普通债权，同为公证债权的，按公证时间先后受偿，这样一来出借人自然会为自己利益考虑，选择主动公证，同时也能有效预防民间借贷"窝案"发生。同时公证必须合理、合法地规范运行才能起到第三方平台的效果，才能将民间借贷的隐蔽性、任意性阻断，为此公证应当重点注意以下几点：

1. 对公证机构的选择：原则上在借款人户籍地（单位作借款人的以其住所地）公证机构进行公证。

2. 公证双方提供材料的规定：双方除提供传统的身份信息，借款合同、抵押担保等公证内容所需的材料外，还应当提供个人银行征信证明，个人资产负债情况，借贷双方需要转账的银行账户（此账户的资金往来将作为双方借贷结算的依据）。

3. 对公证内容要重点把握两点：（1）合法性，即借贷主体、资金来源及用途、抵押担保物、保证人等的合法性；（2）明确性，即公证赋予强制执行文书的可执行性及执行内容的明确性。

各公证机构在保证其民间借贷公证的合法性、真实性、准确性的同时，公证机构之间要建立一个信息共享平台，信息共享平台不仅能显示借款人的信用情况，还能为出借人提供借贷风险预警。只有将民间借贷放置在公证的阳光之下才可能有效阻断恶意借贷、防止民间借贷"窝案"发生，降低民间借贷风险。

（四）引导金融机构建立公民个人定额存款保值、增值业务

要抑制公民在民间借贷中的疯狂炒钱行为，很重要的一点就是要让公民对持有资金具有安全感，不要让其资金获利情况输给 CPI，否则严重缩水的资金又会被具有高额获利的项目所诱惑，增加社会不稳定因素。而金融系统作为专业机构，由其持有资金进行合理、规范运作能有效降低风险，增强资金的保值、增值功能，因此引导金融系统建立公民个人定额存款保值、增值业务非常之必要。

五、结语

法律需要完善,制度需要合理规范,但更需要公民的自觉坚守、理性面对。否则,再严苛的法律都无法禁止犯罪,再完善的法律制度都无法解决高利诱惑的民间借贷问题。疯狂的借贷之下,诚信全无,亲戚不亲、邻里不邻,因此,要积极引导公民树立正确的人生观、价值观、社会观,理性面对民间借贷,才能让民间借贷成为经济发展的有益补充。

揭开“对赌协议”的面纱

——以S市中级人民法院审理深圳QH公司诉四川A公司、江西B公司、张某、西藏C公司股权转让纠纷案为切入点

李　迪*

内容提要：对赌协议[1]（Valuation Adjustment Mechanism，VAM）是收购方（包括投资方）与出让方（包括融资方）在达成并购（或者融资）协议时，对于未来不确定的情况进行一种约定。如果约定的条件出现，投资方可以行使一种权利；如果约定的条件不出现，融资方则行使一种权利。对赌协议源于西方国家的估值调整机制，作为一种投资工具及避险手段，既可降低融资成本，又能有效减轻投资风险，被广泛运用于风险投资领域私募股权投资[2]中。近年来，伴随国内私募股权投资基金对估值调整机制的不断尝试，有关“对赌协议”效力的认定，成为人民法院审理此类新类型案件需要解决的首要问题。

---

* 李迪，四川省眉山市中级人民法院法官。

〔1〕 源于互联网“百度百科”词条搜索结果。网址：http://baike. baidu. com/link? url = Pw5Uhs5NdFThCe8e5Cd2zHZ6El7BU-NHo8gJXGHN1in9OP6nzH9jo7X5hyeXaG5Z7lo9K_0XRiLbC4 - OfeQrta。

〔2〕 私募股权投资，是指以非公开方式向机构或个人投资者募集资金，主要向非上市公司进行股权投资，最终通过被投资公司上市、并购或公司回购等方式退出而获利的投资方式。

尽管最高人民法院在“海富投资案”[1]中,首次肯定了股东之间对赌条款的合法有效性,但并未就对赌协议所涉法律关系的性质以及法律适用的统一性作出明确规定,地方各级法院在类似案件的审理中亦存在较大分歧。因此,本文以S市中级法院审理QH基业投资公司诉四川A公司、江西B公司、张某、西藏C公司股权转让纠纷案[2]为切入点,从对赌协议存因的广泛性出发,探寻其本身在经济领域的功能价值,并围绕对赌协议所涉法律关系的整体构成,总结个案中对其效力认定的一般规则,以期为审判实践提供裨益。

关键词:对赌协议　估值调整机制　效力认定

一、问题的提出:原告深圳QH公司诉被告四川A公司、江西B公司、张某、西藏C公司股权转让纠纷案

(一)基本案情简介

江西X公司(目标公司)系2007年5月成立的有限责任公司,注册资本28329.87万元。四川A公司、江西B公司分别持有江西X公司61.174%以及15%的股权,江西B公司系四川A公司的全资子公司,张某系江西X公司、四川A公司、江西B公司、西藏C公司的实际控制人。

2013年6月,原被告四方签订《股权转让协议》及补充协议,主要约定:被告江西B公司将其持有江西X公司0.6174%的股权(对应出资额190.2148万元)以4700万元的价格出让给原告,并结合江西X公司2012~2014年间经营业绩目标存在不确定性及其他情况,针对在扣除非经常性损益后归属江西X公司的税后净利润,四川A公司及张某承诺:2012年达到6亿元;2013年达到12亿元;2014年达到18亿元。否则由四川A公司及张某对原告给予现金补偿,江西B公司、西藏C公司承担连带责任。补偿方法:以“(P-实际净利润)/P×4700万元”公式计算。其中P代表当年应当达到的税后净利润,分别为6亿元、12亿元、18亿元。并且原告深圳QH公司有权随时提出股份回购的请求,有付款义务的一方还需另行承担违约责任。同

[1] 甘肃世恒有色资源再利用有限公司等与苏州工业园区海富投资有限公司增资纠纷再审案,详情参见最高人民法院(2012)民提字第11号民事判决,本文不再赘述。

[2] 本案为S市中级人民法院审理的一审商事案件,本案判决结果否定了所涉股权对赌协议的效力。

时,江西B公司、西藏C公司对相关债务承担连带责任。之后,原告深圳QH公司向江西B公司支付了4700万股权转让款,经工商变更登记成为江西X公司的股东。

2014年4月,相关审计报告显示,江西X公司在2013年的税后净利润未达到协议约定的数额。原告深圳QH公司诉至S市中级人民法院,要求四川A公司及张某支付2013年度现金补偿款2050万元并承担违约责任,同时要求江西B公司与西藏C公司承担连带责任。

(二)合议庭内部分歧意见及主要理由

合议庭在评议过程中,对所涉协议性质及效力存有根本性分歧。第一种观点认为:一方面,原告依照协议约定能够获取的现金补偿款并不等同于本金加利息的效果。其现金索取额度根据双方约定的计算公式恰好与目标公司的盈利状况呈反比状态,且上下浮动,原告获取的并非固定利润;另一方面,原告以远远高于正常对价的4700万元受让目标公司0.6714%的股权,换取的回报是目标公司上市后产生的丰厚利润。但基于目标公司上市后预期估值的不确定性,原告投资产生的风险系其自行承担。因此,当事人双方同意承受的风险水平以及利益期望值均与资金拆借所体现的借款关系有本质不同。双方以股权转让为表现载体,实现投资、融资的目的,系其真实意思表示,且未违反相关禁止性规定,所涉协议应当合法有效。

第二种观点认为:首先,目标公司并非是以增资形式引入原告投资资金,而是通过原告与被告江西B公司之间的股权转让,向被告江西B公司支付了4700万元股权转让款,未有证据表明资金最终流向目标公司用于资本运作,这与原告投资目的明显不符;其次,双方在现金补偿条款中确立的估值调整机制,融资方为投资方就目标公司承诺的净利润目标值(分别为6亿元、12亿元、18亿元),已远远高于中国证监会关于上市公司的最低门槛(3000万元),无法起到对目标公司价值估算的合理调整,其性质应是对预期风险的担保条款。因此,从双方交易背景、交易目的以及获利主体来看,均与目标公司的利益无直接关系。协议反映的内在实质是被告江西B公司以股权转让为名从原告深圳QH公司处进行资金拆借,并由四川A公司、张某以及西藏C公司按各方约定的既定方式提供担保,所涉协议按照相关法律规定应当认定无效。

以上分歧是近年来有关对赌协议的性质及其效力认定争论不休的一个

现实缩影。在笔者看来,两种观点之间的相互博弈,体现出针对同一事实认定在不同思维方式和司法理念上的个体差异,虽所处角度迥异,但所述理由均不无道理。尽管最高人民法院在“海富投资案” 中就对赌条款的合法有效性首次予以了肯定,但仔细斟酌后不难发现,在最高人民法院大力实行案例指导制度的背景下,该案并未作为确立裁判规则、统一法律适用所承载的典型案例。这是否意味着在风险投资领域私募股权投资中,估值调整机制被广泛运用的背后,融、投资双方通过对赌协议所建立的众多法律关系下,对其合法性的判定仍然需要根据不同情况在个案中区别对待。

笔者以为,正是基于法律在规制新鲜事物时所显露的滞后性,裁判者在缺乏具体法律规定的情形下,也只能依据现有部门法中体现的原则性条款作出其价值判断的标准。这也说明进一步探寻“对赌协议”的存因及其现实价值,深入分析其法律关系的整体构成,对于提高裁判者在类案中作出准确的价值判断具有重要意义。

二、经济领域中对赌协议存因的广泛性分析

(一)对赌协议产生的根源及动因

1. 公司融资的现实需求与市场资源的优化配置是对赌协议产生的内在根源

通常情况下,公司为保持其正常的生产经营和规模的发展壮大,在资本运作过程中需要不断积累资金才能得以适应其自身需求以及市场变化,而资金来源不外乎两个方面:一是公司注册登记时股东缴纳的注册资本以及公司经营期间的获利部分;二是公司通过对外融资的形式与市场资源建立资金链关系,作为其获取外部资金的主要来源。主要包括:以通过增资方式吸引战略投资人(股权融资)以及直接向第三方借款以寻求资金帮助(债权融资)〔1〕。但是,仅仅通过内部资金的运作以达到其发展壮大的目的极其有限,而对于外部融资呈现的众多渠道而言,市场资源的优化配置又为公司特别是成长型公司在债权融资方面设置了诸多门槛,且成本较大。因此,其更愿意采用股权融资的方式为公司发展提供外部资金支持,由此带来的成本仅仅是投资人受让股份所对应的股利,但得到回报却是公司在处于资金匮

〔1〕 施天涛:《公司法论》,法律出版社2005年版,第195页。

乏的窘境下实现最低成本的资本填充。

2. 被融资公司持续发展的不确定性是对赌协议产生的又一动因

在私募股权投资中，投资人往往是具有专业知识水平和风险评估团队的专门性机构，在可承受风险范围内追求最高回报率是其投资的唯一目的。基于风险评估中对被投资公司（以下简称目标公司）信息掌握的天然性缺失，投资人难以在投资前从各个方面完整地获取目标公司的内在价值，估量其可持续发展的前景，导致投资人在对目标公司进行预期估值时始终面临潜在的不可控风险。为降低这种风险发生的概率，往往应投资人要求，双方围绕既已达成的估值范围，在权衡各自风险、利益的基础上订立有关年度业绩、人事调整、现金补偿、股权回购等综合性条款，通过相互约束建立彼此之间的利益信赖，以实现公司持续发展下去的双赢局面。

3. 市场竞争下的优胜劣汰是对赌协议产生的外在原因

对赌条款的设立，一定程度上反映出融、投资双方对目标公司在市场竞争下可持续发展的高度期望值。对于投资人而言，目标公司在未来约定的一段时间内达到既定的估值调整范围，占据市场竞争中的优势地位，才能实现其投资利益最大化的终极目标。通过对赌条款进行规制，只不过是为激发融资者对其经营方式的管理创新，提升公司综合实力与市场竞争力以及降低投资人自身潜在风险的一种手段；对于融资者而言，在签订对赌条款的同时，已表明其对既定目标的信心与决心，只有不断促使公司在融资后创造更高的经营业绩，才能避免在市场竞争中处于劣势地位，才能避免因违反对赌条款的约定，令自身雪上加霜。

（二）对赌协议存在的价值考量

对赌协议的应运而生，弥合了投资者与被投资者在投资决策当时对公司估值的差异，促成融资交易发生，增加了各方共赢的概率和社会财富。[1]一方面，对赌协议在融资谈判中起到的催化效应，消除了投资人因对目标公司信息掌握的天然性缺失，而对是否投资处于犹豫不决的待定状态，并且亦降低了目标公司未来持续发展的不确定性所带来的潜在风险，客观上能够促进市场资源的优化配置与积极流动；另一方面，对赌协议本身的约束机

〔1〕 李睿建、陈若英：《对私募股权投资中“对赌协议”的法经济学思考——兼评我国首例司法判决》，载《广东商学院学报》2012 年第 6 期。

制,能反向激发融资者的主观热情,促使其为实现公司既定目标而不断探索、改善经营、创新管理,提高公司的综合实力与市场竞争力,吸引更多的外源资金,以推动市场资源在整合过程中的良性循环。

(三)对赌协议在国内商事领域的适用典型

表1 国内知名公司适用对赌协议一览[1]

融资公司	投资机构(金额)	对赌核心条款	对赌结果	签约及上市时间
蒙牛乳业	摩根士丹利、鼎晖、英联(2.9亿元人民币)	从2003~2006年,蒙牛乳业复合年增长率不低于50%。若达不到,公司管理层将输给摩根士丹利约6000万~7000万股的上市公司股份;如果业绩增长达到目标,摩根士丹利等机构就要拿出自己的相应股份奖励给蒙牛管理层。	双赢	2003年签订 2004年上市
永乐电器	摩根士丹利、鼎晖(5000万美元)	如果永乐2007年(可延至2008年或2009年)的净利润高于7.5亿元人民币,摩根士丹利、鼎晖投资等股东将向永乐管理层转让4697.38万股永乐股份;如果净利润等于或低于6.75亿元人民币,永乐管理层将向摩根士丹利、鼎晖投资等股东转让4697.38万股;如果净利润不高于6亿元人民币,永乐管理层向摩根士丹利、鼎晖投资等股东转让的股份最多将达到9394.76万股。	赌输并失去控股权	2005年签订,同年上市,2006年被国美收购
太子奶	英联、摩根士丹利、高盛(7300万美元)	注资后的前3年,如果太子奶业绩增长超过50%,就可调整(降低)对方股权;如完不成30%的业绩增长,李途纯将失去控股权。	赌输,李途纯出让股权	2006年签订,未上市

[1] 所涉案例相关内容的收集均来源于互联网,经归纳整合后形成表1。

续表

融资公司	投资机构（金额）	对赌核心条款	对赌结果	签约及上市时间
中国动向	摩根士丹利（3800 万美元）	若2006年和2008年，中国动向上市净利润达不到2240万美元及4970万美元，中国动向主要股东将以1美元转让20%的股份给摩根士丹利；而如果中国动向2008年净利润超过5590万美元，摩根士丹利将向中国动向管理层转让1%股权以示奖励。	双赢	2006年签订 2007年上市

表1中列举的四个实例，为近年来国内知名公司在股权融资过程中，尝试与国外专业投资机构订立对赌协议及其履行情况。四个实例不同的结果走向表明，对赌成功者通过资本填充后的一系列运作，公司内在价值得到了巨大提升，这对于融投资双方而言无疑是一个双赢的局面；而对赌失败者因决策管理层的盲目自信，缺乏对市场风险的正确评估以及对公司发展潜力的客观认识，以致最终江山易主、付之东流。这也进一步反映出对赌协议在实践运用中存在显著的两极分化。

需要指出的是，随着我国现阶段创业型公司的不断兴起，迫于成长压力下的资金需求，选择私募股权融资并与投资者签订对赌协议的情形增多，由此引发的诉讼纠纷亦呈上升趋势。对于裁判者而言，在当前法无明文规定的情况下，如何认定对赌协议的法律性质，厘清融、投资双方的法律关系，正确认识对赌协议在实践运用中出现的两极分化，除了在经济领域对其存在所需要的一般性认知外，还应从专业角度对其所涉法律关系的整体构成进行深入分析。

三、对赌协议法律关系构成及其性质解读

（一）对赌协议法律关系的组成要素

1. 主体

主体是签订对赌协议、并受对赌协议所承载内容的规制而直接享有权

利和承担义务的融、投资双方。其中,融资方是希望以出让股权的方式获取外源资金的公司、公司控股股东或实际控制人;投资方主要是一些向非上市公司进行风险性战略投资的国内外专业基金组织或个人。总的来讲,对赌协议的主体受民商法总论的一般性调整,应符合民事法律关系主体表述的基本特征。

2. 内容

内容是融、投资双方围绕目标公司的增资、估值调整、股权转让等一系列问题,通过在对赌协议中拟定有针对性的综合性条款,来体现双方融、投资意图及其对应的权利义务。其中,对估值调整方式的约定,是对赌协议的核心内容,包括:财务绩效、非财务绩效、赎回补偿、公司行为、公司上市和管理层去向六方面的内容。[1] 实践中较为常见的类型主要有财务绩效、赎回补偿、公司上市和管理层去向。[2]

3. 客体

客体是融、投资双方在"对赌"过程中双方各自权利义务所指向的对象,可以形象地将其称为融、投资双方的"赌注"或"筹码"。其在表现形式上既可以是资金、股份等实物载体,也可以是股份出让、回购的条件或公司决策经营权变更、并购等具体行为。因此,对赌协议的客体会根据估值调整方式的不同而存在差异。[3]

(二)对赌协议法律关系的性质解析

双方法律行为的产生源于当事人之间的真实意思表示、目的及动因。对赌协议作为融、投资双方合意的载体,其内容涉及增资运作、估值调整、股权转让等诸多方面。因在协议履行的不同阶段,用于规制双方行为的条款所对应的法律关系各不相同,为避免对其定性的片面性,对于这种特殊组合的法律关系,需要将融、投资双方的合意看作统一的整体行为加以对待,这是认定对赌协议法律关系性质的基本前提。

---

〔1〕 Black B. S. & Gilson R. J., "Venture Capital and the Structure of Capital Markets", Journal of Financial Economics, September 2004, p. 31,转引自唐蜜:《中国法律环境下的对赌协议研究》,外交学院 2008 年硕士研究生学位论文,第 8 页。

〔2〕 有关"财务绩效、赎回补偿、公司上市和管理层去向"的具体操作模式在"表一:国内知名公司适用对赌协议一览"中已予展示,不再赘述。

〔3〕 王娜:《对赌协议的非法与合法——对赌协议第一案引发的思考》,华东政法大学 2013 年硕士研究生学位论文,第 10 页。

1. 增资及股权转让是对赌协议呈现的外观表象

对赌协议在履行的初期阶段,是以投资人向目标公司注入资金为前提,注资的表现形式主要体现在两个方面:一是增加目标公司注册资本,在投资人与股东之间就现有股权持有结构重新进行调整;二是通过股权转让,由投资人支付协议约定的转让对价取得相应的股权比例。无论采用上述哪种形式,投资人加入成为目标公司的股东是由股权融资的本质所决定。基于此种前提,有观点主张,融、投资双方的权利义务是在增资或股权转让这一基础法律关系下展开的,应将对赌协议的性质解读为增资协议或股权转让协议。

笔者以为,从法律关系的构成要素来看,对赌协议的核心内容是通过对"估值调整机制"的运用,设计一系列的对赌条款来体现融、投资双方的权利义务关系。既定"赌约"在未来一定时间的实现,才是协议履行的最终结果,才是双方订立对赌协议的应有之意。无论是增资还是股权转让,均是融、投资双方构造利害关系格局,建立并实现对赌约定的基础前提,其体现的法律关系,是对赌协议涵盖内容呈现的诸多法律关系的其中一个方面。若将对赌协议单一地定性为增资协议或股权转让协议,既不符合对赌协议自身存在的价值取向,也并非融、投资双方的立约本意。

2. "非典型性"是对赌协议的基本特征

对赌协议从本质上讲是融、投资双方在股权融资过程中达成的合意,是一种双方行为,其合同关系应受到我国《合同法》所调整。但基于对赌协议涵盖的内容呈现出诸多法律关系下的交织组合,《合同法》分则中对此并无直接规定。此类合同因法律尚未赋予其特定名称,传统理论称之为非典型合同或无名合同。[1] 该类合同的法律适用,应首先遵循《合同法》第124条[2]的规定。对赌协议的非典型性,强调其在接受《合同法》调整时,融、投资双方应当遵循该法总则所确立的平等、公平、诚实信用等基本原则。在倡导"契约自由"的前提下,私法虽不干预融、投资双方的意思自治,但亦应当在法律未加禁止的情形下开展商事活动。

3. 对赌协议是否应当归为"射幸合同"

所谓射幸合同,是理论界对于合同在学理上的一种分类,它以合同标的

〔1〕 韩世远,《合同法总论》(第2版),法律出版社2008年版。

〔2〕 《合同法》第124条:本法分则或者其他法律没有明文规定的合同,适用本法总则的规定,并可以参照本法分则或者其他法律最相类似的规定。

是否具有确定的事项或事件发生为给付对价,作为其判断标准。"射幸性"是射幸合同具有的典型特征,因当事人之间对合同标的的约定是一种发生与否不确定的事项(事件),因此射幸合同双方在收入、支出以及风险承担上不具对称性。

反观对赌协议的估值调整机制,融、投资双方对目标公司未来时间的经营业绩或能否上市的约定同样不具有确定性,是否意味着应将其性质归入射幸合同一类。对此,理论界存在两种不同的观点。主流观点认为,对赌协议的标的指向目标公司未来的经营业绩,融、投资双方在签订协议时,该标的尚不存在,而是否能够实现受到诸多不确定因素的影响;并且当事人双方的收入、支出不具有对等性,这一特征在融资方身上表现得尤为明显。因此,对赌协议完全具备射幸合同应有的射幸性特征。[1] 少数观点认为,投资人的收益并非靠分配运气带来的,通过估值调整机制起到的激励作用能有效促使融资方积极行使商业判断、督促其勤勉、惩戒懒惰和自私的行为。对赌协议是投资人面对不可控因素的自我救济安排,与射幸性没有必然联系。[2]

笔者以为,对赌条款中针对目标公司作出的预期估值,在客观上无法估量其确定性的有无可能,这也符合射幸合同关于合同标的具有不确定性这一特征,但从双方收入、支出以及风险承担上进行考量,尚未显著体现出射幸合同应有的不对称性。

对赌协议的履行有两种不同的结果。一是融资方在达成既定目标的情形下,虽然从表面看来好似投资人输掉了赌局,但此时目标公司因内在价值的大幅提升,投资人对其拥有的股权价值得到了极大限度的增值。在这一前提下比较投资人期间的利益得失,无疑是双赢的局面;二是融资方在未能达成既定目标的情形下,纵然投资人会根据对赌协议的约定得到相应的补偿,但其亦并非是对融资者的"趁火打劫"。实际上,投资人在股权融资过程中还负有协助目标公司改制重组、改善管理等附随义务,帮助融资方实现既定目标,而投资人的一系列举措同样需要成本的支出。估值调整机制的设计,不过是其迫于降低风险、反向激励的一种手段,而非出于投资人的投机

---

〔1〕 傅穹:《对赌协议的法律构造与定性观察》,载《政法论丛》2011年12月第6期。

〔2〕 李睿建、陈若英:《对私募股权投资中"对赌协议"的法经济学思考——兼评我国首例司法判决》,载《广东商学院学报》2012年第6期。

心理。因此,在融资者输掉赌局后,投资人依然是输家。

基于以上考量,对赌协议虽符合射幸合同关于合同标的具有不确定性这一特征,但融、投资双方在收入、支出以及风险承担上的不对称性并不十分显著,将对赌协议纳入射幸合同的范畴,笔者以为尚有可商榷之处。

四、对赌协议效力认定的判断规则

对赌协议在我国风险投资领域的应用,一方面宏观上,能够拓展融资渠道,促进市场资源的优化配置与积极流动,增添社会财富;微观上,其体现的估值调整机制能降低投资风险,促成融资交易的发生,反向激发融资者的主观热情,提高企业的内在价值与市场竞争力。因此,其在经济领域中的存在价值值得肯定;另一方面,因对赌协议涵盖的内容呈现出诸多法律关系下的交织组合,对其存在及定位又尚无具体法律加以规制,如何在现有法律框架下运用既有规则,在个案中对其合同效力作出准确的判定,是当前审判实践需要解决的现实问题。

(一)效力判定的整体思路

1.《合同法》作为私法代表之典型,倡导“契约自由”下的平等、自愿、公平及诚实信用。法律未加以禁止的,处于平等主体的双方均可在其意思自治的范围内开展民事活动。对赌协议作为现代经济发展下的衍生产物,是当事人之间根据现实需要所达成的合意。尽管法律基于对新鲜事物的滞后性,尚未就其本身的存在具体加以规制,但对赌协议作为一种非典型合同,其价值指向的判断标准应当遵循《合同法》总则所确立的上述基本原则。

2. 融、投资双方在股权融资中围绕对赌协议的订立、履行所展开的活动本质上属于商事活动的范畴,有关公司增资、股权转让、回购补偿、决策经营权变更等,涉及公司内、外法律关系的各种权利义务时,还应受到《公司法》的相应规制。根据所涉内外法律关系的不同,应遵从以下原则:第一,在与公司有关的外部法律关系中,应始终坚持商事交易的外观主义原则,在维护公司内部约定效力的同时,优先保护外部善意第三人的权利;第二,在股东之间以及股东与公司之间所涉内部法律关系中,其意思自治应遵守公司章程,并不得违反法律的禁止性规定;第三,在股东与第三人之间的外部法律关系中,应优先保护善意第三人的信赖利益。

(二)规则的具体运用

对赌协议归于非典型合同之内,对其效力的判定应在一般性规则的指引下,根据其具体的法律关系构造综合予以认定。结合传统民法理论对民事法律行为构成要件[1]的表述以及《合同法》第52条关于无效合同的法律规定,有关对赌协议的效力判定需同时满足以下四个方面:第一,协议主体适格;第二,双方意思表示真实;第三,协议内容合法;第四,协议的履行未涉及他人利益的损害。

1. 主体考察

实践中,对赌协议所涉具体对赌条款指向的主体存在两种情况,一是股东之间的对赌,即:在目标公司的控股股东与加入成为目标公司股东的投资人之间设立对赌条款;二是公司与股东之间的对赌,即:在目标公司与加入成为目标公司股东的投资人之间设立对赌条款。有关股东之间的对赌,是对赌协议的通常表现形式,在主体适格方面并无太多争论;而公司与股东之间的对赌,目前多数观点持否定态度,理由是:目标公司成为对赌主体,可能导致公司自身资产的减少和降低,将损害公司其他股东的利益及公司债权人利益,不符合《公司法》第20条的规定。笔者对此观点予以赞同。首先,最高人民法院在"海富投资案"中已表明其基本立场,对目标公司成为对赌主体持否定意见;其次,公司在对赌失败后以任何形式向股东支付补偿金,将导致公司注册资本减少,有违公司资本恒定原则,且可能损害其他股东或公司债权人利益。因此,对赌协议的主体应仅限于股东之间。

2. 合意判断

对主观意思的客观判断,应围绕融、投资双方订立对赌协议的目的,并考察双方是否已对风险的不确定性所带来的履行结果进行了预估。首先,融资者的目的在于通过股权融资的渠道实现公司资本填充与扩大经营;投资人的目的在于资金利用的收益最大化与风险降低。其次,考察双方是否针对协议的履行结果,进行了预估的检验标准,应重点关注公司的现实经营状况与估值目标之间是否存在巨大的差距,估值目标在客观上是否具有合理性及可实现性。

---

〔1〕 传统民法理论认为,民事法律行为的构成要件一般包括三个方面:a. 行为人具有相应的民事行为能力;b. 意思表示真实;c. 不违反法律或者社会公共利益。

3. 内容合法性检验

对赌协议所涉内容的合法性检验体现在两个方面:(1)协议内容所体现的整体价值;(2)协议组成的各个条款是否触及现行法律、行政法规的效力性禁止规定。首先,对其整体价值的判断,可借用合同解释中的交易习惯解释方法。该方法是指参考实际交易活动中交易主体普遍接受的、长期的、反复实践的习惯性做法来对合同条款的意思进行解释。[1] 个案中可运用此方法予以对比检验。其次,条款中涉及增资、股权转让、回购补偿、决策经营权变更等内容,需符合《公司法》关于公司资本多数决、股份转让限制、公司回购股份例外情形[2]等相关规定。

4. 是否损害他人利益

这里所指的"他人"主要包括:公司、公司的其他股东以及公司债权人。首先,在股东对赌的前提下,合同权利义务指向的主体是股东双方,无论赌局最终输赢,均不会因股东之间权利义务的变化而引起公司资产减少或相应价值的降低,因此不涉及损害公司利益问题。其次,对于公司其他中小股东而言,对赌协议对其造成的影响在于公司决策经营权的变更,对此应重点考察是否符合公司资本多数决的基本原则。但通常情况下对赌一方为控股股东,所以,实践中一般不会出现此类问题。最后,对于公司债权人而言,对其利益有关联的事实,主要涉及公司减少注册资本,这在对赌协议中表现为股权回购。因此,实践中应坚持公司资本恒定原则,如因股权回购而引发公司启动减资程序,则应符合《公司法》关于减资的程序性规定。[3] 此外,在涉及是否侵害公司债权人利益的情况下,对公司法人人格的否认,应由公司债权人自行主张,法官不得主动提出。[4]

总的来讲,有关对赌协议效力的认定,应始终围绕合同效力认定的通常标准,针对其内容呈现的不同法律关系,具体分析在协议履行的各个阶段可能对其整体效力所造成的影响。据此,将以上规则的运用导入本文开头的案例。虽然案涉合同在形式上体现了对估值调整机制的运用,也为目标公司的预期估值设置了相应的估值调整方式,但双方合同目的并非指向股权

---

〔1〕 郑永留:《法律方法阶梯》,北京大学出版社2012年版,第113页;唐英:《甘肃"对赌纠纷案"判决之评析——以法律方法的运用为视角》,载《法学论坛》2015年第1期。

〔2〕 参见《公司法》第43条、第103条、第141条、第142条等规定。

〔3〕 参见《公司法》第177条、第179条的规定。

〔4〕 奚晓明主编:《公司案件审判指导》,法律出版社2014年版,第56页。

融资,目标公司亦未能基于股权转让而得到相应的资本填充,这与对赌协议有关融、投资方的合同目的存在本质不同。同时,双方约定的估值范围与目标公司的现实经营状况存在显著差距,原告亦并未对目标公司给予任何形式的帮助,估值目标在客观上不具有合理性与可实现性。因此,案涉协议不能反映出对赌协议应有的功能价值,其实质是以股权融资的形式进行资金拆借。

五、结语

对赌协议在经济领域的存在价值应当得到肯定。估值调整机制的运用,实则促成交易发生、降低交易风险的一种手段和工具。从商事裁判的角度出发,在私法自治的原则下维护合同的有效性和严肃性是其倡导的基本理念,而对于这一经济领域中出现的新类型交易模式,并未破坏交易既定的基本规则、威胁交易安全、扰乱正常的交易秩序。因此,在对其秉承包容和鼓励的态度下正确加以引导,便能够使之推动经济发展、增添社会财富。

借贷合同与买卖合同并存之事实认定和法律适用问题研究

——以《最高人民法院关于审理民间借贷案件适用法律若干问题的规定》第24条为视角

任雅莉*

内容摘要:《最高人民法院关于审理民间借贷案件适用法律若干问题的规定》第24条对以买卖合同担保借贷合同的效力和法律适用进行了明确,但司法实践中借贷合同与买卖合同混合的情形多种多样,从签订时间上看有债务到期前签订买卖合同的,有债务到期未偿还而签订买卖合同的,也有债务到期未偿还而签订买卖合同还给一定宽限期的;从买卖合同签订的内容看有约定回赎期的,也有形式上与借贷合同无关的。本文通过对该类案件进行分类调研,提出审理该类案件的事实认定和法律适用应当注意的问题。

关键词:房屋买卖　民间借贷　担保

* 任雅莉,汉族,民法硕士研究生,现任南充市中级人民法院审判员。

一、《最高人民法院关于审理民间借贷案件适用法律若干问题的规定》施行前以买卖合同担保借贷合同的效力分析

(一)最高人民法院公报案例的"冲突"

1. 最高人民法院(2011)民提字第344号判决[1]

2007年1月25日,朱某芳与嘉和泰公司签订14份《商品房买卖合同》,约定朱某芳向嘉和泰公司购买当地百桐园小区14套商铺等,并办理了销售备案登记手续,嘉和泰公司为其出具了两张总额10354554元的销售不动产发票。2007年1月26日,双方签订一份《借款协议》,约定嘉和泰公司向朱某芳借款1100万元,期限至2007年4月26日。嘉和泰公司通过和朱某芳签订商品房买卖合同并办理备案手续和开具发票的方式自愿将上述14套商铺抵押给朱某芳,如到期偿还借款,则将合同、发票、收据等退回;到期不能还款用抵押物抵顶借款,双方之间互不再支付对方任何款项。

该借款到期后嘉和泰公司未能偿还,朱某芳起诉请求确认《商品房买卖合同》有效,并请求嘉和泰公司履行。一、二审法院均认为,《商品房买卖合同》有效,支持朱某芳的诉请。抗诉机关与原、再审法院认为,双方形成了民间借贷法律关系,商品房买卖合同作为借款合同的担保,约定"到期不能还款用抵押物抵顶借款,双方之间互不再支付对方任何款项"的约定违反法律强制性规定,应属无效。

最高人民法院认为:双方当事人实际上就同一笔款项先后设立商品房买卖和民间借贷两个法律关系,以签订商品房买卖合同的方式为之后的借款提供担保;借款协议为商品房买卖合同的履行附设了解除条件,即借款到期嘉和泰公司还清借款,《商品房买卖合同》不再履行;借款到期,嘉和泰公司不能偿还,履行《商品房买卖合同》。因两份协议并未约定借款到期不能偿还,朱某芳直接通过前述的约定取得"抵押物"所有权,故"到期不能还款用抵押物抵顶借款,双方之间互不再支付对方任何款项"之约定并非法律上禁止的流押条款;通过签订商品房买卖合同的方式提供担保并为商品房买卖合同设定解除条件,并不违反法律、法规的强制性规定。故两份合同均应有效。

---

[1] 案例参考《最高人民法院公报》(2011)民提字第344号判决。

2. 最高人民法院(2013)民提字第135号判决[1]

2007年6月27日,杨某鹏与嘉美公司签订《商品房买卖合同》约定杨某鹏购买嘉美公司53间商铺以及付款、交付、过户和违约责任等问题。当日杨某鹏向嘉美公司两债权人支付340万元,次日双方对合同办理了备案登记。2007年6月28日至12月18日嘉美公司等向杨某鹏支付利息61.1万元。后杨某鹏诉请确认该合同有效,判令嘉美公司交付房屋;嘉美公司认为双方是民间借贷关系而不是商品房买卖合同关系,商品房买卖合同只是民间借贷中的担保。一、二审法院均支持了杨某鹏诉请。

最高人民法院再审认为:结合双方签订《商品房买卖合同》的具体情况、杨某鹏未能提供销售不动产的原件、不能说明61.1万元支付款项性质等事实,应认定双方的真实意思表示是借款关系。双方签订《商品房买卖合同》并办理备案的行为虽并不导致抵押权成立,但足以在当事人之间成立一种非典型的担保关系,应适用物权法有关禁止流质的原则,债权人实现担保债权时,对设定的担保财产,应当以拍卖或者变卖的方式受偿。最终驳回杨某鹏要求交付房屋的诉讼请求。

(二)以买卖合同担保借贷合同的效力分析

《中华人民共和国物权法》(以下简称《物权法》)第186条规定,"抵押权人在债务履行期届满前,不得与抵押人约定债务人不履行到期债务时抵押财产归债权人所有"。这是关于抵押权流质契约禁止的规定。《物权法》禁止设立流质条款的主要目的在于体现民法的公平等价有偿原则以及保护债务人、抵押人、债务人的其他债权人的利益。在设立抵押权时,抵押人处于资金需求者的地位,债务人为经济上困难所迫,会提供或请求第三人提供高价值的财产担保价值较小的债权。当债务人到期不能清偿债务时,债权人将获得抵押物的所有权并获得暴利;也可能存在抵押人与抵押权人恶意串通,通过签订流押条款这种方式,来逃避对其他债权人的债务的情形;在第三人提供抵押物情形下,可能存在债务人与债权人串通,债务人到期故意不履行债务从而使债权人取得担保物的所有权,损失抵押人的利益。

朱某芳案之所以认定商品房买卖合同不是"流押(质)协议",是因为其将担保标的物视为合同债权,即用商品房买卖合同的履行来担保债权实现,

---

[1] 案例参考《最高人民法院公报》(2013)民提字第135号判决。

而并非直接变动物权,此种非典型担保并非“物保”,故无须考虑流押(质)禁止。但从实质上看,能够发生担保作用的还是商品房买卖合同中的标的物,即商品房。正如杨立新教授认为用买卖合同作为借贷担保时,是物的担保,属于“非典型性担保物权”[1]中的“后让与担保”,但杨立新教授也只认为这种担保物权属于“习惯法”。[2] 生效判决直接认定《商品房买卖合同》有效并直接判决履行合同,有待商榷。

除上述两个判决外,重庆市第五中级人民法院“张某玮诉怡豪公司商品房销售合同纠纷案”也体现了杨伟鹏案的司法观点。综上,在《最高人民法院关于审理民间借贷案件适用法律若干问题的规定》施行前,以房屋买卖合同担保借贷合同的,房屋买卖合同中的流押(质)条款,在司法实践中大都被认定为无效。

二、对《最高人民法院关于审理民间借贷案件适用法律若干问题的规定》第24条第1款的理解

《最高人民法院关于审理民间借贷案件适用法律若干问题的规定》第24条第1款规定:“当事人以签订买卖合同作为民间借贷合同的担保,借款到期后借款人不能还款,出借人请求履行买卖合同的,人民法院应当按照民间借贷法律关系审理,并向当事人释明变更诉讼请求。当事人拒绝变更的,人民法院裁定驳回起诉。”该款规定涉及的法律问题主要有如下几个方面:

(一)让与担保与后让与担保

近几年民间借贷纠纷案件大幅上升,尤其是涉及小额贷款公司或投资理财公司的借贷纠纷案件,呈现出贷款合同格式化以及常常伴随房屋买卖合同等特点。债权人为避免债务人到期无力偿还借款,同时又增加债权实现的可能性,往往在与借款人签订民间借贷合同的同时又签订房屋买卖合同,约定到期不能偿还借款本息,则履行房屋买卖合同,由债务人以预先确定的价格将特定房屋卖予债权人,从而终结双方的权利义务关系。在签订借款合同的同时签订房屋买卖合同,并将特定房屋的所有权变更登记至房

---

[1] 转引自王秋亮:《“打架”的最高法公报案例——以买卖合同担保借贷合同的效力分析》,载http://blog.sina.com.cn/s/blog_66057ecb0102wizi.html。

[2] 转引自王秋亮:《“打架”的最高法公报案例——以买卖合同担保借贷合同的效力分析》,载http://blog.sina.com.cn/s/blog_66057ecb0102wizi.html。

屋买受人即债权人名下，借款合同中约定到期偿还借款本息，则出卖人可以回赎案涉房屋。前者为后让与担保，后者为让与担保。

让与担保是指债务人或者第三人为担保债务人的债务，将担保标的物的所有权等权利转移与担保权人，而使担保权人在不超过担保之目的范围内，于债务清偿后，担保标的物应返还于债务人或第三人，债务不履行时，担保权人得就该标的物优先受偿的非典型性担保物权。在大陆法系国家，让与担保是沿袭罗马法上的“信托行为”（Fiducia）理论并吸纳日耳曼法上的“信托行为”（Treuhand）成分，经由判例学说所形成的一种非典型的担保制度，并由学说和判例发展而来。[1]

后让与担保，是指债务人或者第三人为担保债权人的债权，与债权人签订不动产买卖合同，约定将不动产买卖合同的标的物作为担保标的物，但权利转让并不实际履行，于债务人不能清偿债务时，须将担保标的物的所有权转让给债权人，债权人据此享有的以担保标的物优先受偿的担保物权。[2]

让与担保与后让与担保的区别在于：一个是先转移所有权，另一个是后转移所有权。从担保权人就担保物所取得的权利状态来看，让与担保权人实际取得了担保物权利，后让与担保权人取得的是期待权而非现实物权。在其他方面，两者则基本相同。

（二）让与担保与流质契约的关系

在我国《物权法》起草初期，起草人认为不转移占有的让与担保具有更大制度优势，于是，在草案中设专章规定了让与担保，但最终通过的《物权法》对此并未作出规定。考虑到在那些承认让与担保法律效力的德国和日本，让与担保也并未纳入物权法的框架，即使让与担保制度在该两国的担保实务中非常活跃。所以，我国《物权法》就该问题采用了更为审慎的态度。

让与担保不同于法定物权的抵押权和质权。抵押权无须转让标的物所有权，而让与担保以转移所有权为外观的物的担保，需要转移物的所有权来达到担保的目的。其次，就物权效力而言，抵押权和质权天然具有物权效力；在创设新型担保物权上，根据契约自由原则，只要不存在《合同法》第52条规定的无效情形，就不宜否定让与担保的物权效力；而在物权变动效力

〔1〕 王闯：《让与担保法律制度研究》，法律出版社2000年版，第12页。

〔2〕 杨立新：《后让与担保：一个正在形成的习惯法担保物权》，载《中国法学》2013年第3期。

上,法院应根据物权法定和物权公示原则,不宜承认让与担保等非典型担保的物权效力,故让与担保不具有对抗第三人的效力。

流质契约建立在抵押权、质权基础上,让与担保与抵押权和质权不论从性质上还是表现形式上均不同,故司法实践中不会触犯流担保禁止的规定。流质契约是当事人事先约定在债务人不清偿债务时,担保债权人当然取得标的物所有权,而且不负担清偿义务。那么是否意味着债权人可以不经清算而直接取得买卖合同标的物所有权的情况呢?答案当然是否定的,因为虽然让与担保不同于流质契约,但流质条款的弊端及其可能发生的不当后果,也是让与担保制度所竭力回避的。这也是本条第二款规定强制清算的原因。

(三)明确了房屋买卖合同和借贷合同的定位

《最高人民法院关于审理民间借贷案件适用法律若干问题的规定》施行前,司法实践中有认定房屋买卖合同和借贷合同均有效,且判决履行房屋买卖合同的,而大多数判决系认定房屋买卖合同和借贷合同中的流质条款无效,最终回归到审查双方借贷法律关系的。该司法解释明确了房屋买卖合同和借贷合同的定位,即作为借贷关系的担保,买卖合同在发生、消灭和处分上具有从属性。双方当事人之间的真实意思表示是欠债还钱,签订房屋买卖合同的目的是在债务人到期无力偿还本息的情况下,债权人仍能实现其债权。如果法院按照当事人的请求仅审理房屋买卖法律关系并判决履行房屋买卖合同,将违背当事人在签订合同时的真实意思。故本条第1款规定当事人以签订买卖合同作为民间借贷合同的担保,借款到期后借款人不能还款,出借人请求履行买卖合同的,人民法院应当按照民间借贷法律关系审理,并向当事人释明变更诉讼请求。当事人变更诉讼请求后,法院按照基础法律关系,即借贷法律关系进行审理。

关于当事人拒绝变更请求,仍然坚持按照房屋买卖合同关系进行审理,法院应当驳回诉讼请求还是驳回起诉的问题,该条规定第1款作出明确规定,即当事人拒绝变更的,人民法院裁定驳回起诉,以否定当事人在房屋买卖法律关系上根本性的诉权。

特别注意,《最高人民法院关于审理民间借贷案件适用法律若干问题的规定》施行后,人民法院不宜再对作为民间借贷合同担保的房屋买卖合同中的流质内容作出无效的认定。

三、司法实践中借贷合同与买卖合同并存的事实认定和法律适用分析

本条对此前司法实践中以买卖合同担保借贷合同的效力和法律适用进行了明确，但司法实践中借贷合同与买卖合同并存的情形多种多样，从签订时间上看有债务到期前签订买卖合同作为民间借贷担保的，有债务到期未偿还而签订买卖合同的，也有债务到期未偿还而签订买卖合同但同时给一定宽限期的；从买卖合同签订的内容看有约定回赎期的，也有形式上与借贷合同无关的。法官在审理该类案件时对事实的认定和法律适用并不统一，类案不同判情形严重影响司法权威。

（一）借贷合同与买卖合同并存的多种情形

情形一：不转移所有权的担保，债务到期前约定到期未偿还，请求履行《房屋买卖合同》

2016 年 5 月 5 日，某甲和某乙签订《房屋买卖合同》（或办理预告登记或进行公证），约定某乙将某房屋作价 18 万元出卖给某甲，当日支付房款，暂不过户；同日某甲和某乙签订《借款合同》，约定某乙向某甲借款 18 万元，借期 6 个月，利息 2 万元，到期未能偿还本息，履行双方签订的《房屋买卖合同》，由某乙向某甲交付房屋并进行过户登记。

情形二：转移所有权的担保（约定回赎期）

2016 年 5 月 5 日，某甲和某乙签订《房屋买卖合同》，约定某乙将某房屋作价 18 万元出卖给某甲，约定当日全额支付房款并办理过户登记；同时约定过户后某乙仍占有使用案涉房屋且每月支付某甲租金 3300 元，某乙在 2016 年 11 月 6 日至 12 月 6 日可以 18 万元价格回赎案涉房屋。某甲当日通过银行向某乙转账 18 万元房款，后甲乙双方到房管局办理了过户登记。

情形三：债务人到期不能偿还借款本息，双方重新签订《房屋买卖合同》

2016 年 5 月 5 日，某甲和某乙签订《借款合同》，约定某乙向某甲借款 18 万元，借期 6 个月，利息 2 万元，到期乙方未能偿还本息；同年 12 月 1 日，双方签订《房屋买卖合同》，约定某乙将某房屋作价 20 万元出卖给某甲，以欠付本息 20 万元冲抵购房款。后某甲主张履行《房屋买卖合同》，要求某乙协助过户（或者债务人到期不能偿还本息，双方重新签订《房屋买卖合同》或《以房抵债协议》并办理过户手续，一方反悔的）。

情形四：债务人到期不能偿还借款本息，双方重新签订《房屋买卖合

同》,并约定宽限期

2016年5月5日,某甲和某乙签订《借款合同》,约定某乙向某甲借款18万元,借期6个月,利息2万元,到期乙方未能偿还借款本息;同年12月1日双方签订《房屋买卖合同》,约定某乙将某房屋作价20万元出卖给某甲,以欠付本息20万元冲抵购房款,但同时约定某甲给某乙3个月还款宽限期,到期仍未能偿还借款本息,履行《房屋买卖合同》;3个月后,某乙仍不能偿还借款本息;后某甲请求履行《房屋买卖合同》,要求某乙协助过户。

情形五:同时签订《房屋买卖合同》和《借款合同》,两份合同之间很难看出关联性

2016年5月5日,某甲和某乙签订《借款合同》,约定某乙向某甲借款18万元,借期6个月,利息2万元;同日双方签订《房屋买卖合同》,某乙以20万元的价格出卖某房屋给某甲,未约定房款支付时间和交付、办证时间,并对合同进行公证。某甲当日转账20万元称为支付购房款,对于18万元的借款,某甲称当日为现金支付。后某甲既要求某乙偿还借款本息,又要求某乙履行《房屋买卖合同》。

(二)事实认定

在审查《房屋买卖合同》和《借款合同》的关系时,必须严格审查相关证据、探求当事人签订合同时的真实意思表示,剔除虚伪意思表示,确定房屋买卖法律关系和民间借贷法律关系的主从地位,同时准确认定当事人合意变更的情况,充分尊重当事人意思自治。

从上述列举的五种情形,可以看出《房屋买卖合同》和《借款合同》并存的情况下,要么是《房屋买卖合同》作为《借贷合同》的担保,要么是借款到期后双方合意以欠款本息冲抵房款、新建立房屋买卖法律关系,要么是两份合同很难看出关联性以至于难以认定是一个法律关系还是两个不相关联的法律关系。准确认定事实的核心是探求当事人的真实意思表示,即甄别当事人签订买卖合同是否具有担保的意思,只有确定签订买卖合同的目的是为民间借贷合同提供担保,本条才有适用的余地。[1] 根据《合同法》第130条规定,买卖合同是出卖人转移标的物的所有权于买受人,买受人支付价款的

〔1〕 杜万华主编:《最高人民法院民间借贷司法解释理解与适用》,人民法院出版社2015年版,第414页。

合同。故《房屋买卖合同》买受人的真实意思是取得房屋,出卖人的真实意思是通过出卖房屋获取相应价款。当《房屋买卖合同》和《借款合同》混合时,如何理解《房屋买卖合同》的真意。债务人将标的物所有权转移给债权人,所有权转移仅仅是外观表现形式,因为其内心真实意思为用《房屋买卖合同》为借款担保,故为双方通谋而为虚伪转移所有权的意思表示。当事人以签订买卖合同作为民间借贷合同的担保,双方转移所有权只是让与担保的外在表现意思,双方的本意仍然是设定担保,故应剔除双方虚伪的意思表示“买卖”,而探求双方真实意思表示“为借款担保”,进行审理。

对于情形一:不转移所有权的担保,债务到期前约定到期未偿还,请求履行《房屋买卖合同》。因借期 6 个月期满后,债务人偿还了借款本息,双方不再履行《房屋买卖合同》,双方的权利义务消灭,这是典型的以《房屋买卖合同》作为借款的担保,真实意思为履行《借款合同》保障债权实现,审查借贷法律关系毫无异议。

对于情形二:转移所有权的担保(约定回赎期)。双方当事人在签订《房屋买卖合同》后,出卖人全额支付房款,双方办理了所有权转移登记。如果仅有《房屋买卖合同》,认定双方的真实意思为买卖并无异议。《房屋买卖合同》同时约定仍由出卖人占有使用房屋并按月支付租金;因同时签订了《借款合同》,且约定一定期限届满后出卖人可以原价回赎案涉房屋。此种情况下,虽然买受人暂时取得了案涉房屋的所有权,但买受人的真实意思并非获得案涉房屋所有权并对其进行占有、使用、收益、分配等,应当认定出卖人以转移案涉房屋所有权的方式为购房款(借款)进行担保,一定期限(借期)届满后,出卖人偿还买受人购房款(借款),每月支付的租金为借款利息。

对于情形三:债务人到期不能偿还本息,双方重新签订《房屋买卖合同》。双方当事人最初的真实意思是履行《借款合同》,在债务人到期不能偿还本息的情况下,双方当事人另行签订《房屋买卖合同》或《以房抵债协议》,以欠款本息作为购房款。此时应当理解为双方当事人达成了新的合意,债权人收取借款本息的真实意思已变更为取得案涉房屋所有权,债务人偿还借款本息的真实意思已变更为用案涉房屋冲抵借款本息。根据合同法意思自治原则,只要该抵偿行为不违反法律法规强制性规定,应当充分尊重当事人的意思变化,履行《房屋买卖合同》或《以房抵债协议》。

对于借期届满前签订的《房屋买卖合同》约定借期届满后未偿还借款本息履行《房屋买卖合同》,与借期届满后债务人不能偿还借款本息再新达成的《房屋买卖合同》或《以房抵债协议》,其审理的方向南辕北辙,原因在于:一方面,借期届满前签订的合同仍然是为到期实现债权所提供的担保;另一方面借款尚未到期,签订的《房屋买卖合同》约定的房款金额与借期届满后的市场价格可能存在较大差距,不论涨跌对一方当事人会不公平,如不履行强制清算义务直接要求按此前约定的价格交付房屋,有流质条款之嫌。而借期届满后,当事人之间重新达成的合同,对欠款本息以及房屋当时价格的匹配更为准确,更加符合公平正义。

对于情形四:债务人到期不能偿还借款本息,双方重新签订《房屋买卖合同》,并约定宽限期。到期不能偿还借款本息,双方签订《房屋买卖合同》,约定债务人将某房屋作价20万元出卖给债权人,以欠款本息20万元冲抵购房款,但同时约定债权人给债务人3个月还款宽限期,到期仍未能偿还借款本息,履行《房屋买卖合同》。此时如何认定债权人在签订《房屋买卖合同》时的真实意思表示?是债权人愿意接受债务人提供的房屋以了结双方的借款债权债务关系,还是新签订一份《房屋买卖合同》作为债权人3个月后实现债权的担保?笔者认为,借期虽然已经届满,双方签订了《房屋买卖合同》用欠款本息抵偿房款,但双方此时约定3个月后不能偿还借款本息,方履行《房屋买卖合同》,此时债权人给出的3个月宽限期实为双方当事人对借期进行了重新约定,签订《房屋买卖合同》的行为发生在借期之内,此种情形应当同情形三,3个月后债务人不能偿还借款本息,债权人请求履行《房屋买卖合同》的,仍应当向其释明变更请求,并按照民间借贷的基础法律关系进行审理。

对于情形五:同时签订《房屋买卖合同》和《借款合同》,两份合同之间很难看出关联性。此时审查事实和证据尤为重要,很可能本案同时存在房屋买卖和借款两个法律关系,出卖人既要向买受人交付房屋,又要向债权人偿还借款本金。该案件通过审查,债权人曾向法院提供一份在签订《房屋买卖合同》和《借款合同》当天债务人向其出具的《承诺书》,称“为保证履行与出借人的借款协议,本人慎重承诺:一、我提供的房产权×字第××号作抵押物,本人承诺未对外办理任何抵押担保。同时保证在与债权人签订的借款协议,在我未完全还清借款本金和利息前,不得经销房屋,不变更、不挂失房产证。否则属欺诈行为,由本人承担一切法律责任。二、我提供的抵押物属个人财产,父母、妻儿无权干涉和抵押等经济活动。三、我如不能按时偿还出借人的本金和利息,债权人有权处置我的抵押物”,结合《房屋买卖合同》

并未约定房款支付时间和交付、办证时间,两份合同签订当天仅有一笔银行转账支付房款(或借款)的实际,通过《承诺书》将两份合同联系在一起,可以认定《房屋买卖合同》是《借款合同》的担保。

(三)法律适用

对于上述情形,除适用《最高人民法院关于审理民间借贷案件适用法律若干问题的规定》第 24 条之规定外,还应当适用《合同法》的相关规定。

如针对情形一、二,2015 年全国民事审判工作会议上纪要的讨论稿第 32 条载明:当事人在债务未届清偿期之前约定以房抵债,并明确约定债务清偿后可以回赎,且双方依据约定已办理了产权变更登记手续的,债务人未履行债务,债权人主张根据以房抵债协议请求确认对房屋享有所有权的,债权人应当履行清算义务。故此时债权人请求履行《房屋买卖合同》对案涉房屋进行过户,不能得到支持。

如情形三:债务人到期不能偿还本息,双方重新签订《房屋买卖合同》或《以房抵债协议》并办理过户手续,出卖人反悔了,认为应当回到借款法律关系去审理的。根据 2015 年全国民事审判工作会议上纪要的讨论稿第 33 条"当事人在债务清偿期届满后达成以房抵债协议并已经取得了产权手续后,一方反悔,要求确认以房抵债协议无效的,一般不予支持。若有《合同法》54 条中可变更、可撤销情形的,可以依法请求变更和撤销"精神,达成一致并已实际办理所有权变更登记,债权人业已取得案涉房屋的所有权,只要不存在欺诈、胁迫、重大误解、显失公平等可撤销的事由,或者《合同法》第 52 条规定的合同无效的事由,债务人反悔不应当得到支持。

四、对《最高人民法院关于审理民间借贷案件适用法律若干问题的规定》第 24 条第 2 款的理解

(一)关于强制清算

《最高人民法院关于审理民间借贷案件适用法律若干问题的规定》第 24 条第 2 款规定:按照民间借贷法律关系审理作出的判决生效后,借款人不履行生效判决确定的金钱债务,出借人可以申请拍卖买卖合同标的物,以偿还债务。就拍卖所得的价款与应偿还借款本息之间的差额,借款人或者出借人有权主张返还或补偿。

根据该款规定,在借款人不履行生效判决确定的金钱债务时,出借人享有请求强制清算的权利,即申请强制拍卖买卖合同标的物,以偿还债务,并就拍卖价款与应偿还本息的差额进行强制结算。该款规定采用的是清算型,而并未采用流质型,即由债权人直接取得买卖合同标的物所有权且互不找补。

无论《房屋买卖合同》是否有效,不清算的流质型都有可能导致不公平,或者损害借款人利益,导致价值较大的担保物被互不找补地无条件抵债;或者损害债权人利益,导致原本可以通过担保方式获得全部债务清偿的期待落空。清算义务是公平原则的最大体现,即通过清算,使债权人和债务人在清算时对担保物的价值和债权本身价值实现最大限度匹配,进行多退少补,实现当事人之间的利益平衡。

(二)关于债权人就标的物拍卖价款是否享有优先受偿权的问题

该项仅规定债权人可以申请拍卖合同标的物以偿还债务,但此处债权人是否享有对债务人的其他一般债权人优先受偿的权利,司法解释并未明确规定。第一种观点认为,该项既然规定可以申请拍卖和受偿,且合同标的物本身是用于债权担保,被理论界认定为让与担保,如果不具有优先受偿权,如何体现担保的法律价值。第二种观点认为,对于担保物权应当严格采物权法定主义,在我国法律尚未将让与担保明确为担保物权的一种的情形下,不宜认定其担保的债权优先于债务人的其他一般债权。笔者赞同第二种观点,毕竟让与担保相对于抵押权、质权等担保物权而言公示性和公信力较弱,过早放开让与担保有架空我国现行担保制度中抵押权等登记之嫌。建议在相关法律对让与担保这一制度作出明确规定前,在本款对审判实践中让与担保现象进行初步规制的基础上,通过司法解释形式在一定程度上赋予让与担保所担保的债权有限性。

互联网 P2P 借贷中的法律风险探讨

陈　忱*

内容提要:随着银监局监管主体地位的确定,P2P 网络借贷平台信息中介服务平台身份的明确,P2P 网络借贷也渐渐走上正轨,但相关的配套设置还有待进一步明确,仍需要摸索前行。本文从 P2P 网络借贷中的不同角色入手,先分析不同角色带来的复杂法律关系,然后在现有的法律框架下提出 P2P 网络借贷的应然运营模式和实践中的异化运营模式,分析不同角色可能带来的法律风险,从完善的角度提出自己的建议。

关键词:P2P　互联网金融　法律风险

P2P 是英文 Peer-to-Peer 的缩写,最早是计算机行业的专业用语,"Peer"在英语中有"对等者"的含义,一般翻译为端对端或点对点,指资源拥有者和其他对等的参与者,不经过中间服务器就可以共享资源,例如,我们经常使用的 BitTorrent、电驴(eMule)、磁力下载等,都属于 P2P 传输模式。P2P 打破了传统的网络传输模式,在网络中每个参与者的地位都是对等的,每个参与者既提供资

* 陈忱,四川省南充市人,法律硕士,南充市中级人民法院研究室法官助理。在研究室工作期间,承担多项重点调研课题及学术论文写作工作,并多次获奖。

源,又充当服务器,同时也享受其他参与者提供的资源。[1]

P2P 传输方式,由于去除了服务器这个中间环节,使网络间的资源共享变得更便捷,随着高速互联网的普及,P2P 传输方式从 20 世纪 90 年代末开始进入了爆炸式的增长。而伴随着社会经济的高速发展、个人闲散资金的不断增加,广大的中小企业、个体商户需要吸纳资金发展业务,人民大众手头的结余现金需要有新的投资方式。于是,在互联网不断发展的背景下,P2P 这一模式被创造性地应用到小额借贷行业之中,产生了有别于传统借贷的"P2P 网络借贷"。

P2P 网络借贷在我国也称"人人贷",[2]简而言之,就是资金供给方和资金需求方通过互联网平台实现资金的投融资需求,广义的"人",既包括个人,也包括法人和其他组织,最大的特点在于它摈弃了银行这一传统的借贷媒介,资金供需双方自行匹配,直接产生了借贷关系。

自从 P2P 网络借贷平台这一模式 2007 年引进我国以来[3],在普惠金融和服务小微企业的政策支持下,得到快速的发展。中国人民银行发布的《中国金融稳定报告(2014)》指出,截至 2013 年末,全国范围内活跃的 P2P 网贷平台已超过 350 家,累计交易额超过 600 亿元,P2P 网络借贷平台逐渐呈现出一片繁荣的景象。[4] 根据网贷之家的统计数据显示,2014 ~2016 年,我国的 P2P 行业呈现出井喷式发展,参与到 P2P 行业中的个体越来越多,涉及金额超过千亿元,如图 1 所示。可以说,P2P 网络借贷的发展,已经成为影响社会安定、人民生活的重要方面。

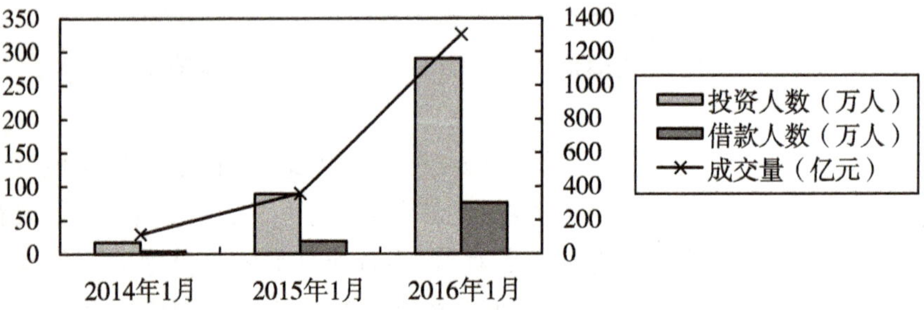

图 1　2014 ~ 2016 年 P2P 网络借贷行业投资数据

---

〔1〕 罗杰文:《Peer-to-Peer 综述》,载 http://www. intsci. ac. cn/users/luojw/P2P/ch01. html。

〔2〕 2011 年中国银监会办公厅文件《关于人人贷有关风险提示的通知》中,将 P2P 网络借贷平台称之为"人人贷信贷服务中介公司"。

〔3〕 2007 年拍拍贷的成立,被普遍认为标志着 P2P 网络借贷平台模式正式被引入中国。

〔4〕 《中国金融稳定报告(2014)》,载 http://www. financialnews. com. cn/yw/jryw/201404/t20140430_54871. html。

目前,我国学术界关于 P2P 网络借贷的研究,主要集中于国内外的 P2P 网络借贷平台经营模式分析和比较、P2P 网络借贷面临的主要风险以及监管体制建设等方面进行宏观研究。针对目前的研究现状,本文拟在法律视野下,分析 P2P 网络借贷的不同参与角色,通过 P2P 网络借贷平台本身经营行为的应然和异化情况,分析不同角色可能带来的不同法律风险,以发现各种潜在的风险点,并在此基础上提出规范化的 P2P 网络借贷平台合法运行模式及相关制度的建设建议。

一、P2P 互联网借贷中的角色分解

P2P 网络借贷这种新型的民间小额借贷模式正逐渐被大众所了解和青睐,一方面,资金拥有者可以通过此方式得到高于银行存款的利息,另一方面,资金需求者可以通过互联网这一相对便捷的方式解决资金需求。因此,可以说 P2P 网络借贷是市场经济发展和自动调节的产物。P2P 网络借贷,归根结底仍然属于民间借贷,但是,相较于一般的民间借贷,又有更多的参与者,并形成了更为复杂的法律关系。

(一)借款人

借款人即融资方,主要为中小企业、个体工商户、创业者、工薪阶层、在校学生以及其他有资金需求的个体,他们借贷资金后用于企业发展、发放员工工资、创业、购买生活用品等。借款人通过在平台上发布借款信息获得贷款,并在后续阶段通过平台向相对方还本付息。

(二)出借人

出借人即投资方,参与者涉及社会各个行业和各个阶层,包括学生、普通员工、个体工商户等各类手头有闲散资金的个体。他们通过平台借出资金,期待在借款期限届满时可以收回本金并获得利息。

(三)网络借贷平台

网络借贷平台为借贷双方提供服务,撮合借款人及贷款人达成协议,通过收取信息费、管理费等方式盈利。

(四)其他参与主体

除了以上三个最基本的参与角色,实践中的P2P网络借贷平台还可能存在以下角色:

1.资金存管或托管机构

借贷双方在借贷过程中的资金交互平台,实践中往往是各类第三方支付平台或者银行,因为具备一定的实力和信誉保障,接受网络借贷平台的委托后为借贷双方提供交易支持。

2.担保人

担保人为借贷双方的资金提供担保,实践中充当担保人角色的,有保险公司、P2P网络借贷平台自身或者平台关联公司、专业的担保公司等。而关于担保内容也不尽相同,有的对本金和利息进行担保,有的仅担保本金。

3.债权转让人

[1]债权转让人往往并不是真正的投资者,而是在出借人和借款人之间增加的一个角色。债权转让人先贷款给真正的借款人,然后通过平台将该债权拆分或者包装为不同数额、期限的理财产品,供平台上真正的投资者购入。在实践中,债权转让人有的由网络借贷平台自己担当,有的则由与平台有关联的股东或公司担任。

二、P2P互联网借贷中可能形成的法律关系

(一)基础法律关系

基于互联网P2P网络借贷平台形成的P2P网络借贷,基于三个基本角色,主要形成两类最基础法律关系:一是借款人与出借人之间借贷合同关系;二是P2P网络借贷平台与借贷双方当事人之间的居间合同关系。

(二)延伸法律关系

1.存在资金存管或托管机构时,P2P网络借贷平台与资金存管或托管机构之间形成委托代理关系,即P2P网络借贷平台委托第三方资金存管或托

---

〔1〕 有的作者将之称为“专业放款人”,如雷膦绮:《我国P2P网络借贷存在的法律风险及其规制》,载http://www.chinacourt.org/article/detail/2015/07/id/1677715.shtml。

管机构管理资金的来往结算，将平台与借贷双方的资金隔离开来。

2. 存在担保人时，借款人与担保人之间形成担保关系。担保方往往由第三方担保公司担任，有的 P2P 网络借贷平台也为贷款人提供独立担保或与第三方一起提供共同担保。

3. 存在债权转让人时，债权转让人与借贷当事人之间形成债权转让关系。P2P 网络借贷平台上，先由债权转让人与借款人之间形成借贷关系，之后债权转让人再将该债权转让给有理财需求的投资人。

三、不同角色在异化经营模式下带来的法律风险剖析

2014 年以来，P2P 网络借贷平台数量剧增，平台交易量也不断增加。但与此同时，2014 年以来也是 P2P 平台失联、跑路事件的集中爆发阶段，停业及问题平台数量占比逐年上升。从对这些平台的分析可以发现，这些 P2P 网络借贷平台本身已不再单纯是信息中介平台。在这种情况下，P2P 借贷网络平台的运行已经异化为信用中介，实质上是向投资者提供各种金融理财服务，而不仅仅是借贷双方之间的一个信息中介平台了。

表 1　2014 年 ~ 2016 年 P2P 网络借贷平台数据

统计时间	运营平台数量（件）	累计停业及问题平台数量（件）	停业及问题平台数量占比（%）
2014 年 1 月	880	104	10.6
2015 年 1 月	1627	436	21.1
2016 年 1 月	2594	1351	34.2

（一）借款人带来的风险

1. 借款人违约的信用风险

在 P2P 网络借贷过程中，借款人带来的最突出的风险是借款人将来可能违约的信用风险，即到期债务无法得到清偿。借款人在提出借贷申请时，自身需要提供一些基本信息，包括身份、学历、收入、车房等。借款人提供的这些信息可能存在失真或者不完全，也很容易被造假，平台和出借人在获得错误信息情况下，可能对借款人的个人信用进行错误的评估，导致最后到期债务无法清偿，严重侵害出借人的合法权益。

2. 借款人非法集资或诈骗的风险

由于现在的P2P网络借贷平台数量众多又良莠不齐，借款人完全有可能在不同平台进行注册并提出借款申请，大量吸收社会闲散资金，甚至在非法占有的故意下，获得借款后便人间蒸发，明显已经构成刑事犯罪。

(二)出借人带来的风险

1. 出借人借用P2P网络借贷平台洗钱的风险

由于P2P网络借贷平台对出借人的金钱来源难以核查，对借款的审核和追踪的力度不够，反洗钱监管部门也难以对众多P2P网络借贷平台进行监管，加上网络平台自身所具有的虚拟性、隐蔽性、交易的即时性等，犯罪分子可以利用平台的网络分散性，将非法所得通过分批分次地变成若干小额的资金出借，收回后就转变为合法财产。[1]

2. 出借人缺乏金融行为能力带来的风险

P2P网络借贷其本质属于互联网金融，虽然对出借人没有任何的要求，但说到底仍然属于带有风险的投资行为，需要出借人具备基本的金融行为能力。英美等国家在对于互联网金融立法中，引入了合格投资者的概念，体现出在互联网金融中的投资者必须要具备基本的金融行为能力。[2] 但是我国P2P网络借贷中的出借人，往往欠缺基本的风险鉴别能力和对金融投资的了解，在P2P网络借贷行业乱象丛生的发展过程中，往往因为盲目追求高收益而导致自己权益受损，成为社会经济发展的不稳定因素。

(三)网络借贷平台带来的风险

1. 平台进行非法债权转让带来的非法集资风险

根据央行《关于取缔非法金融机构和非法金融业务活动中有关问题的通知》中的有关规定，P2P网络借贷中的债权转让模式，已经涉及了非法集资。[3]

2. 平台发布虚假标的带来的诈骗风险

有的P2P网络借贷平台，在没有借贷项目的情况下，利用虚假的借款人

---

〔1〕 陈向聪：《P2P网络借贷在我国发展面临的法律风险及其规制》，载《海峡法学》2014年第4期。

〔2〕 李爱君：《互联网金融的法治路径》，载《法学杂志》2016年第2期。

〔3〕 李爱君：《互联网民间金融模式及风险防范》，载 http://iof.hexun.com/2013-11-25/159988312.html，2013年11月25日访问。

信息在平台上发布借贷需求，利用出借人的信息不对称劣势和追逐高利息心理，向出借人“借款”，并不断地借新还旧，然后挪用款项进行个人挥霍，或者卷款潜逃。例如，2015 年轰动一时的“e 租宝事件”中，平台用收买企业或者注册空壳公司等方式在“e 租宝”平台上虚构项目，“借道”第三方支付平台的形式实际吸收资金 500 余亿元，涉及投资人 90 多万名。[1]

3. 平台经营不合规造成的流动性风险

P2P 网络借贷平台的流动性风险，在于有的平台采用担保垫付模式，或者进行了拆标的行为，即将长期借贷标的拆分为零散的、短期的借贷标的。如此一来，一旦出现坏账或者挤兑潮，平台的自有资金不足以覆盖出借人的取款申请时，平台就会面临资金不足的流动性风险，往往会导致平台的倒闭。[2]

4. 平台违规操作带来的资金池风险

按照要求，P2P 网络借贷平台的自由资金，应当和借贷资金相分开，保障借贷资金的独立性，这样即使平台倒闭或者跑路，也可以保证借贷资金的安全。但在实践中，许多 P2P 网络借贷平台并没有真正做到这一点，使出借人的资金在平台账户中沉淀形成资金池，平台可以任意使用、挥霍资金池中的资金，带来极大的安全隐患。

5. 平台实际收费带来的高利贷风险

《最高人民法院关于人民法院审理借贷案件的若干意见》规定，民间借贷利率可以超过银行贷款利率，但是不得超过银行贷款利率的 4 倍。目前，国内的 P2P 网络借贷平台借贷利率实际多未达到 4 倍，但是在实际运营过程中，平台往往会向出借人或者借款人收取数额较大的服务费、管理费等各类费用，使实际产生的费用已经达到了高利贷的水平。

6. 平台管理带来的隐私泄露风险

P2P 网络借贷平台由于审核借款人的信用资质需要，需要借款人向其提供大量的个人信息。如果平台在网络方面存在漏洞，可能导致个人隐私泄露。甚至如果平台在这方面的员工管理上有疏忽，员工完全可以利用自身便利，对 P2P 平台里面的庞大的个人信息数据进行出售，同样导致个人隐私

[1] e 租宝打着“网络金融”旗号非法集资 500 多亿元，http://news.163.com/16/0201/11/BEO382K500014AED.html，2016 年 2 月 1 日访问。

[2] 刘学婷：《基于互联网平台的 P2P 网络借贷模式研究》，天津商业大学 2014 年硕士学位论文。

的泄露。[1]

(四)其他角色可能带来的风险

1. 担保人重复担保、超限担保带来的风险

我国P2P网络借贷平台合作的大部分担保公司,往往都是一些中小型的担保公司,其本身资金量不大,资金链脆弱。按照行业管理,我国的担保费一般是担保额度的3%～5%,而担保客户一旦发生违约,担保公司需要100%的赔付。[2] 尤其是对于P2P网络借贷而言,担保公司承担了较大的风险,导致实力雄厚的大型担保公司不愿蹚P2P这摊浑水,而中小型担保公司虽然提供了担保,但往往不能发生实际的担保作用,而且往往是重复担保、超限担保,对出借人的实际利益保护没有用处。

2. 资金存管或托管机构疏于监督带来的风险

2015年底银监会发布的《网络借贷信息中介机构业务活动管理暂行办法(征求意见稿)》规定,P2P网络借贷平台要"选择符合条件的银行业金融机构作为出借人与借款人的资金存管机构"。但通过实际考察P2P网络借贷平台与银行签订的存管合同来看,即使平台选择了银行作为资金存管机构,也未能降低借贷资金被挪用的风险。根据合同约定,银行只按合同规定,替出借人和平台提供存管系统,并按照平台的指令进行资金划转,至于出借人的身份、资金的来源、平台项目的真实性、平台交易指令的真实性,银行并不承担审核或者风控责任。在这种情况下,银行存管资金,也就仅仅是对资金进行保管而言,并不能避免平台通过虚假合同、虚假交易指令的方式将存管资金转移到平台账户的风险。

四、现有法律框架下完善我国P2P网络借贷制度的建议

如前所述,在我国的现有法律框架下,P2P网络借贷平台既不形成资产业务,也不形成负债业务。我们无法对类型的平台附加太多的责任和义务,例如,有的学者认为,P2P网络借贷平台应该注重审核出借人的资金来源,建立并完善平台对借款人的信用评级;等等。[3] 但笔者认为,既然平台只是为

---

〔1〕 李爱君:《互联网金融的本质与监管》,载《中国政法大学学报》2016年第2期。

〔2〕 董峰:《我国P2P网络借贷平台模式及其风险研究》,云南财经大学2015年硕士学位论文。

〔3〕 何雅洁:《P2P网络借贷平台的法律规制研究》,载《法制与社会》2014年第6期。

资金供需双方提供信息服务，那么更应该用一种温和而有弹性的方法进行设计，使其作为信息中介平台而存在，而将资金审核责任交给资金托管机构，将信用评级责任交给社会征信机构。如果对其要求太过严格的市场准入和高昂的规则成本，将会阻碍 P2P 网络借贷平台的发展。[1]

（一）建立第三方担保和有风险备用金制度的 P2P 网络借贷平台模式

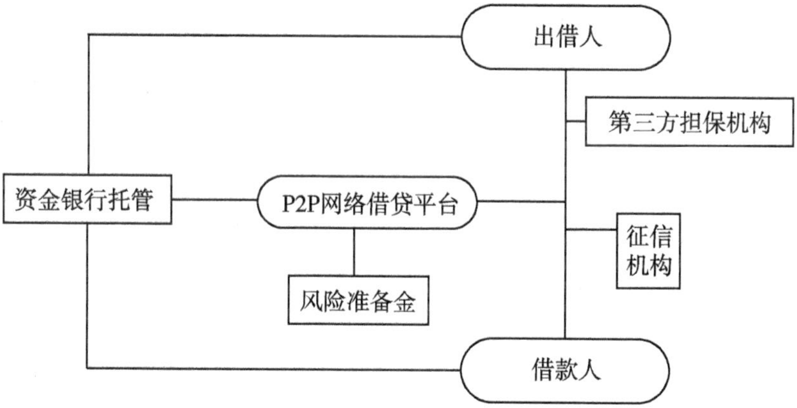

图 2　P2P 网络借贷平台构建模式建议

单纯中介型式的 P2P 网络借贷平台本身是没有什么风险的。然而，在没有任何担保机制的情况下，一旦发生借款人违约或者坏账，出借人将会血本无归。[2] 尤其是在我国个人征信机制建立不够完善、信息不对等的情况下，出借人难以了解到借款人和平台的相应情况，要承担比较大的信用风险。因此，还是需要一定的担保制度，来保障出借人的权利得到保护。

一是确立第三方担保制度常态化。要鼓励大型的、有实力的担保公司在 P2P 网络借贷中进入角色，根据平台的违约率和坏账率，提供尽可能覆盖本金的担保。

二是建立 P2P 网络借贷平台的风险备用金模式。平台不能以其自身或者通过关联的公司提供担保，但可以建立起风险备用金的模式，以此来尽可能地涵盖平台可能遭遇的违约或者坏账风险。

---

〔1〕 例如，美国曾依据 1933 年的《证券法》将 P2P 网络借贷平台界定为票据发行人，认为 P2P 平台应当受到 SEC 的监管，导致全球首家 P2P 网络借贷平台——英国的 Zopa 平台逃离了美国市场。

〔2〕 许恋恋：《借贷宝迷局："宝友"数千　90% 欠债难还》，载 http://mt. sohu. com/20160829/n466540799. shtml，2016 年 8 月 29 日访问。

(二)完善银行的资金审核和托管制度

银行相较于第三方支付平台而言,受到的监管更为严格,适合作为第三方平台,来使平台自有资金和借贷资金相分离。同时,银行作为最大的资金往来平台,对于个人的资金来源、资金流向等监管责任具有更天然的优势。此外,要加大银行在资金托管中的审核义务,每月公布托管资金的来去明细,平台调配资金提供的借贷合同、还款计划等,银行应该进行基本的核查,加大平台的违法成本,最大限度地减少平台跑路的可能性。

(三)加强对社会信用评级机构的建设

如果P2P网络借贷平台将个人信用较低的借款人的借贷申请信息发布在平台上,借款人将面临较大的违约风险。目前,P2P网络借贷平台上,借款人的个人信用资质评定,完全依靠平台自身进行。因此,我国需要有一个完善的个人信用体系,帮助平台及出借人对借款人的借款数额、还款能力、借款利率和期限进行基本的评定。国外成熟的P2P网络借贷行业中,专业的第三方评级机构为其提供了很大的帮助,我国也应当加强对社会第三方信用评级机构的建设。

(四)建立对P2P网络借贷平台的信息披露机制

信息披露制度能有力地防止由于信息不对称导致的主体之间的不平等现象,由于P2P网络借贷平台发展迅速,涉及人数众多,其资金状况随时都处于变化之中,需要时刻掌握平台的重要信息。银监会可以提供相应的数据模板,各平台需要依据要求,对重要信息进行公示和回报。披露的信息应当包括平台的基本人员情况、业务活动变化和资金状态,为监管机构了解平台运行情况、向公众提出危险警示等提供参考。[1]

(五)加强监管防止P2P网络借贷平台成为非法集资平台

在P2P网络借贷中,往往存在着"一对多"的关系,即多个出借人将钱同时借给一个借款人,若不采用必要的限制,借款人将涉嫌利用平台从事非法集资的犯罪活动。因此,P2P网络借贷平台应确保单一借款人的借款额度不

〔1〕 张子介:《论P2P网络借贷平台的事中事后监管》,载《法制博览》2016年第8期。

得超过一定金额,并限制单笔借款的出借人数,防止借款人向过多的出借人借款而构成非法集资。[1]

五、结语

P2P 网络借贷在我国虽然出现的时间较晚,但发展非常迅速。而随着 2016 年 8 月《网络借贷信息中介机构业务活动管理暂行办法》的出台,这个过于迅猛的发展势头得到了一定的遏制,P2P 网络借贷行业也逐渐向更良好的趋势发展。而如何在互联网迅猛发展的过程中,既保障 P2P 网络借贷行业的活力,同时也保护广大人民群众的合法权益,将是一个长久而曲折的摸索过程。本文提出的 P2P 网络借贷平台经营模式,是在现有法律框架下的一个探索,期待着今后在 P2P 网络借贷发展过程中形成更合适、更平衡的经营模式,实现互联网金融的自主创新和普惠金融的优势。

---

[1] 杨振能:《P2P 网络借贷平台经营行为的法律分析与监管研究》,载《金融监管研究》2014 年第 11 期。

互联网金融的规范发展

邱泽龙*

内容提要:互联网金融自其产生以来即以迅猛的速度在全球发展,我国的互联网金融亦经历了一段快速野蛮的发展时期。互联网金融蓬勃兴起,几乎触及了金融业的所有领域。总体来看,互联网金融发展对于支持国家创新驱动发展战略,推动大众创业、万众创新和供给侧改革,提升金融服务普惠性和覆盖面具有积极意义。但是互联网的野蛮生长,也带来了许多问题,亟待进行解决,只有将互联网金融的发展纳入到法治的轨道,才能发挥普惠金融的提点,真正促进大众创业,万众创新的政策的实施。

关键词:互联网金融　法律风险　立法规则 金融消费者

互联网金融是一种新兴的金融形式,是传统金融业务与现代 IT、Web 技术相结合的产物。互联网金融概念,最早是由中国投资有限责任公司副总经理谢平先生提出。他在《互联网金融与模式研究》中提出互联网金融是一种便于支付、信用对称程度相对较高、交易双方可以

* 邱泽龙,四川泰和泰律师事务所律师。

不通过银行等金融中介直接进行交易，且在融资方面的资源配置率高、交易成本少的金融模式。同时，在互联网金融分类方面，谢平把中国互联网金融分为“第三方支付、P2P 贷款模式、阿里小贷模式、众筹融资模式、互联网整合销售金融产品，即余额宝和互联网货币”。[1] 由于网络金融业务快速高效，而且不受时间地域等限制，特别是第三方支付、P2P 贷款融资平台等互联网金融，补充了传统银行融资渠道的不足，迎合了互联网时代个人投资者和中小微企业的融资要求和特点，因此，近年来，互联网金融备受个人投资者和中小微企业欢迎和广泛使用，显现爆炸式的快速发展趋势。然而快速发展的同时，凸显出来的问题也越来越多，急需进行规范和解决。

一、互联网金融的特征[2]

1. 经济性

一方面，对于互联网金融企业来说，互联网金融的成本投入低但收益较高。互联网金融企业只需在前期的金融产品开发和日常维护金融系统方面进行投资，无须承担经营场所、员工费用等开支。而且，运用互联网技术中的云计算技术对大数据进行加工，能降低收集与处理信息的成本；另一方面，对于用户来说，互联网金融节约了经济成本和时间成本。互联网金融的高效性使用户足不出户就可以通过电脑完成相关金融业务的操作，节省了在银行排长队等候和往返的时间，节约了时间成本。而且，互联网金融的操作简单、便捷，省去了许多程序及所需的费用，极大地降低了经济成本。同时，灵活多样的互联网金融模式拓宽了融资渠道，降低融资成本和整个金融市场的运行成本，具有极高的经济性。

2. 信息化与虚拟化

金融市场的本质是信息市场，整个金融市场生产和流通的都是信息，信息对金融业的发展有十分重要的作用。互联网金融利用互联网技术，以大数据、云计算、社交网络和搜索引擎为基础，挖掘客户信息并管理信用风险，具有信息化的特征。同时，互联网技术的应用也虚拟化了金融的实务运作。在互联网金融模式下，金融企业只有虚拟化的网址及其所代表的虚拟化空间，金融业务的经营地点被虚拟化了；互联网金融企业提供的大多是电子货

[1] 乔海曙、吕慧敏：《中国互联网金融理论研究最新进展》，载《金融论坛》2014 年第 3 期。
[2] 葛婷婷：《中国互联网的规范和发展》，吉林大学 2016 年硕士学位论文。

币、数字货币、网络服务等理念中的产品服务,经营业务被虚拟化了;互联网金融业务采用电子数据化的方式进行操作,利用由电子货币和网上服务系统等数字网络来处理所有的业务,整个经营过程也被虚拟化了,整个互联网金融都是在虚拟的世界进行的。

3. 高效性和信息对称性

在互联网金融模式下,互联网技术的应用改变了传统金融业务的处理方式,提高了系统化和自动化的程度,可提供全天候、全方位,不受时间和地域限制的金融服务,节省了用户的时间。而且,互联网金融简化了一系列繁复的操作程序,用户全程进行的都是完全自主的网络化操作,操作更加方便快捷,具有很高的效率。同时,互联网技术加快了信息传播的速度,扩大了信息覆盖的范围,使信息的收集和加工变得更为便利。资金提供方不再需要投入大量资金和时间去获得资金贷款方的相关信息,只需通过互联网就可以完成信息的搜集和分析工作;而贷款方也可以借助互联网了解到资金提供方财力等相关信息,降低了传统金融模式中交易双方信息不对称的程度。互联网金融使金融市场的信息披露更加充分和透明,信息更加对称。

4. 去中介化和普惠性

在互联网金融模式下,资金需求方通过互联网平台找到适合自己的融资方式,资金投资方则根据互联网提供的大数据对需求方进行相关条件的评估,决定是否提供贷款,双方可以进行点对点的直接交易。资金供需双方通过网络直接自行交易,不再需要传统金融机构等中介,关系更加紧密,去中介化的特征十分明显。而且,互联网金融的去中介化特性,解决了传统商业银行在原有金融模式中充当金融媒介时,对中小微企业等金融弱势群体的"金融排斥"问题,使在传统金融模式中处处碰壁的弱势群体能够通过互联网金融找到适合自己的金融业务。互联网金融使个人也能找到合适的理财、投资等金融业务,社会各阶层都能共享互联网金融带来的金融资源,是一种大众都能充分参与其中的普惠性金融。

二、我国互联网金融目前存在的法律风险

1. 网络金融监管的法律体系不完善

目前,我国关于金融业务的监管都主要是针对传统的金融行业,对于出现的新兴的互联网金融行业存在空白,难以适应网络金融的发展。金融体

系的公司与一般的公司不相同的是除了有资金杠杆问题,还有风险问题。传统金融体系中的银行、信托、小贷公司等,都能找到对口的监管机构,但目前互联网金融监管处于缺位状态。在众多的互联网金融模式中,不同类型的互联网金融处于不同的管理状态下。主要表现在:一是央行监管。2010年央行出台《非金融机构支付服务管理办法》规范了第三方支付,专门对第三方支付企业管理,但仅仅是针对维护支付竞争秩序,防范支付清算风险;二是银监会监管。由于中国银监会对互联网金融监管职责不明确,对于新兴的互联网金融也无所适从,仅仅于2011年8月23日,银监会下发了《关于人人贷有关风险提示的通知》,对包括贷款可能进入"两高一剩"等限制性行业、业务风险难以控制、监管职责不清等在内的七项风险进行提示,意在向商业银行提示人人贷潜在的风险。三是政府部门监管。如小贷公司归当地金融办监管,民间借贷登记服务中心也是由地方金融办负责筹备和监管。此外,有企业主管部门管理的,也有归口工商管理的,还有类似于民间借贷中介的P2P贷款平台则仍游离于监管之外,没有具体的监管部门。可以说,互联网金融监管处于法律真空地带,央行和银监会等都无法确定权限实施监管。另外,互联网金融也没有建立统一规范的行业自律机制,只有"宜信"、"贷帮"、"人人贷"曾在2012年发起"小额信贷服务中介机构联席会",并发布了《小额信贷服务中介机构行业自律公约》。管理混乱使互联网金融风险不可预测。

2. 业务的合法性难以界定,存在非法的界限

目前,不少从事互联网金融的企业以小额贷款公司、财务公司、投资咨询公司、有限合伙制私募基金等形式存在,事实上其开展的业务"名不副实",超越了其自身业务范畴。有的进行变相吸收存款,有的进行非法集资活动,还有的将融通的资金不进账户,并演变为吸收存款、发放贷款的非法金融机构,甚至还有的变成非法集资或传销组织等,有的企业通过电子商务平台发售公司股份,带有非法募资的嫌疑,有的个人通过网银、第三方电子支付发售彩券、抽奖,事实上演变成了博彩行为等。在这些风险中,最容易的是存在被非法集资的风险。

根据《最高人民法院关于审理非法集资刑事案件具体应用法律若干问题的解释》第1条的规定:违反国家金融管理法律规定,向社会公众(包括单位和个人)吸收资金的行为,同时具备下列四个条件的,除刑法另有规定的以外,应当认定为刑法第176条规定的"非法吸收公众存款或者变相吸收公

众存款”:(1)未经有关部门依法批准或者借用合法经营的形式吸收资金;(2)通过媒体、推介会、传单、手机短信等途径向社会公开宣传;(3)承诺在一定期限内以货币、实物、股权等方式还本付息或者给付回报;(4)向社会公众即社会不特定对象吸收资金。未向社会公开宣传,在亲友或者单位内部针对特定对象吸收资金的,不属于非法吸收或者变相吸收公众存款。大部分众筹网站并未出示依法批准吸收资金的资格;通过网站等媒体向社会公开宣传融资项目;筹集资金的对象明显为不特定公众;虽然如点名时间、淘梦网等许多众筹平台明确回避了以股权等方式作为投资回报,但法律司法解释并未将回报方式作为一种犯罪构成要件,而是禁止一切形式的回报。因而这种类型的众筹在形式上很容易符合非法吸收公众存款罪(非法集资的一种类型)的基本构成要件。同时对于股权众筹来说,该解释的第6条规定:“未经国家有关主管部门批准,向社会不特定对象发行、以转让股权等方式变相发行股票或者公司、企业债券,或者向特定对象发行、变相发行股票或者公司、企业债券累计超过200人的,应当认定为刑法第179条规定的“擅自发行股票、公司、企业债券”。构成犯罪的,以擅自发行股票、公司、企业债券罪定罪处罚。因此,股权众筹从其发行方式、对象上来看,很容易囊括其中,构成非法集资的另一种类型,触犯《刑法》第179条规定的擅自发行股票、公司、企业债券罪。

3. 存有欺诈等道德风险

因为互联网信息不对称以及快速、便捷、投资者非理性等因素特亦发生严重的道德风险。比如在P2P平台通过虚构借款人和较高利率等手段吸引投资人资金后逃之夭夭,平台挪用客户资金的情况屡屡发生。比如“晶玉贷”网贷平台2014年9月28日上线后当日大量用户反映网站平台已打不开,后经证实该平台上线当日即跑路;平台因经营管理不善、亏损严重而倒闭,投资人尚未收回的借款无人管理;因借款人违规、违约,贷款不被偿付;借款人欺诈、违约、倒闭或者违法违规使用贷款导致无力还款;此外,借款人和出借人需要在网贷平台上面填写自己的真实信息,包括姓名(名称)、身份证号码、家庭住址、工作单位、电话号码等。如果网络贷款平台没有对客户的个人信息做好保密措施,那么将极易造成个人信息的泄露和滥用。同时有一些不规范的网络贷款平台将收集来的客户信息打包出售给其他公司,以此牟利。还有就是一些人利用互联网金融进行洗钱操作,比如P2P网络借贷平台尚没有完善的客户身份识别机制以及可疑交易分析报告机制。出借资金拆成多份后使每一笔交易都较为复杂,资金的真实流转状况难以辨识。网络借贷的低门槛性,使洗钱分子可轻易地成为其参与者。我国《反洗钱法》还未涉及互联网金融领域网络借贷平台,可能发展成为法律漏洞下洗钱的新场所。

三、互联网金融法律风险的规制

互联网金融本质上仍是金融,没有改变金融风险的隐蔽性、传染性、突发性和较强的负外部性特征,而且由于互联网属性,其风险的波及面更广、扩散速度更快、溢出效应更强。[1] 2015 年以来,中国政府相继推出了《关于促进互联网金融健康发展的指导意见》《网络借贷信息中介机构业务活动管理暂行办法》和《非银行支付机构网络支付业务管理办法》等监管细则,对中国互联网金融行业的发展具有重大的意义。但中国互联网金融已经积累了太多的问题和风险,除了要出台和完善相关法律、法规外,还应在监管体系、安全体系和消费者保护等方面继续进行积极的探索和努力。据此,对我国存有的互联网金融的法律风险提出如下建议:

1. 加快立法的进程,将不同的互联网金融组织纳入到法律监管范畴,弥补法律空白

虽然在 2015 年 12 月 28 日,中国银监会和央行分别发布了《网络借贷信息中介业务活动管理暂行办法(征求意见稿)》和《非银行支付机构网络支付业务管理办法》,但前者主要是针对 P2P 网贷行业的,而后者是对第三方支付平台做出的规范。2016 年 8 月 24 日,中国银监会、公安部、工信部、国家互联网信息办公室联合发布《网络借贷信息中介机构业务活动管理暂行办法》,该办法主要以负面清单的形式,规定网贷行业不可触碰 13 条红线。但对于众筹等机构却未规定有相关内容,因此,还要尽快推出众筹等其他互联网金融模式的专项法规、配套体系和涵盖整个互联网金融模式的“一揽子”金融监管细则。同时要推出互联网金融的技术规章和互联网金融从业人员职业标准等行业标准,明确监管原则和界限,特别是要从互联网金融机构的资格审查、启动资金、牌照发放、信息备案和披露、业务运作和范围、资金存放与汇划、应尽的义务以及承担的责任与后果等方面入手,制定详尽、可行的法律规范。此外,应

[1] 潘功胜:《规范发展互联网金融 维护金融市场稳定》,载 http://www.nifa.org.cn/nifa/2955686/2955709/2961100/index.html,2016 年 11 月 28 日访问。

该还要制定严格的惩罚和处分条例,对金融犯罪采取严厉打击的态度,对违规操作的平台机构,加大处罚,同时将其纳入互联网容易黑民单,对其进行披露,以促进行业的可持续发展。对于股权众筹,建议学习美国的《JOBS 法案》,设立股权众筹小额发行及豁免。通过股权众筹平台融资,应鼓励小微初创投融资者入市,鼓励其利用投资组合等手段开发优质小额资产,建立发行豁免机制。即为维护互联网金融交易业态的竞争性、发挥该市场培育小微初创企业的功能和保持市场流动性,应当对融资者融资限额予以限制。在给予融资者便利的同时,也应避免普遍具有高杠杆率和信用风险的单个融资者,提供风险过大的金融资产。目前中国证券业协会《私募股权众筹融资管理办法(试行)》,把股权众筹发行,限定为净资产不低于500 万元人民币的企业或合伙向200 人以下的合格投资者的私募发行。我国把股权众筹界定为只能私募发行,主要是考虑到了大多数众筹项目风险较高、个人或小企业等普通投资者普遍参与的成本可能过高的问题。但如此规定,则跟众筹发展起来的本质特征不相符,不符合普惠金融的概念。同时,应建立融资者退市制度,对于投资者能够从市场上退出提供渠道,以更好地维护投资者利益。

2. 对投资者进行分类及投资额度限制以及加强投资者教育

根据不同金融消费者的特点进行分类,从而设定不同的投资门槛,以便有限降低投资者的风险,是目前各国对互联网金融业务所采取的普遍措施。投资者分类和保护制度,是互联网金融风险规制及金融消费者保护的重要内容。同时根据投资者的分类,进行不同的投资者教育,亦能更好地达到维护金融秩序安全与稳定。互联网金融规制要实现资本形成与投资者保护之间的平衡,就要把握互联网金融满足小微投融资者需求的关键,在于拆分资产而后向仅具有小额投资能力和风险承担能力的中小投资者配售资产。因而,投资者分类是首要的、与融资者和平台分拆和错配金融产品的营业行为相匹配的制度,是重塑投资者适当性及保护投资者的前提。美国2012 年通过的《JOBS 法案》根据投资者的年收入的数额进行投资限制,根据法案规定投资人年收入不足10 万美元的,其所投资金额不得超过2000 美元或年收入的5.0%;投资人年收入超过10 万美元,其所投资金额可为年收入的10%,但上限为10 万美元。[1] 根据投资者的年收入进行分类判断是最为简便直接方法。当然投资者

〔1〕 王建文、奚方颖:《我国网络金融监管制度:现存问题、域外经验与完善方案》,载《法学评论》2014 年6 期。

的净资产、投资经验、风险识别能力、风险承担能力本是判断一个投资者是否合适的最实质的判断标准。但因为上述因素主观性较大,而且要求平台对这些因素都进行调差的话,亦可能会增加平台的负担,不利于普惠金融的实质性开展。因此,美国采取了直接根据收入进行判断的标准,符合互联网金融的实质特征。我国的具体规定可以参照美国的上述做法。

同时做好投资者教育工作,亦是对互联网金融投资者长期权益保护的关键。通过进行投资者教育工作开展,使投资者能够理性对待投资,这不仅是可以使得投资者更为合理安排自己的出资,而且对待投资所产生的风险,亦能以更为平和的心态进行接受。

3. 完善对金融消费者的保护,进行充分信息披露

阳光是最好的防腐剂。信息不对称是机会主义、道德风险及代理问题共同的起因。由于信息不对称,交易中的信息优势方往往较信息劣势方,享有优先行动的主动权,这也被视为一种实质上的一方被另一方代理的关系。所谓信息不对称实际上是委托人不能观测到代理人的行动和自然状态,此时在任何激励合同之下,代理人采取机会主义行为的概率都非常大。[1] 我国监管机构应制定严格的信息的透明公开披露制度,保证全面的信息披露,减少风险。各个平台应定期向监管部门上报信息,包括财务状况和治理情况等具体的业务经营情况。我国个人征信体系尚未完全建立,信用数据库内容单一,主要包括个人贷款记录、信用卡使用和信用卡信用记录等,应加大完善我国的个人征信系统的力度,建成覆盖全国数据的个人信用数据库,形成科学合理的个人信用评价体系。

互联网金融平台具有互联网方面的快捷性,因此具有较强的信息收集与处理能力。因此对于互联网金融的消费者应进行实名认证并审核用户信息,对于P2P以及众筹平台,互联网金融机构应对融资方的融资计划的合法性进行考察,同时审查融资计划书是否完备,对于存有疑问的,应要求其提供更多的详细资料,如仍有疑问则应该进行线下调查,同时对由风险不能确定的地方,应该及时在平台上进行披露。此外融资方或融资计划发生重大变化,平台要督促融资方通知投资者并将信息及时进行披露。实施资产证券化交易的P2P平台及融资者,应借鉴金融债券等资产支持证券目前的信息披露模式进行信息披露。股权众筹在发起、交易和退市时,应按照《证券

---

〔1〕 杨东:《互联网金融的法律规则——基于信息工具的视角》,载《中国社会科学》2015年第4期。

法》和《证券投资基金法》的要求信息披露规则进行信息披露，当然具体披露的事项肯定与上市交易的证券有不同的要求，则需要国家在参考其他国家的规定同时结合我国的实际情况作出明确的规定。

校园网贷的规范治理

侯金宏*

内容提要：随着互联网技术的发展，各种互联网金融工具不断涌现，微信支付、支付宝等便捷的支付工具一方面给我们的生活带来了极大的方便，另一方面却存在潜在的危险。校园网贷是互联网金融飞速发展的产物，典型的如蚂蚁花呗、京东白条、分期乐等都是网络借贷平台打造出来的借贷产品，当这些借贷产品面向在校学生推广时，就产生了校园网贷这一特定名词。校园网贷的便捷性、门槛低等特点，使其在学生群体中大受欢迎，五花八门的校园网贷品牌也成为金融市场趋之若鹜的产品。但是，由于学生消费理性的天然不足以及校园网贷行业监管和法律规制的不完善，使宁静的象牙塔成为网络借贷平台利益争夺的地盘，校园网贷正在成为违法诈骗犯罪行为的导火索。

关键词：校园网贷　互联网金融　规范治理

一、校园网贷概述

（一）校园网贷概念阐述

根据《网络借贷信息中介机构业务活动管理暂行办

---

* 侯金宏，四川省社会科学院研究人员，研究方向：金融法。

法》(以下简称《办法》)第2条第2款的规定:网络借贷是指个体和个体之间通过互联网平台实现的直接借贷。个体包含自然人、法人及其他组织。网络借贷信息中介机构是指依法设立,专门从事网络借贷信息中介业务活动的金融信息中介公司。该类机构以互联网为主要渠道,为借款人与出借人(贷款人)实现直接借贷提供信息搜集、信息公布、资信评估、信息交互、借贷撮合等服务。校园网贷是网络借贷平台在大学校园针对大学生开展的一种网络信贷形式,它的本质是网络借贷。

(二)校园网贷的发展模式

目前,校园网贷的发展模式主要有两种:一种走的是P2P网贷平台模式,典型的如麦麦提,该类平台定位为纯信息中介平台作为中介机构,这些网贷平台主要为借贷双方提供信息咨询、身份认证、交割清算等服务。这种模式信息透明度较高,平台从一开始进入校园借贷领域就同步推进资金端和资产端的发展,借款人的借款利率和投资人的投资利率也是保持一致的。平台靠收取借投双方手续费盈利,其中收取投资人的部分将进入风险准备金,收取借款人部分也不超过借款本金的1%。因此,该模式形成了较好的口碑。然而,贷款本身是一种通过收取利息获利的行为,作为一种金融业务,它具有市场本身的逐利性,为了在良莠不齐的校园网贷市场多分一杯羹,网贷平台不满足于开展中介业务收取中介费用,而是主动参与到借款双方的法律关系中来,甚至通过一定手段取代贷款人的地位,校园网贷平台的中介性质逐渐淡化。另一种是资产端的分期购物平台通过自建资金端进入P2P校园网贷平台队伍或者凭借资金募集能力通过资产延伸的方式直接建立校园借贷产品,形成了颇具特色的校园分期付款网贷平台。这些校园网贷平台往往有较强的资金募集能力,推出直面大学生的诸如贷款担保或者是借款的借贷产品,使自身业务更具有竞争性。在尽可能低的法律风险和经济风险范围内设置获取尽可能多的利润,是“经济人”的本性使然,它使校园网贷的发展模式不断地更新,并突破原有网络借贷的规制范围,校园网贷的规制体制正在被不断更新发展的校园网贷冲击和挑战,倒逼规范治理措施的完善。

二、校园网贷的创新与问题

1. 金融脱媒创新与平台工具主义

“金融脱媒”是指在分业管理和分业经营的制度背景下,资金盈余者也就是储蓄者和资金短缺者也就是融资者,不通过银行等金融中介机构而直接进行资金交易的现象。金融脱媒,导致银行等金融中介机构的角色和盈利模式均发生了重要的变化,从交易对手(dealer)转变为经纪人(broker),从利差收入(interests pread income)转变成收费收入(fee-based income)。校园网络借贷平台就是金融市场金融脱媒自发性创新的产物。它为加快形成多层次的社会投融资体系提供了新的渠道。作为信息技术、借贷服务和低端融资渠道结合的产物,校园网贷一经诞生,即充分展现了互联网信息化、平台化、脱媒化等特征,不仅业务品种五花八门,还推出了类似助业贷、千元创业贷、校园信托贷款等迎合大学生借贷需求的特定产品,而且其所带来的贷款理念变化和信息优势,为学生或学生团体通过互联网进行投融资、理财咨询和资产管理,甚至是寻求新的商机提供了更多的渠道和选择。然而,只要有媒介,就必然产生费用。校园网络借贷平台一方面为校园投融资提供了交易市场和监督机制,另一方面也创设各种业务端从中收取费用,与投融资主体的脱媒意图天然相悖,平台工具主义便应运而生。一方面借贷双方借助平台的资信为双方的借贷关系提供保障;另一方面借贷双方通过校园网贷平台暗地交易,逃避平台监督和管理,平台的工具主义价值凸显。贷款方通过校园网贷平台和有借款需求的学生建立联系后,抛去平台,与借款学生私下协商,降低借款门槛,订立借款合同。在法律不禁止的范围内甚至是违法的情况下,贷款方规定一个较高的贷款利率,保证利息价值足够大;然后巧立各种名目在借款的同时先收回部分款项或者款项利益,常用的方式如要求借款学生预先支付贷款利息,并出具一个用于担保的借条等,使借出去的实际款项远低于借款合同约定的金额,这本质上是一个先获利后回本的经营方式。而借款方学生缺乏对这种借贷风险的理性认知,为了能快速拿到钱,往往没有了解清楚就草草签字。贷款方获取高额利润的同时又大大降低了风险,借款方学生在没有资信的情况下就迅速借到款项,双方不谋而合,平台监管变得无能为力,校园网贷平台彻底沦为借贷双方解决互不信任问题的工具。

2. 资产端与资金端平衡创新与平台资本端化

校园网贷平台作为资产端和资金端的中介体,理想化发展状况是保持两端信息平衡然后从两端的互动环节获取利益。资金端的获客成本高已经是一个公开的秘密,对外宣传有几十万、上百万用户的平台其中90%以上都是僵尸户。对于校园网贷平台来说,由于资产端的用户是学生,资金的运用很难产生有效收益,这个比例可能还会上升。优质的“资产端”是P2P网贷平台的发展重点,却不能成为校园网贷驱动发展的突破口。“不差钱,但是缺优质资产”的P2P网贷发展问题的解决在校园网贷领域走出了一条特色的道路,校园网贷平台与资本段的紧密合作甚至融合杀出了一条“平台资端化”血路,而2016年8月发布的《办法》第10条的明文禁止使这条道路还没呼唤来光明就遭受法律否定性评价的黑暗。但是,有利益的地方就会有人趋之若鹜,特别是没有监管措施或监管措施尚没有落实之时。资金端的投资人和校园网贷平台天然有着利益一致的一面,即是将资金安全投放给资产方学生并从中获利,这就促使资金端和平台常常暗中联合,通过宣传陷阱高额骗贷。以“快速便捷、零门槛、无抵押”等特点在高校学生中宣传,打着“借款5秒到账,最高可借×万,无面签,无抵押”的口号,号称是大学生创业、消费、旅游等的最佳帮手。以低分期利率为噱头,但实际上这些小额贷款很多都远超目前银行信用卡分期利率。而且一旦逾期偿还欠款,需要支付的违约金费率也相当高,且按日计算。学生群体消费能力强但还款能力和按时还款的意识欠缺,按日累计的违约金和利息,短时间就比借款本金还多。贷款方通过校园网贷平台挖下贷款陷阱,平台又不遗余力地宣传,使涉世不深、不明真相的大学生办理超出其承受能力的贷款,深陷还贷泥潭。但由于资金端的投资人和校园网贷平台也天然有利益向左的一面,一方面校园网贷平台要从投资人那里收取费用,另一方面两者又必须面临对投资收益的瓜分,中介平台与资产端的合作已经不能满足平台的利益需求,平台资本端化应运而生。在遇到法律的阻挠时,这种发展模式由地上转为地下,监管难度突增。

3. 融资去担保化创新与零门槛审核

所谓“去担保化”是指网络借贷平台自身不以自己的资产或信誉为投资人担保,也不引入第三方投资担保公司,而只作为信息中介,撮合投融资双方交易的发展方式。风险分担是投融资必须考虑的因素。担保作为降低风险的主要保障,往往是网贷平台的标配,担保能力是衡量网络借贷平台水平的重要标准。但是,首先从政府监管政策角度,无论是央行、银监会还是各地方政府都反复重申P2P平台的中介性质,要求不得为交易提供担保;其次从投资担保行业发展趋势来看,随着网络借贷交易规模的急速增长,实力再强的平台都无法全部承担大额坏账,平台担保能力相对下降是必然趋势;并且在校园网贷的发展模式中,学生还款能力弱是无法改变的事实;再次,中间环节的减少有利于成本的节约。最后,对投资人利益真正有效的保障,有赖于网络借贷平台严密的风控体系、有效的监督管理制度和可靠保障机制。因此,校园网贷的去担保化异常彻底,网贷平台只关注学生身份的真实性而不关注学生按时还款的可能性。借款方学生借款审查程序的简化成为去担保化的代名词,校园网贷的去担保化创新发展又走出了一条特殊的道理。部分校园网贷平台只需要借款的学生提供真实的身份证、学号(校园卡信息)、学信网账号等身份证明信息和父母、同学、辅导员或老师等亲朋好友的联系方式信息,即可取得借款人的资格。而这些信息本来就无法准确核实,校园网贷平台往往只通过官方形式确定相关证明信息真实即算是审核通过,然后线上平台几分钟内就将款项划入借款学生的账户。即使不是借款人本人的信息,只要该信息真实,借款人也依然可以拿到贷款。这使部分大学生拿着同学的证明文件,用虚假身份骗取贷款。而被冒用信息的学生,在自己毫不知情的情况下背负巨额债务,对受害的学生和家长而言无疑是一场无妄之灾。

4. 金融服务信息化与校园网贷欺诈

金融服务信息化,顾名思义就是金融服务业的信息化,它是指金融服务以通信网络、计算机、信息资源和人力资源四要素组成的国家信息基础框架为载体,实现技术标准的统一化,信息网络的综合化的趋势。金融服务的信息化一方面为金融服务接受者也就是用户带来了便利,另一方面五花八门的服务产品在信息化的背景下,成为违法犯罪行为的“欢乐场”。校园网贷平台服务引发的欺诈现象便是最突出的问题之一。常见的欺诈手段有两种:一种是设置虚假平台欺诈。部分校园网贷平台本身没有通过合法工商注册而只是设立一个或数个虚假的贷款公司网站就开展校园网贷服务,这些平台使用的往往都是虚假的注册地、虚假的证明文件,网站上的业绩宣传、高管身份信息等也都是虚构而来,在学生寻求借款的时候,以预收各种费用或者预扣利息等借口骗取借款学生钱财后,卷款消失;而贷款人学生自始至终没有收到所需款项或收到少许款项但所付利息远超收到的金额。利用网上格式合同甚至是没有合同隐瞒或模糊实际资费标准、收取特殊费用,学生真正签约借钱或产生了逾期后,才会意识到问题的严重性。另一种是真实平台的低息欺诈。金融服务信息化使金融服务产品及运作方式都能在平台网站上公开展示,缺乏相关知识的大学生只能根据自身的理解以及从平台获取的避重就轻的解答获取相关信息的解读,然后作出是否贷款的决定。低息欺诈主要有低息预扣利息预收费用欺诈、虚假解释利率欺诈和低息复利欺诈三种形式。低息预扣利息、预收费用是指校园网贷平台虚构低息事实,通过预先扣除利息或预先收取各种费用的方式变相收取高息的欺诈方式。根据《最高人民法院关于审理民间借贷案件适用法律若干问题的规定》(以下简称《规定》)的规定,不得预先在本金中扣除利息,预先扣除利息的以实际出借的金额为本金,计算年利率。而实际操作中,校园网贷平台往往利用其优势地位要求预先扣除利息费用,否则不予办理借款业务,处于被支配地位的借款学生为了贷到款只能接受平台的不合理要求。一些网贷平台利用金融服务的信息化手段,在网贷平台网站上悄悄设置如保险费、服务费等不合理的费用,并在发放贷款时预先收取。预扣利息、预收费用的结果是使借到的本金大大缩水,而偿还的利息没有相应减少,实际利息远高于约定的利率。比如约定借款 1 万元,借款期限 6 个月,年利率 12%,服务费用 1000 元,保险费每月 50,预扣利息和服务费之后实际拿到的只有 8100 元,到期需要偿还的本息之和没有发生变化,实际的年利率其实是 14.81%。虚假解释利率欺诈是指校园网贷平台虚构低息事实,通过日息、月息的方式使贷款利率的数字相对较小或者模糊贷款利率的概念,使借款人从感官上误认为利率很低,从而申请贷款的欺诈方式。这种方式对于没有金融基础知识或者借款经验而又急着用钱的的大学生而言极为实用,往往在还款的时候才会发现原来低息只是骗人的把戏罢了。比如规定借款期限一个月,日息 0.0099,看似小数点后面有四位数字,贷款利率应该很低,实际上经过计算年利率已经高达 361.35%,这已经是法定最高年利率的 15 倍了。低息复利欺诈是校园网贷平台虚构低息事实,通过复利的方式变相骗取高额利息的诈骗方式。这种方式是以投资的时间价值换取资本增值,校园网贷平台投资时间(包含约定期限和违约期限在内的借款期限)越久,收益越大;而借款学生还款时间(包含约定期限和逾期还款期限在内的还款期限)越长,成本越高。本来低息复利的结果已经促使高息,如果再与前两种方式结合,其结果必然是高息。而当这些欺诈手段成为行业惯例被大家熟知以后,错误的低息认知使得校园网贷欺诈变得理所当然,校园网贷以畸形发展的方式不断开疆拓土。

三、校园网贷的规范治理途径

1. 规范校园网贷平台准入

第一,确立双重审核制度。按照《关于促进互联网金融健康发展的指导意见》(以下简称《意见》)第 13 项的要求:"任何组织和个人开设网站从事互联网金融业务的,除应按规定履行相关金融监管程序外,还应依法向电信主管部门履行网站备案手续,否则不得开展互联网金融业务。工业和信息化部负责对互联网金融业务涉及的电信业务进行监管,国家互联网信息办公室负责对金融信息服务、互联网信息内容等业务进行监管,两部门按职责制定相关监管细则。"又根据《意见》第 4 项的要求:"工商行政管理部门要支持互联网企业依法办理工商注册登记。电信主管部门、国家互联网信息管理部门要积极支持互联网金融业务,电信主管部门对互联网金融业务涉及的电信业务进行监管,国家互联网信息管理部门负责对金融信息服务、互联网信息内容等业务进行监管。"依据《意见》的精神,校园网贷作为互联网企业,首先要办理工商行政登记,取得营业执照后再持执照办理许可证。由于校园网贷属于增值电信业务,根据《电信业务分类目录》的规定,校园网贷属于在线数据处理与交易处理业务中的在线交易处理业务的范畴,因此,需要经营校园网贷的公司必须在取得营业执照后到省、自治区、直辖市电信管理机构或者国务院信息产业主管部门申请办理互联网信息服务增值电信业务经营许可证,即 EDI 许可证。办理 EDI 许可证必须满足主体条件、资金条件、人员技术条件、经营能力条件和法律法规规定的其他条件。其中,主体条件为依法设立的全内资公司;资金条件为"在省、自治区、直辖市范围内经营的,其注册资本最低限额为 100 万元人民币;在全国或跨省、自治区、直辖市范围内经营的,其注册资本最低限额为 1000 万元人民币";人员技术条件为"有与开展经营活动相适应的专业人员,有必要的场地、设施及技术方案"。这是校园网贷平台的第一重审核。校园网贷平台作为校园网络借贷信息的中介,为借款人和出借人提供信息服务,属于经营性互联网信息服务,因此,需要到省、自治区、直辖市的互联网信息主管部门申请办理经营性互联网信息服务许可证,即 ICP 许可证。这是校园网贷平台的第二重审核。办理 ICP 许可证的条件和 EDI 的条件相似,但两者的审批部门不同,审批目的不同,提交的材料也有差异。经过信息产业主管部门和互联网信息主管部门的双重审核,可以有效地保障校园网贷平台合理合法的行业市场准入。国务院相关部门应当根据《意见》的精神,制定关于网贷平台准入的审核制度的规定,明确确立校园网贷平台的双重审核准入制度。

第二,建立校园网贷平台退出制度。校园网贷平台作为互联网金融企业,我国法律、法规对其登记和备案制度已经有明确的规定。对校园网贷平台的退出制度,《办法》第40条的规定有所涉及。第40条规定:"网络借贷信息中介机构违反法律法规和网络借贷有关监管规定,有关法律、法规有处罚规定的,依照其规定给予处罚;有关法律法规未作处罚规定的,工商登记注册地地方金融监管部门可以采取监管谈话、出具警示函、责令改正、通报批评、将其违法违规和不履行公开承诺等情况记入诚信档案并公布等监管措施,以及给予警告、人民币3万元以下罚款和依法可以采取的其他处罚措施;构成犯罪的,依法追究刑事责任。"该条并未明确对违反法律法规和监管规定的网络借贷信息中介机构可以采取吊销营业执照或许可证等行政处罚措施,也未规定对网络借贷信息中介机构的哪些违反法律法规和监管规定的行为可以采取吊销营业执照或许可证等行政处罚措施。由此可见,对于校园网贷平台的退出,只能依据《公司法》等上位法的规定予以监管,这显然是不够的。校园网贷平台主要通过网站、APP或者两者结合的方式开展业务。全国人大常委会2016年11月颁布的《网络安全法》第61条、第62条、第64条、第66条、第68条对违反"确保用户提供真实信息、网络安全保护、用户信息保护、向境外提供信息的安全评估、停止传输"的规定等五种情形下,网络经营者可以被吊销营业执照或许可证;国家网信办2016年8月发布的《移动互联网应用程序信息服务管理规定》第8条规定了违反"备案、用户信息保护、安全审核、保护知识产权"的规定等四种情形下,可以对APP应用程序提供者采取强制下架的退出措施。然而这些规定仅仅涉及了校园网贷平台诸多问题的小部分,对"平台资本端化"趋势下违法开展贷款业务平台的退出问题、金融服务信息化趋势下的校园网贷欺诈问题下的退出情形都没有涉及,这显然无法满足对异态发展的校园网贷的治理需求。各级工业和信息化行政主管部门作为校园网贷平台电信业务的主管部门,各级互联网信息主管部门作为校园网贷平台金融信息服务和互联网信息内容的监管部门,应当加强对校园网贷平台的监督管理;总结校园网贷平台违法犯罪的治理规律,建立健全的校园网贷平台退出机制,报有关部门制定相关法律法规。

2. 规范资金发放审核

完整的资金发放审核过程应至少包括受理申请信息、形式审查、实质审查、统一发放或不同意发放四个环节。核心环节是形式审查和实质审查的环节。在形式审查环节主要审查申请材料是否齐全和真实,在实质审查环节主要通过审查申请人的借款用途、还款方案等确定其是否有还款能力。

(1)形式审查。材料真实性和齐备性审查。首先,由于线上提供的申请资料往往是原件的复印件或图片,在互联网平面技术如此发达的今天,伪造一套与真实信息一致的电子材料成本非常低但辨别真伪的成本很高,这极易导致审查不力。因此,资金发放审核环节在线下完成是必要同时也是必需的。其次,必须确保借款学生身份的真实性,主要是确保借款人是学生且该学生以自己名义借款。证明自己是学生最直接的方法就是出具学生证和身份证件,因此,要求借款学生在申请环节必须提供学生证和身份证原件。最后,由于校园网贷的借款方大多缺乏还款能力,一方面在借贷双方之间如果没有第三方或者借款本人的有效担保,很难保障网贷不发生违约甚至是欺诈的问题;另一方面,如果必须要求借款学生提供价值相当的财物作为担保物显然不现实。这使引入人保制度大有用武之地,为了避免借款学生随便找人担保而平台又不加以限制,以家长作为担保人为宜。故,资金发放形式审查的条件之一就是家长的书面同意。

(2)实质审查。借贷必要性评估。实质审查的主要目的是进行风险评估,因此,对于影响还款风险的因素应当重点审查,资金用途和还款计划说明制度必不可少。首先,资金的用途是资金能否按时收回的关键。校园网贷资金最主要的去向是消费和创业投资。不论是消费还是创业投资,资金的使用必须合理有度,否则很容易出现资金缺口和资金链断裂,引发还款困难。其次,一套切实可行的还款计划有助于资金的有效回笼。还款计划是否可行,是检测借款学生借款动机和还款能力的主要标准。

3. 规范校园网贷利率和收费机制

利率的规制是民间借贷的核心问题,利率市场化是党的十八届三中全会确定的金融市场化改革的重头戏,2015 年 10 月 23 日央行不再设置存款利率浮动上限,即标志着利率市场化的全面完成。利率市场化无疑对校园网贷具有重要的影响,每一次央行的降息都或多或少的促使更多资金流向高收益的网贷平台市场,平台的融资能力增强,借款学生在任何合法渠道的借款成本也有所降低,校园网贷的贷款利率也会随之调整,使其更符合投资理性。然而,利率市场化并不意味着利率无限化,更不意味着利率无序化,对民间借贷利率的上限管制是预防和治理民间借贷违法犯罪问题的关键。校园网贷利率和收费的监管问题本质上也就是防范高利贷的问题,在当前就是有效防止规避利率上限管制的问题。第一,明确"利率"概念,进行费用利率化改革。美国《诚实贷款法》(Truth inLending Act),要求贷款人在缔约前完整、准确披露贷款所需要的真实费用,且所有费用都应归入贷款年利率中。这是美国费用利率化的规定。将借款人除贷款本金外需要支付付给贷款人的所有管理费用、逾期罚息、违约金或复利等都一并纳入年化利率计算,超过利率上限部分都视为违法,可以有效防止贷款人在利息之外巧立各种收费名目,变相获得高利,规避利率上限监管。该规定在刚刚完成利率市场化的中国,具有重要的借鉴意义。第二,统一利率核算标准。首先,由于校园网贷借款期限较短,短则一个月、两个月,长也则半年、一年。为了防止借贷平台模糊利率概念虚假解释利率和换算方便,建议统一使用月利率进行换算。其次,虽然我国法律并未禁止采用复利的方式计息,只是规定采用复利计息的最终的年利率不得超过24%,但是,复利计息换算较为复杂,且不能直观反映利率,很容易成为借贷平台高利放贷的工具。所以,建议统一确定禁止采用复利的方式计息。最后,利率计算应采取简单明了的以本金为计算基数的月化利率形式,以便于普通消费者理解和掌握。第三,收费标准登记公示制度。首先,校园网贷平台作为为借贷双方提供居间服务的中介机构,收取居间费用理所应当,既然是居间费用的,那么单项的服务费、保险费、借款管理费、利息管理费等收费项目显然不合理。其次,由于居间费用的名称和种类不好控制,采用《办法》的形式规定一个收费上线很有必要。从民间借贷贷款利率与银行业贷款利率关系来看,民间借贷的利率不超过银行同期贷款利率的四倍,是相对合理的。《规定》在2015年修改之前就是规定民间借贷利率不得超过银行同期贷款利率的四倍,随着利率市场化的推进才改为24%。规定根据最新的《商业银行服务政府指导价政府定价目录》的规定,商业银行的单笔服务项目的收费最高不超过标的额的0.5%,参照前面的四倍关系,网贷平台单笔业务收取居间费用的总和以不得超过标的额的2%为宜。第四,禁止预扣或预收费用。预扣和预收费用是校园网贷平台和借款人回笼资金降低贷款风险的常用手段之一,但是预扣利息费用变相的减少了借款本金,预收费用是借款学生对合同的提前履行,预扣和预收费用剥夺了借款学生对部分本金和费用的期限利益,是一种不平等的交易方式,有违公平交易原则,且极易引发平台跑路危机,应当严令禁止。

4. 规范校园网贷催收机制

第一,催收必须经过授权。校园网贷的催收方式一般有三种:一是网贷公司内部员工的催收,二是将债权转让给第三方专业的催债公司或者有偿委托催债公司催收,三是通过利益手段指使社会闲散人员暴力催收。不论是采用哪种方式催收,催收有据是应有之义,这不仅要求催收人持有债权凭证,还要求催收人必须是合法的债权人或者是债权人委托授权的代理催收人。这不仅可以防止不法分子利用虚假信息冒充债权人骗收借款,又可以有效防止网贷平台或借款人通过第三人暗中非法对借款学生采取暴力手段催款。第二,确定催收方式。催收必须采用合法的手段,不得采用恐吓、敲诈勒索、殴打、绑架等严重损害人身安全的方式,这是催收手段的底线要求。信息披露是一种有效的敦促手段,但基于学生身份的特殊性,在校园对逾期还款的学生予以披露将严重影响其在校园环境中的社会评价,对学生的成长和发展极为不利,因此,“不得在学生熟知的网络场所和现实场所披露贷款学生信息”应当成为催收手段的排外情形。第三,明确催收手段限度。催收手段必须以不影响借款学生正常的学习生活为限度。有些催收人员为了完成催收任务,一直跟着甚至非法拘禁借款学生,严重的侵害了学生的人身自由权利,扰乱了借款学生的学习生活和校园的社会秩序。因此建议在《办法》“出借人与借款人保护”一章增加催收监管条款,将催收授权、催收方式和催收限度标准的内容通过规范表现出来。

5. 建立校园网贷法律责任追究联动机制

《办法》仅用了两个条文对网络借贷信息中介机构、出借人和借款人违反法律法规和网络借贷有关监管规定的法律责任作出了笼统的规定,而“按照相关法律法规和工作机制处理”“依照有关规定给予处罚”等准用性规范在相关制度缺失的情况下已成为“僵尸条款”,显然不能发挥其作用。建立校园网贷法律责任追究联动机制,必须立法在先、政府部门协同配合紧跟其后、群众监督为基础、行政主管部门和司法部门有效追究为保障。

首先,关于校园网贷法律责任的追究,《中华人民共和国网络安全法》《网络借贷信息中介机构业务活动管理暂行办法》《互联网上网服务营业场所管理条例》《最高人民法院关于审理利用信息网络侵害人身权益民事纠纷案件适用法律若干问题的规定》《最高人民法院、最高人民检察院关于办理利用信息网络实施诽谤等刑事案件适用法律若干问题的解释》等法律、法规和司法解释已经对校园网贷涉及的网络安全、网络服务、网贷、网络民事侵权和刑事犯罪等领域的法律责任作出了规定,初步形成了校园网贷法律责任追究体系。然而,这些法律、法规的实施部门较多,权力范围不够明晰,导致校园网贷违法犯罪经常出现无人监管的尴尬局面。其次,政府各部门要协同配合。工业和信息化主管部门要坚持“依法监管、适度监管、分类监管、协同监管、创新监管”的原则,落实管理责任和程序,依法严厉打击电信诈骗等突出的校园网贷违法犯罪活动,保障校园网贷电信业务的良性发展;互联网信息主管部门要切实贯彻好“鼓励创新、防范风险、趋利避害、健康发展”的总要求,严格执行相关执行细则;公安部门要牵头负责好对网络借贷信息中介机构的互联网服务的安全监管工作,依法查处违反网络安全监管的违法违规活动,打击网络借贷涉及的金融犯罪及相关犯罪;新闻宣传部门应当加强对校园网贷良性发展的宣传,教育引导社会各界树立诚信意识,把握正确的舆论导向,增强市场主体的风险意识;司法行政部门应当加强诚信校园网贷法制宣传教育,教育部门应当会同高校加强对高校学生的财商教育,提高大学生财商素质和风险防范能力;政府法制部门应当依法履行备案审查监督职责,加强备案审查工作,对报送备案的校园网贷平台资质材料,发现有材料不真实、内容不符合要求、违反法定程序或法定条件等情形,应当依法予以撤销。再次,各级监管部门要设置检举控告平台,依法受理人民群众的揭发、检举和控告,坚持对校园网贷违法犯罪“零容忍”,还校园一份和谐和安宁。最后,工业和信息化主管部门、互联网信息主管部门、公安部门、人民法院和人民检察院要高度重视校园网贷的法律追究,加大对校园网贷平台及平台外第三方的违规处罚力度,提高查处的效率,推进校园网贷行业健康发展。

6. 加强财商教育

所谓财商就是人们对金钱的态度、获取和管理金钱的能力,是人作为经济人在经济社会的生存能力。由清华大学媒介调查实验室,蚂蚁金服商学院,清研智库三方合作完成的《中国青年财商认知与行为调查报告》显示,2015年度“90后”大学生月消费额在1000~3000元之间的占56.7%,3000~5000元之间的占28.2%,但在1000元以下的只有11.3%,根据国家统计局发布的2015年国民经济和社会发展统计公报来看,2015年城镇居民人均消费支出21392元“90后”大学生的消费水平已经与全社会整体水平相当。由重庆大学财会研究与开发中心发布的《重庆大学财商调研报告》显示,55.9%的大学生认为校园负债很正常或可以理解,有8.2%的同学会选择校园负债购买高档商品,但只有4.6%的大学生会考虑将每月的结余用于除银行储蓄外的投资。由哈尔滨商业大学发布的《大学生消费理财现状的调查报告》显示,由71%的大学生只知道有哪几类理财产品但具体不了解,15%的大学生对理财知识和理财产品一点儿也不了解。而在另一份调查报告中显示,

54.1%的大学生通过自学获得理财知识,28.2%的大学生通过家庭,而通过高校开设的理财课程学习理财知识的不到10%。由此可见,大学生普遍存在"消费社会化和消费无度化,但金融财经知识储备匮乏、接受高校财商教育不足"的问题。

加强大学生财商教育,首先要设立财商教育公共课程,普及财商基础知识,加深对校园网贷的了解,这是对财商教育深度的要求。高校应将财商教育与大学生专业知识传授、实践能力培养、思想道德素质和身体素质提高放在同等重要的位置,使之成为常规教学的一部分。根据不同专业和年级的特点开设不同的财商教育课程,传授理财理论知识,如消费理论、借贷理论、价值规律理论、供求理论、投资理论等;通过教学实践活动培养大学生理财的基本技能和理性消费观念。其次,要广泛开展校园网贷风险防控宣传教育活动和社团活动,这是对财商教育广度的要求。高校可以成立与投资、理财、消费等有关的学生社团,聘请专家作为指导老师,创办实验室和研究基地,举行专题讲座,举办企业模拟经营沙盘赛,提高大学生对财商教育活动的参与度。

参考文献

1. 王迪枫:《校园网贷高速发展　P2P网贷平台如何涉足》,载 http://www.yingcanzixun .com/news/yanjiu /516. html,2016年10月19日访问。

2. 丁安华:《金融脱媒:动了谁的奶酪?》,载《股市动态分析》2013年第Z1期。

3. 仟邦资都:《"去担保化"是将安全落地》,载 http://mt. sohu. com/20150504/n412324237. shtml,2015年5月4日访问。

4. 仇京荣:《向银行说"不"的美国人》,载《当代金融家》2014年第8期。

5. 清华大学媒介调查实验室、蚂蚁金服商学院,清研智库:《中国青年财商认知与行为调查》。

6. 韩博:《重庆大学生财商调研报告》,载《新智慧:新财经》2014年第2期。

7. 张帆、韩旭、张倩:《大学生消费理财现状的调查报告》,载《商业经济》2015年第4期。

8. 招商银行:《中国大学生财商调查报告》。

村镇银行市场准入法律制度之检讨与重构

张永亮*

内容提要:村镇银行市场准入法律制度散见于银监会以“通知”“办法”“意见”“暂行规定”等形式颁布的规范性法律文件之中,政策性、碎片化与易变性是其典型特点。村镇银行法律制度的诞生是我国“三农”金融服务严重不足的产物,是政府主导的外生性、强制性制度变迁的成果;决策层积极支持民间资本入股村镇银行,然而,单一民间资本仍不能作为主发起人发起设立并控股村镇银行;市场准入监管制度呈现下移、回收、再下移的演变趋势。重构村镇银行市场准入制度须以市场为导向,遵循商法自治原则,由政策之治转向法律之治,调整规制模式,强化激励机制,赋权民间资本平等准入机会,弱化股权结构约束,下移监管权。

关键词:村镇银行　市场准入　民营银行　民间资本

“三农”问题是我国现代化建设进程中带有基础性、全局性和战略性的问题。“三农”之本在于农民,而农民问题之根本痹症乃在于包括金融权在内的农民权利与福

* 张永亮,浙江农林大学法政学院。

利待遇的虚置和遗忘,农民弱势地位依然如故,"农贷"困局向来未有突破之举。"农业适度规模经营越发展、农业现代化水平越提高,对金融的需求就越强烈,……必须健全金融支农制度,要进一步放宽市场准入,积极发展小微金融机构,……丰富农村金融服务'毛细血管'"。[1] 2004年以来,中央一号文件连续聚焦"三农"议题,重视农村金融体制改革,鼓励在农村设立由各类资本共同参与的为"三农"服务的新型农村金融机构。[2] 2016年中央一号文件特别提出要"创新村镇银行设立模式,扩大村镇银行的覆盖面"。

我国农村金融机构之制度变革,不管是存量改革抑或增量改革,概属于外生性与强制性之制度安排。其根本痹症在于农村金融机构行政化倾向严重、服务效率低下、经营机制僵硬、"脱农"趋势严峻,市场准入门槛较高,未能赋予民间资本真正的平等准入权,无法有效满足"三农"的金融需求。《中华人民共和国国民经济和社会发展第十三个五年规划纲》中提出,"要构建多层次、广覆盖、有差异的银行机构体系,扩大民间资本进入银行业,发展普惠金融和多业态中小微金融组织"。村镇银行作为政府力推的旨在解决我国农村地区"金融抑制"问题的创新之举,自2007年3月第一家村镇银行——四川仪陇惠民村镇银行诞生以来,"截至2015年5月末,已新设1263家村镇银行,其中,93%的村镇银行引进了民间资本,民间资本占比为73.4%"。[3] 村镇银行的创设为服务"三农"、支持"小微"企业发展做出了不菲

---

〔1〕 李克强:《以改革创新为动力推进农业现代化》,载《求是》2015年第4期。

〔2〕 2004年以来,中央一号文件对于农村金融体制改革的关切主要表现在:2004年中央一号文件提出"在严格监管、有效防范金融风险的前提下,通过吸引社会资本和外资,积极兴办直接为'三农'服务的多种所有制的金融组织";2005年中央一号文件提出"培育竞争性的农村金融市场,有关部门要抓紧制定农村新办多种所有制金融机构的准入条件和监管办法,在有效防范金融风险的前提下,尽快启动试点工作。有条件的地方,可以探索建立更加贴近农民和农村需要、由自然人或企业发起的小额信贷组织";2006年中央一号文件提出"在保证资本金充足、严格金融监管和建立合理有效的退出机制的前提下,鼓励在县域内设立多种所有制的社区金融机构,允许私有资本、外资等参股";2007年中央一号文件提出"鼓励有条件的地方,在严格监管、有效防范金融风险的前提下,通过吸引社会资本和外资,积极兴办直接为'三农'服务的多种所有制的金融组织";2008年中央一号文件提出"加快推进调整放宽农村地区银行业金融机构准入政策试点工作";2009年中央一号文件突出强调要"加快发展多种形式新型农村金融组织和以服务农村为主的地区性中小银行";2010年中央一号文件明确提出"加快培育村镇银行";2012年中央一号文件提出"发展多元化农村金融机构,鼓励民间资本进入农村金融服务领域,支持商业银行到中西部地区县域设立村镇银行";2013年中央一号文件提出"支持社会资本参与设立新型农村金融机构";2014年中央一号文件提出"积极发展村镇银行,逐步实现县市全覆盖,符合条件的适当调整主发起行与其他股东的持股比例";2015年中央一号文件提出"提高村镇银行在农村的覆盖面";2016年中央一号文件提出"创新村镇银行设立模式,扩大村镇银行的覆盖面"。

〔3〕 参见《中国银行业监督管理委员会2014年报》。

的成就,亦为民间资本进入银行业觅到了一条可行的、独特的发展之路,有力地助推中国金融体制迈向竞争性、多层次、多元化的发展之路。从实践观之,缘于农村金融基础设施建设滞后,村镇银行规模小、品牌效应差、市场认可度低,以致村镇银行自身经营举步维艰;村镇银行市场定位模糊,游离于政策性信贷与商业化运营之间;村镇银行的设立数量与支农效果远未达到监管层的预期和目标。[1] 此举需要反思并调整当前的村镇银行市场准入制度。本文基于全方位、系统梳理银监会颁布的20余件关涉村镇银行市场准入的规范性法律文件(包括效力被废止的5件)基础之上,厘清村镇银行市场准入的演进脉络,检讨村镇银行市场准入的制度缺陷,基于普惠金融理念,运用制度变迁理论、制度激励理论提出村镇银行市场准入制度的重构方案。

一、村镇银行市场准入之制度逻辑:基于规范性法律文件的分析

在应然意义上,任何民事主体均享有自由与平等地从事营业的资格和权利。然而,囿于“经济人”的有限理性和机会主义倾向,市场失灵现象司空见惯。故而,现代市场经济国家皆通过市场准入制度对市场主体进入某一行业、提供某种产品或服务规定某种资格、条件和程序。市场准入制度有助于克服市场运行的“丛林法则”,约束市场主体的行为,维护市场经济的良性运行。这既关乎市场秩序和公共利益,亦关乎国家形象和软实力。在经济全球化时代,一国制定什么样的市场准入制度、实施情况如何,不单单体现其对市场主体的尊重和保护程度,同时亦向国际社会传递出该国的市场主体信誉和法治形象,这正是国家竞争力的重要构成部分。优良的市场准入法律制度既能有效吸引国内外资本、技术和人力资源的合理配置与流动,又能阻隔市场风险,构成国家的制度竞争力和制度优势,进而形成制度红利。

就法律规制而言,村镇银行的市场准入制度散见于中国银行业监督管理委员会(以下简称银监会)以“通知”“办法”“意见”“暂行规定”等形式颁

[1] 全国仍有超过一半的县没有村镇银行,发起人在西部经济不发达地区设立村镇银行更是动力不足,区域不平衡的问题仍未得到根本改善。

布的规范性法律文件之中。[1] 村镇银行市场准入制度发轫于2006年12月20日中国银监会发布的《关于调整放宽农村地区银行业金融机构准入政策，更好支持社会主义新农村建设的若干意见》(以下简称《若干意见》)。此番改革的突破之处在于放宽农村金融机构的资本准入，允许国内各类资本到农村地区投资村镇银行、信用合作社、贷款公司等新型农村金融机构。为落实前述意见，2007年1月22日，银监会发布《村镇银行管理暂行规定》(以下简称《暂行规定》)和《村镇银行组建审批工作指引》(以下简称《工作指引》)。《暂行规定》对村镇银行的性质、定位、设立条件、股权设置、股东资格、公司治理、经营管理、监督检查及机构变更与终止作了规定。《工作指引》则详细地对村镇银行的筹建、开业及审核问题作了具体安排。中国银监会于2007年10月24日，中国银监会发布《关于扩大调整放宽农村地区银行业金融机构准入政策试点工作的通知》，核心内容是扩大农村地区银行业金融机构准入政策试点范围，由之前的6省区扩大至全国31个省(市、区)，提出扩大试点的原则并强化审慎监管。及至2014年12月，中国银监会颁布的关涉村镇银行市场准入的规范性法律文件将近20余件，清晰而深刻地勾勒出了村镇银行市场准入的制度本旨和演进脉络。

(一)村镇银行法律制度的诞生是“三农”金融服务严重不足的产物

中国农村金融服务呈现出滞后与低效的局面有着深刻的历史渊源。新中国成立后，为摆脱贫穷落后的局面，国家实施重工业优先发展的赶超战

[1] 中国银监会发布的有关村镇银行市场准入的规范性法律文件主要有：(1)2006年12月20日发布的《关于调整放宽农村地区银行业金融机构准入政策更好支持社会主义新农村建设的若干意见》；(2)2007年1月1日印发的《调整放宽农村地区准入政策试点工作实施方案》；(3)2007年1月22日印发的《村镇银行管理暂行规定》(注：失效)和《村镇银行组建审批工作指引》；(4)2007年10月24日印发的《关于扩大调整放宽农村地区银行业金融机构准入政策试点工作的通知》；(5)2007年5月17日银监会发布《关于加强村镇银行监管的意见》(注：失效)；(6)2008年6月27日公布《农村中小金融机构行政许可事项实施办法》(2008年第3号，注：失效)；(7)2011年1月5日发布的《农村中小金融机构行政许可事项补充规定》；(8)2014年3月13日发布的《农村中小金融机构行政许可事项实施办法》(2014年第4号，注：失效)；(9)2015年6月5日发布的《农村中小金融机构行政许可事项实施办法》(2015年第3号)；(10)2009年6月9日印发的《小额贷款公司改制设立村镇银行暂行规定》；(11)2009年7月23日发布的《新型农村金融机构2009年－2011年总体工作安排》(注：失效)；(12)2010年4月20日发布的《关于加快发展新型农村金融机构有关事宜的通知》；(13)2011年7月25日发布的《关于调整村镇银行组建核准有关事项的通知》；(14)2012年5月23日发布的《关于银行业金融机构发起设立村镇银行有关事项的通知》；(15)2012年5月26日发布的《关于鼓励和引导民间资本进入银行业的实施意见》；(16)2014年6月16日发布的《关于推进简政放权改进市场准入工作有关事项的通知》；(17)2014年12月15日发布的《关于进一步促进村镇银行健康发展的指导意见》。

略。为此,建立了高度集中的资源计划配置制度,一系列制度安排使包括金融要素在内的所有资源从农村流向城市。国家完全控制农村金融,设立在农村的金融机构只是动员储蓄,为城市工业化提供资金。在1994～2005年间,包括中国农业银行在内的大型商业银行纷纷从基层农村地区撤出分支机构,导致农村地区出现严重的系统性负投资,[1]致使农民日益旺盛的金融需求难以得到有效满足。农村邮政储蓄的迅猛发展更加剧了农村金融资源的外流。农村金融体系在20世纪90年代出现了崩溃,“八十年代,农村家庭中大约30%可以获得某种形式的信用资本。但在九十年代,这一数字下跌至10%。而与此同时,农村家庭需要负担更高的税赋、教育费用,以及医疗费用”。[2] 迄今,“经过多轮的金融改革和发展,我国大中型企业、大中型城市的融资环境有了显著改进,但广大农村地区仍然存在金融服务有效供给不足、地区发展不平衡、金融基础设施落后、弱势群体被排斥于金融服务之外等痹症”,[3]信贷供给不足已成为制约农村经济发展、固化城乡二元结构、扩大城乡收入差距的主要因素之一。

村镇银行是依据普惠性金融原理实施的重大制度创新。村镇银行是对我国农村金融体系遵循“增量式”路径改革的产物,是在我国农村金融资源严重短缺的情况下,根据普惠性金融原理实施的重大制度创新,意在解决农村金融供求不足、低效、不均衡等突出痹症。以村镇银行代表的农村金融机构的诞生,昭示着我国金融民主时代的来临,预示着一场深刻的现代性金融体制剧变正在上演。《若干意见》中指出要鼓励各类资本投资设立以村镇银行为代表的新型农村金融机构,意在“农村地区形成投资多元、各类多样、覆盖全面、治理灵活、服务高效的银行业服务体系”。[4]

---

[1] 系统性负投资是指银行或其他金融机构从一个地区的居民中获得储蓄,而没有相应比例向该地区发放贷款。检测方法是审查银行对某个社区的信贷与储蓄的比率。系统性负投资现象在一定程度上阻碍了农村经济的发展,其消极后果在于:一方面,农村经济发展受到资本少的制约,农村地区金融供求缺口增大,农民信贷的可获得性大大降低,因而农民收入增长减慢,导致城乡居民收入差距增大;另一方面,随着农村资本少,非正规金融快速成长,在某些地区占据农村信贷供给的主导力量,导致双重二元金融结构的特征更加明显。

[2] 黄亚生:《农村改革的未竟之业》,载《金融时报》(中文版),http://www.ftchinese.com/story/001028189,2015年5月12日访问。

[3] 杨松、张永亮:《我国村镇银行设立制度之省察及重构——以民间资本进入银行业为视角》,载《法商研究》2014年第3期。

[4] 参见2006年12月20日中国银监会发布的《关于调整放宽农村地区银行业金融机构准入政策更好支持社会主义新农村建设的若干意见》。

（二）村镇银行市场准入制度是政府主导下的强制性制度变迁的成果

现代制度经济学认为，制度对于秩序的形成至关重要，一种提供有效激励与约束的制度安排是促进经济增长的关键。制度既是一个社会的游戏规则，更是社会主体的行为准则。社会主体在特定环境下的策略选择取决于其如何考察并权衡各种不同策略的收益和成本。由于信息的非对称、不完整与不透明，社会主体的理性是有限的，这就会出现机会主义行为现象，就会实施规避责任、“搭便车”或“寻租”等有利于私益但不利于公益的行为。〔1〕故而，理性“经济人”在从事某种行为时，需要彼此间的合作，但基于行为主体的机会主义行为及在对合作所产生收益的分配过程中的歧见，合作中又会产生不可预计的冲突。有鉴于此，人们在相互交往过程中，或自发形成或主动设计各种各样的制度规范来约束彼此的行为，提供相应的激励机制和约束机制。有效的制度安排应“在制度上做出安排和确定所有权以便造成一种刺激，将个人的经济努力变成私人收益率接近社会收益率的活动”。〔2〕林毅夫将制度变迁分为强制性制度变迁和诱制性制度变迁。强制性制度变迁是由国家法律制度引起的变迁，而诱致性制度变迁是指一群人在响应由制度不均衡引致的获得机会时所进行的自发性变迁。制度变迁过程中往往伴随着“路径依赖”。

村镇银行法律制度是典型的强制性制度变迁。村镇银行沿袭了其他涉农金融机构的衣钵，〔3〕政府的惯性力量一直左右着村镇银行的制度变迁。村镇银行的设立制度依然“是在国家权力介入的情况下，中央政府按其对农村金融制度的需求来设计金融制度供给，是农村金融制度变迁中的关键变量。中央政府一方面想要增加农村金融市场的竞争程度和效率，破解农村金融服务供给不足的难题，从而有吸引民间资本进入的制度需求”，〔4〕另一

---

〔1〕参见［美］埃莉诺·奥斯特罗姆、拉里·施罗德、苏珊·温：《制度激励与可持续发展：基础设施政策透视》，陈幽泓、谢明、任睿译，上海三联书店2000年版，第6页。

〔2〕［美］道格拉斯·诺斯、罗伯斯·托马斯：《西方世界的兴起》，译厉以平、蔡磊，华夏出版社2009年，第26页。

〔3〕在农村金融体制和制度的历次变迁中，政府都起着主导作用。以农村信用合作社为例，从最初的合作组织到人民公社的一个部门，再与农业银行脱钩、恢复合作性质，均体现了政府主导的强制性制度变迁路径。本应作为农村金融体系主体的农村信用社，其主体地位先后被人民公社、农业银行、人民银行所取代，缺乏独立性。

〔4〕杜婕、霍焰：《民间资本进入农村金融服务领域的制度分析》，载《财贸经济》2013年第3期。

方面,这种权力介入却是非中性的、非基于市场需求的,在利益集团的压力之下,导致低效的制度安排。作为外生性、增量式的新型农村金融机构,村镇银行的市场准入制度呈现自上而下、先顶层设计后实践的强制性制度变迁。

第一,村镇银行市场准入程序行政色彩浓厚。一个直观表现是在某地村镇银行成立前,往往会成立以县市主要领导为负责人的“领导小组”“协调小组”等来主导村镇银行的筹备事宜。“作为地方政府可以有效控制或干预的地方性金融机构,村镇银行的成立深深地打上了地方政府的烙印”。[1] 中国银监会所发布的规范性文件中也不止一次地强调地方政府在村镇银行设立过程中的“润滑”作用,譬如,“为顺利实施新型农村金融机构三年总体工作安排,各银监局要成立‘一把手’负责的工作领导小组及办公室,各级监管机构要积极与地方人民政府沟通,争取地方人民政府支持;要加强与当地财政、工商、税务等部门和人民银行的协调,制定、落实各项扶持政策”。[2]

第二,村镇银行的设立数量、区域与速度亦由监管机构主导。较之于《公司法》与《商业银行法》,村镇银行市场准入制度的强制性更胜一筹,除了设立条件法定之外,村镇银行的设立速度、设立数量、设立区域、股权结构及持股数量、股权变动均属于强制性规范。《新型农村金融机构 2009 年 ~ 2011 年总体工作安排》(以下简称《工作安排》)对村镇银行设立的“速度、数量与区域”做出了明确的安排:从数量来看,三年总量 1027 家,其中 2009 年 312 家、2010 年 344 家、2011 年 371 家;从地区来看,分为东部、中部、西部,2009 年分别为 120 家、100 家、92 家,2010 年分别是 105 家、103 家、136 家,2011 年分别是 161 家、103 家、107 家。还明确提出村镇银行设立的“准入挂钩”制度。申请人在设立村镇银行时,还需与拟设地银监局或银监分局沟通,在其指导下初步确定村镇银行的拟设地点。

村镇银行本质上是一个商事主体,对其设立的数量、区域与速度给予严格控制的非市场行为实质上剥夺了发起人的营商自由权,违背了商事主体的意思自治原则,此种控制与主发起人的整体经营规划和商业利益原则相违背,由此带来诸多消极后果,譬如,大量“形式上的村镇银行”的普遍存在、

---

〔1〕 郭峰:《村镇银行设立应量力而行》,载《东方早报》2015 年 5 月 26 日。

〔2〕 参见中国银监会 2009 年 7 月 23 日发布的《新型农村金融机构 2009 年 ~ 2011 年总体工作安排》。

发起人设立村镇银行的热情急剧下降等。设立村镇银行服务“三农”的社会责任属性与发起人追求商业利益诉求的二维价值目标之间内在地存在着难以调和的冲突和矛盾。“支农是政府发展新型农村金融机构的政策支点,是新型农村金融机构的企业社会责任”,然而,“支农性义务实现的前提是自身的商业可持续,丧失持续性发展动力的金融机构会使得支农义务的履行成为空谈”。[1] 事后也证实,大中型银行作为主发起人对设立村镇银行的态度消极,令村镇银行组建缓慢、机构类型不合理、地域分布不对称。据中国银监会披露的信息,截至2011年末,全国共设立村镇银726家,与监管层当初设定的2011年达到1027家的目标相去甚远。村镇银行强制性“准入挂钩”制度基本上以失败而告终。

(三)单一民间资本仍不能发起设立并控股村镇银行

新中国成立伊始,对私人主体的市场准入控制极其严格,民事主体的经营权利受到极大限制,权力部门主导资源配置,国有资本主导与民生有关的所有行业,诸多营业领域或被法律剥夺,或被政府禁止,或被殖民资本所压抑,从而造成国家长期对营业的垄断、民间营业萎缩这一畸形经济结构。改革开放以来,市场准入制度有所松动,国有资本渐次退出传统上由国有资本把持的与民生有关的行业。至今,金融行业一直被国有资本所主导,民间资本是金融领域的配角。这实质上剥夺了投资人的投资自由,不利于经济的发展。官商勾连,形成权贵经济、垄断经济,市场资源配置不公,效率低下。

国家对民间资本进入银行业的态度向来比较谨慎。尽管中国的《公司法》《商业银行法》对民间资本进入银行业未有限制性规定,但在实务中,民间资本进入银行业历来面临着“弹簧门”“玻璃门”“旋转门”等隐形之门。在中国银行业的股权结构中,国有资本始终岿然不动地处于主导地位,民间资本向来一成不变地处于附属地位,加之行政垄断与政府管制的惯性力量,令民间资本进入银行业遭遇体制性和政策性藩篱。直至新近,民间资本进入银行业的政策才有所松动。[2] 2015年3月15日闭幕的十二届全国人大第三次会议《政府工作报告》明确提出,“推动具备条件的民间资本依法发起

---

〔1〕 王煜宇、刘乃梁:《新型农村金融机构的制度障碍与法律完善》,载《西北农林科技大学学报(社会科学版)》2016年第2期。

〔2〕 首批五家民营银行试点包括深圳前海微众银行、温州民商银行、上海华瑞银行、天津金城银行、浙江网商银行均已先后获得中国银监会批准开业。

设立中小型银行等金融机构,成熟一家,批准一家,不设限额”。支持民间资本进入银行业金融机构以服务实体经济是深化金融改革的重要举措,标志着民营银行准入政策从前期个别地区少量试点走向以点带面,将步入常态化发展阶段,有助于发挥市场在资源配置中的决定性作用,构建更具竞争性和包容性的金融机构和金融市场体系。[1] 就民间资本进入村镇银行而言,决策层的态度主要体现为:

首先,在村镇银行法律制度推出之际,中国银监会就“积极支持”“引导”和“鼓励”民间资本的进入村镇银行。《若干意见》中提出放开准入资本范围,积极支持和引导民间资本新设村镇银行。国务院《关于鼓励和引导民间投资健康发展的若干意见》(国发〔2010〕13 号)规定,“鼓励民间资本发起或参与设立村镇银行、贷款公司、农村资金互助社等金融机构,放宽村镇银行或社区银行中法人银行最低出资比例的限制”。2012 年 5 月 26 日中国银监会发布的《关于鼓励和引导民间资本进入银行业的实施意见》提出,支持民间资本与其他资本按同等条件进入银行业,支持民营企业参与村镇银行发起设立或增资扩股,村镇银行主发起行的最低持股比例由 20% 降为 15%。2014 年 12 月 15 日中国银监会发布《关于进一步促进村镇银行健康发展的指导意见》,则对民间资本采了更加开放的态度。[2]

其次,单一民间资本仍无权控股村镇银行。2006 年《若干意见》与《暂行规定》规定,村镇银行的最大股东必须是银行业金融机构,单一境内银行业金融机构持股比例不低于 20%(后调至不低于 15%),并规定自然人及其关联股东、单一非银行金融机构、单一非金融机构企业法人的持股数量均不得超过总股本的 10%。此番规定清晰表明,决策层其实只是意图“适度提高”境内投资人入投村镇银行的持股比例,实质上是限制单一民间资本在村

---

〔1〕 参见王刚:《民营银行准入制度期待升级版》,载《上海证券报》2015 年 4 月 10 日。

〔2〕 2014 年 12 月 15 日中国银监会发布的《关于进一步促进村镇银行健康发展的指导意见》指出,在维系主发起行最低持股比例的前提之下,加大民间资本引进力度,通过提高准入透明度、降低主发起行持股比例、引进新的民间资本等方式,稳步提高民间资本持股比例。积极支持和鼓励民间资本参与村镇银行组建,扩大民间资本进入村镇银行渠道。按照股权本地化、多元化和民营化的原则,在有利于提供专业化服务、有利于防范金融风险、坚持主发起行最低持股比例的前提下,合理设置新设立村镇银行的股权结构,鼓励主发起行持有相对较低的股权比例,稳步提高民间资本持股比例。在坚持主发起行最低持股比例的前提下,按照有利于拓展特色金融服务、有利于防范金融风险、有利于完善公司治理的原则,支持开业 3 年以上、主要监管指标良好、经营发展稳健的村镇银行通过转让股权和新引进民间资本等方式,调整主发起行和其他股东的持股比例,主发起行以外的股份原则上由民间资本出资认购。

镇银行中的持股数量。以村镇银行当下对股东持股的规定，[1]尽管民间资本的持股数量在村镇银行的股权总额中可能占到不菲的比例，但是，单一民间资本仍无法控股村镇银行。一方面政策端鼓励民间资本进入村镇银行，另一方面却不支持单一民间资本控股村镇银行。

最后，持有或变更1%以上股份的股东资格审查制。《若干意见》与《暂行规定》规定：任何单位或个人持有村镇银行股本总额5%以上的，应当事先经监管机构批准。2007年中国银监会《关于加强村镇银行监管的意见》指出，属地监管机构要加强村镇银行股权监管，对股东资格和股权结构进行审查，特别要加强对于关联股东的资格审查。2015年6月5日实施的《农村中小金融机构行政许可事项实施办法》第61条规定："农村中小金融机构股权变更，受让人应符合本办法规定的相应发起人(出资人)资格条件。村镇银行变更持有股本总额1%以上、5%以下的单一股东(社员)，由法人机构报告银监分局或所在城市银监局；持有股本总额5%以上、10%以下的单一股东(社员)的变更申请，由银监分局或所在城市银监局受理、审查并决定。村镇银行持有股本总额10%以上的单一股东(社员)的变更申请，由银监分局或所在城市银监局受理，银监局审查并决定，事后报告银监会。向境外银行转让股权由银监分局或所在城市银监局受理，银监局审查并决定，事后报告银监会。"

(四)村镇银行市场准入监管制度呈现下移→回收→再下移的"∩型"演化趋势

村镇银行准入监管制度的演化可分为三个阶段：

第一个阶段：自2007年1月至2010年12月。中国银监会授权属地监管机构，即地方银监局或银监分局主管村镇银行的监管事务，包括准入监管、资本监管、公司治理和内部控制监管、风险监管、信息披露监管等。譬如，村镇银行的开业、筹建、分支机构的设立、持有超过一定比例的股权及股权变动均由地方银监局或银监分局受理、审查并决定。唯一的例外之处在于"向境外金融机构转让股权由银监局受理并初步审查，银监会审查并决定"。[2]

---

[1] 村镇银行的主发起人必须是银行业金融机构，主发起人的持股比例不得低于村镇银行股本总额的15%，单个自然人、非金融机构和非银行金融机构及其关联方投资入股比例不得超过村镇银行股本总额的10%。职工自然人合计投资入股比例不得超过村镇银行股本总额的20%。参见2015年6月5日中国银监会发布的《农村中小金融机构行政许可事项实施办法》。

[2] 参见中国银监会2008年6月27日发布的《农村中小金融机构行政许可事项实施办法》(2008年第3号，已失效)第100条。

第二个阶段:2011 年 1 月至 2014 年,银监会开始收回部分准入监管权。此举集中体现在中国银监会 2011 年 1 月 5 日发布的《农村中小金融机构行政许可事项补充规定》(以下简称《补充规定》)、2011 年 7 月 25 日发布的《关于调整村镇银行组建核准有关事项的通知》、2012 年 5 月 23 日发布的《关于银行业金融机构发起设立村镇银行有关事项的通知》之中。《补充规定》提出,“拟设地点在西部地区的,由银监局决定;拟设地点在中部地区的,由银监局报送银监会审定。地(市)村镇银行设立须经筹建和开业两个阶段,其筹建申请,由银监局受理并初审,银监会审查并决定;开业申请,由银监分局或所在城市银监局受理并初审,银监局审查并决定”。由此可以看出,中国银监会收回了对在西部地区外设立村镇银行、在地市筹建村镇银行的决定权,其本意恐怕是为了严格审查在西部地区外设立村镇银行的条件。《关于调整村镇银行组建核准有关事项的通知》则明确提出调整组建村镇银行的核准方式,即由中国银监会负责指标管理、银监局确定主发起行和地点并具体实施准入的方式调整为由银监会确定主发起行及设立数量和地点,由银监局具体负责实施准入的方式。有意设立村镇银行并且符合条件的银行业金融机构就向中国银监会提出申请,经中国银监会核准后,相关银行业金融机构按照有关规定分别向拟设村镇银行所在地银监局、银监分局申请筹建及开业。

出现上述变化的根本原因在于村镇银行的设立速度和数量大大低于监管层的预期。截至 2011 年 5 月末,全国共组建村镇银行 536 家,其中开业 440 家、筹建 96 家,远未达到银监会当初设定 1027 家的目标。中国银监会负责人坦诚,村镇银行设立过程中确实存在不容回避的问题,如村镇银行作为新生事物,社会认可度低,吸储难度高,经营环境差,运营成本较高,从根本上抑制了村镇银行设立的速度和数量。[1]

---

〔1〕 由于村镇银行社会认知度不高,吸收存款的难度较大,贷款发放又受到规模控制,资金结算问题迟迟没有得到有效解决,外部经营环境亟待改善;部分主发起行在全国范围内分散发起设立村镇银行,地域跨度大、管理半径长,协调和管理成本过高,不利于村镇银行的可持续稳定健康发展。为了进一步引导和鼓励优质主发起行批量化发起设立村镇银行,实施集约化管理,提供专业化服务,有效地解决村镇银行协调和管理成本高等问题,促进合理地域布局,提高组建发展质量,进一步加强和改进中西部地区和欠发达县域的农村金融服务,中国银监会上调了村镇银行设立的审核权。核准方式的调整有利于遴选优质主发起行,减少组建村镇银行的协调成本,更好地实现规模化、批量化发起设立村镇银行;有利于优化村镇银行布局,加强中西部地区村镇银行的组建,更好地支持欠发达地区农村经济发展。参见《银监会有关部门负责人就调整村镇银行组建核准有关事项答记者问》,载 http://www. cbrc. gov. cn/chinese/home/docView/201107278975DE6CE05CEE32FF69CBC9C8E77500. html,2014 年 5 月 6 日访问。

第三个阶段:自2014年始,监管权复又下移,村镇银行的筹建与开业申请监管权回归至属地监管机构,即银监局或银监分局。根据2014年3月13日公布实施的《农村中小金融机构行政许可实施办法》(已失效),村镇银行的筹建申请与开业申请监管权又回归属地监管机构。2015年6月5日公布实施的最新的《农村中小金融机构行政许可实施办法》(2015年第3号令)与前述规定如出一辙,不同之处在于:第一,2015年第3号令废除了2014年第4号令关于"境外银行出资设立或入股村镇银行需事前报银监会批准";第二,关于向境外银行转让村镇银行股权决定权之不同。2014年第4号令规定:"向境外银行转让股权由银监局受理并初步审查,银监会审查并决定",而2015年第3号令则将决定权赋予属地监管机构,事后报告中国银监会即可。

二、村镇银行市场准入"制度失灵"之检讨:基于法律实施的视角

法治是包含从立法到实施的有机过程。立法作为法实施的"本"与"源"固然重要,然而法的有效实施才是法治的核心,因为"法律的生命力在于实施",[1]法律的权威也在于实施。"注重法律实施是当代法治基本内涵的普遍要求,是全面推进依法治国的时代要求,是法治建设战略转移的客观要求"。[2] 法的制定与实施不是截然分开的,立法者不单单要注重法本身的内在质量,更须考量社会主体的意愿和社会经济发展条件的约束。"现代社会的法要想获得良好实施,离不开坚实的社会基础——它必须充分了解并尊重公众意愿而非仅贯彻少数精英的意志,它必须回应和满足社会实际需求,尽可能广泛地平衡各群体利益,争取最大多数的认同和支持,为各种意见的平等交流和理性协商提供平台而非一意推行某种预设目标",[3]为制度的实施创造良好条件而非简单粗暴地发号施令。否则,法的实效将大打折扣,甚至是徒劳无益的。"制度构建通常相对容易,难的是如何实现法治之'治',如何确保'法律实施'和'法律实效'。法制建设要从法治之'法'到法治之'治',就必须面对法民关系的现实制约"。[4]

---

〔1〕 吴邦国:《在形成中国特色社会主义法律体系座谈会上的讲话》,载《人民日报》2011年1月27日。

〔2〕 徐汉明:《法治的核心是宪法和法律的实施》,载《中国法学》2013年第1期。

〔3〕 巩固:《环境法律观检讨》,载《法学研究》2011年第6期。

〔4〕 凌斌:《当代中国法治实践中的"法民关系"》,载《中国社会科学》2013年第1期。

应然意义上,立法者推出村镇银行具有多重价值目标:基于农村金融服务不足的现状,意图村镇银行能卓有成效地为“三农”发展提供融资服务;基于助推中西部地区经济与社会发展的目的,希冀在中西部设立更多的村镇银行;基于村镇银行稳健经营从而防范金融风险的考量,强制要求村镇银行的主发起人必须是银行业金融机构等。这些蕴含着立法者善好理想的“言词中的法律”的最终目标在于实现“包容金融”的价值目标。在实然层面上,村镇银行市场准入制度又严格遵循立法者惯常的“审慎监管”思维,“有形之手”过于强势,导致“理想的法律”与现实世界存有迥然不同的隔阂,就必然会出现制度的实施效果与立法者当初苦心孤诣地所设定的目标存有巨大反差,致使包容金融的目标在现实世界中难以真正落实。立法者所阐释的存在于“言语”中的最佳制度与现实社会之间的张力将表现为一种巨大的矛盾,而这种“最佳制度”对于投资人而言缺乏有效激励,制度失灵在所难免。

(一)准入目的偏差:村镇银行金融服务“脱农化”趋势显著

村镇银行作为银监会力推的新型农村金融机构,准入目的在于服务“三农”和小微企业,是为解决农村地区金融机构网点数量少、金融基础设施落后、金融服务有效供给不足而设立的农村区域性银行。中国银监会一直强调村镇银行应“立足县域、服务社区、支农支小”的市场定位,明确规定其准入条件应“具有清晰的支持三农和小微企业发展的战略”,村镇银行应将资金主要用于发放“三农”和“小微企业”贷款,支持村镇银行发行专项用于“三农”和“小微企业”的金融债券,拓宽信贷资金来源。[1]

然而,事实并非如上述规定的那么美好。村镇银行发展过程中存在两个显著问题:其一,主发起银行在选择村镇银行的设立地点时“嫌贫爱富”,不愿意在西部偏远地区和经济落后地区设立村镇银行。大多数村镇银行的总部均位于试点地区的行政中心所在地,没有一家村镇银行将其总行或分支机构的所在地设在农村地区,设立网点亦未下沉到贫困村、贫困镇。显然,村镇银行目前所呈现出“冠名村镇,身处县城”的格局并不符合监管层所倡导的在金融服务空白地区布局的经营思路,[2]违背了决策层推出村镇银行的市场准入本旨。其二,村镇银行在选择客户时“嫌贫爱富”。在利润最

[1] 参见中国银监会2014年12月15日发布的《关于进一步促进村镇银行健康发展的指导意见》。

[2] 参见宁广靖、袁诚:《村镇银行的尴尬》,载《新金融观察》2014年11月3日。

大化的驱使之下，村镇银行金融服务“脱农化”趋势蔚然成风，以至于部分地区的监管机构倒逼村镇银行履行服务支农的承诺。村镇银行的服务客户大多是具有稳定收入的群体，而对于真正务农的农民则覆盖不到。[1] 此外，基础设施建设落后、规模小、品牌效应差、市场认可度低与吸储难亦是制约村镇银行发展的重大瓶颈。村镇银行既被赋予支农惠农的责任，却又担负着高额的运营成本，亟需更多的激励政策支持。

(二)准入区域的偏差：发起人在中西部地区设立村镇银行的愿意不强

审慎考察银监会发布的关涉村镇银行的规范性法律文件，监管层希望通过如下制度安排，以实现在中西部农村地区及贫困地区设立更多的村镇银行。

1. 村镇银行试点计划肇始于中西部地区

《若干意见》明确指出：“本意见适用于中西部、东北和海南省的县(市)及县(市)以下地区，以及其他省(区、市)的国定贫困县和省定贫困县”。村镇银行的设立按照“先试点、后推开；先中西部，后内地”的原则稳步推开，首批试点选择在四川、青海、甘肃、内蒙古、吉林、湖北6省(区)的农村地区开展。[2] 2007年，进一步将试点范围扩大至全国31个省(市、区)的县(市)及县(市)以下地区。[3]

2. “准入挂钩”制度

为实现“工作安排”中规划的三年内要设立村镇银行1027家，中国银监会制定了村镇银行设立的“准入挂钩”制度。“准入挂钩”制度规定，“主发起人在规划内的全国百强县(按上年度评比结果执行)或大中城市市辖区发起设立村镇银行的，原则上与国家规定的贫困县(以下简称国定贫困县)实行1:1挂钩，或与中西部地区实行1:2挂钩，主发起人在这些地区没有分支机构

---

[1] 参见《创新支农服务思路，推动涉农金融提质增速》：中小金融机构主要股东、董事长和行长做出“坚持服务‘三农’、加大信贷支农力度”的明确承诺，将相关要求写入机构章程。组织24家村镇银行在《重庆日报》上公开服务“三农”承诺，通过向社会公开承诺，规范农村中小金融机构服务行为，提高将支农服务落到实处的自觉性，载 http://www.cbrc.gov.cn/chinese/home/docView/D0679FB5EEED4D21A391EC745765CCF6.html，2015年7月16日访问。

[2] 参见中国银监会2006年12月20日发布的《关于调整放宽农村地区银行业金融机构准入政策更好支持社会主义新农村建设的若干意见》。

[3] 参见中国银监会2007年10月发布的《关于扩大调整放宽农村区银行业金融机构准入政策试点工作的通知》。

的可以设立分支机构;在东部地区(全国百强县、国定贫困县和大中城市市辖区除外)规划地点发起设立村镇银行的,原则上与国定贫困县实行2:1挂钩,或与中西部地区实行1:1挂钩,主发起人在这些地区没有分支机构的可以设立分支机构"。[1] 由于前述安排组建缓慢、机构类型不尽合理、大中型银行主发起人偏少等原因,为确保前述三年规划和目标顺利完成,中国银监会又制定了以强化执行力为核心内容的制度规则,以推动大中型商业银行作为主发起人设立村镇银行,鼓励中小银行业发起设立新型农村金融机构,允许资产管理公司发起设立村镇银行。[2]

3."区域挂钩"制度

村镇银行"区域挂钩"制度规定:优先支持申请人在银行业金融机构网点空白乡镇、国家贫困县、省定贫困县以及农业大县设立村镇银行。优先支持申请人在西部省份集中发起设立多家村镇银行。在省份布局上,如在东部省份设立村镇银行,则西部省份个数应不少于东部;在地点布局上,至少应按照全国百强县与国定贫困县1:2比例挂钩,或与西部地区一般县(市)1:4比例挂钩执行;东部地区一般县(市)与国定贫困县1:1比例挂钩,或与西部地区一般县(市)1:2比例挂钩执行。对尚未完成中西部地区原有挂钩计划的主发起行,属地银监局要督促其按照原有挂钩要求落实。未落实之前,中国银监会不再核准除补充挂钩地点之外的村镇银行设立计划。主发起行应按照"先西部、后东部,先欠发达县域、后发达县域"原则,积极开展已批准地点的村镇银行筹建工作。在主发起行未完成已批准地点的村镇银行开业前,中国银监会不再核准其新的村镇银行设立计划。[3] 2014年12月15日中国银监会发布的《关于进一步促进村镇银行健康发展的指导意见》进一步明确,村镇银行要重点布局中西部和老少边穷地区、粮食主产区和小微企业聚集地区,稳步提升县(市、旗)村镇银行的覆盖面。

上述关于村镇银行的"设立规划"表明决策层坚定不移地支持设立人在中西部地区布局数量更加均衡、运营更为稳定、质量更为优秀的村镇银行。然而,村镇银行的设立及运营归根结底是市场主体的私人行为,受客观经济

---

〔1〕 参见中国银监会2009年7月23日发布的《新型农村金融机构2009年~2011年总体工作安排》。

〔2〕 参见中国银监会2010年4月20日发布的《关于加快发展新型农村金融机构有关事宜的通知》。

〔3〕 参见中国银监会2012年5月23日发布的《关于银行业金融机构发起设立村镇银行有关事项的通知》。

条件的约束。其一,农村信贷供给受市场约束。“我国农业规模化和产业化程度低,收益不稳定,农业信贷的自然地理成本和自然风险高,加之我国农业保险机制尚未完善,导致金融机构不愿意到农村投资”。[1] 其二,中西部地区经济发育程度参差不齐,特别是西部地区地理环境复杂、交通不便、人口密度低,导致主发起行在选择布局村镇银行时,更着重于经济发达地区。对真正需要支农惠农的欠发达地区,设立村镇银行的积极性不高。“2014 年末,全国共有村镇银行 1153 家,县域覆盖率仅为 43% 左右。并且,中西部明显偏慢。东部 11 省市中,有 9 个省的县域覆盖率高于 50%;中西部 20 个省市区中,只有 5 个高于 50%,却有 10 个低于 40%”。[2] 表面上看,西部省份村镇银行的数量并不少,但真正的西部欠发达地区,如宁夏、青海、甘肃等地的村镇银行数量寥寥。陕西与四川等省份在地理区划上属于西部,但经济相对发达,村镇银行数量相对较多,真正设立在经济欠发达、交通不便地区的村镇银行数量甚微。

(三)设立主体的偏差:大中型商业银行缺乏发起设立村镇银行的动力

一方面,决策层鼓励大中型商业银行发起设立村镇银行,表现在:第一,2015 年 6 月中国银监会发布的《农村中小金融机构行政许可事项实施办法》关于村镇银行的设立条件中规定,发起人中应至少有一家银行业金融机构,并且主发起人必须是银行业金融机构。并进一步规定:“村镇银行主发起人持股比例不低于村镇银行股本总额的 15%,单个自然人、非金融机构和非银行金融机构及其关联方投资入股比例不得超过村镇银行股本总额的 10%。职工自然人合计投资入股比例不得超过村镇银行股本总额的 10%”。《暂行规定》第 25 条曾规定村镇银行最大股东或唯一股东必须是银行业金融机构。第二,推进大中型商业银行设立村镇银行的积极性。中国银监会为加大推进大中型商业银行参与组建村镇银行的力度,提高大中型商业银行参与村镇银行组建的积极性,将不定期对大中型商业银行参与新型农村金融机构组建情况进行通报,并将其参与新型农村金融机构组建情况与其他市场准入事项挂钩。[3] 第三,鼓励中小银行发起设立村镇银行。鼓励中小银

[1] 王曙光、李冰冰:《农村金融负投资与农村经济增长——库兹涅茨效应的经验验证与矫正框架》,载《财贸经济》2013 年第 2 期。

[2] 应宜逊:《大力发展中西部地市级村镇银行》,载《上海金融报》2015 年 2 月 17 日。

[3] 参见银监会 2010 年 4 月 20 日发布的《关于加快发展新型农村金融机构有关事宜的通知》。

行金融机构发起设立新类型农村金融机构,对符合条件、意愿不强的,还要加强引导。要求各银监局将中小银行业金融机构设立分支机构与发起设立新型农村金融机构实施准入挂钩。[1]

尽管中国银监会积极支持和引导各类资本设立村镇银行,但是,从村镇银行的主发起人制度及股权结构安排可清晰地判断,决策层重在支持银行业金融机构发起设立村镇银行,而对其他诸如民间资本、外国资本仅仅是鼓励其入股村镇银行,并不支持单一的非银行资本控股村镇银行。由此观之,决策层意在希望银行业金融机构主导村镇银行的设立与经营,鼓励境内银行业金融机构持有更多的村镇银行股份,而对其他投资主体则采审慎的限制。

另一方面,大中型商业银行对设立村镇银行的意愿并非强烈。大中型商业银行的网点布局已然足够,客户稳定、市场竞争力较强,特别是在东部经济发达地区更是如此。中西部地区经济相对落后,交通不便,营利预期低,设立成本高昂,大中型商业银行对于在中西部地区设立村镇银行的愿意大打折扣。相较而言,由于城市商业银行和农村商业银行的网点布局少,这两类银行对设立村镇银行的热情要高涨一些。

三、村镇银行市场准入法律制度之重构:以民间资本设立村镇银行为视角

如何重构村镇银行的市场准入制度,经济学与法学领域的学者对此均有涉猎,但视角有分野。经济学领域的学者主要从“绩效”视角研究如何提升村镇银行的“三农”服务效率。村镇银行的股东结构、治理结构、主发起人、营业地的金融发展水平等因素均关乎村镇银行的经营绩效,政府必须设计相应的激励相容的制度安排以增强村镇银行支农绩效与意愿。[2] 法学领域的学者主要研究村镇银行的法律制度缺陷并提出相应的制度改进意见。有学者洞悉到我国村镇银行的设立门槛过高,股权结构过于集中,存在大股东为自身利益最大化从而危及金融包容目标实现的危险,认为村镇银行法

[1] 参见银中国监会2010年4月20日发布的《关于加快发展新型农村金融机构有关事宜的通知》。

[2] 参见董晓林、程超、龙玲华:《主发起人类型、设立取址与村镇银行经营绩效——以江苏为例》,载《财贸经济》2014年第2期;田杰、刘勇、陶建平:《社会经济特征、竞争优势与农村金融机构网点布局——来自我国278家村镇银行的经验证据》,载《西北农林科技大学学报(社会科学版)》2012年第6期;王曙光:《产权和治理结构约束、隐性担保与村镇银行信贷行为》,载《经济体制改革》2009年第3期;王修华、贺小金、何婧:《村镇银行发展的制度约束及优化设计》,载《中国农业经济问题》2010年第8期。

律制度设计的侧重点不在于预防系统性风险，而在于通过制度激励，真正实现对贫穷地区和贫穷人群有效金融服务的金融包容。[1] 重构村镇银行设立法律制度，在理念上倡导私法意思自治之精神，厘清政府干预行为边界，公正对待所有出资人，根除资本的身份歧视，以彰显公平正义；内容上主要包括村镇银行设立之规范及相关配套制度之协同和推进。村镇银行是民营银行的最佳载体，允许民间资本控股村镇银行势在必行。[2]

2016 年中央一号文件特别提出要创新村镇银行的设立模式。此举表明，一方面决策层需要反思过往过于严格的村镇银行的设立制度；另一方面需要加大创新，减少审批程序，鼓励各类资本尤其是民间资本设立村镇银行。创新村镇银行的设立方式，对其市场准入及监管实施负面清单管理则尤为关键。“对市场主体的准入以负面清单作为改革的突破口，合理规范政府的行政许可行为，减少政府对资源的直接配置，明确审批的内容与程序，对于激发市场主体的活力，扩大市场主体的准入自由，减少政府管制，具有重要的现实意义”。[3] 对村镇银行市场准入采用负面清单的管理模式，有利于调动各类投资人设立村镇银行的能动性与积极性，有助于村镇银行在客观上诚心诚意、专心致志地扎根农村，为农民提供有效的金融服务。在终极意义上，“法律只能诱导，而不可能强制人们选择社会所希望的行动”。[4]

（一）改革村镇银行市场准入的规制模式

当下村镇银行市场准入规制模式的突出特点在于政策性，其优点在于规制灵活、针对性强、效率高，能集中反映决策层的意图和意志，令村镇银行在全国部分地区迅速成立。然而，其不足也更为显著：碎片化的制度设计欠缺系统性、协同性，前瞻性差，制度更迭快，欠缺预期，新的规范性法律文件出台之时，旧的规范性文件未能及时清理，令投资人无所适从，[5] 损害法律的权威。

改革村镇银行的规制模式，应明确其市场定位。村镇银行的服务对象

---

〔1〕 周仲飞：《银行法研究》，上海财经大学出版社 2010 年版，第 135 ~ 153 页。

〔2〕 柴瑞娟：《民间资本控股村镇银行：逻辑证成与法律规制》，载《法学评论》2012 年第 6 期。

〔3〕 王利明：《负面清单管理模式与私法自治》，载《中国法学》2014 年第 5 期。

〔4〕 张维迎：《信息、信任与法律》，生活 · 读书 · 新知三联书店 2006 年版，第 77 页。

〔5〕 以中国银监会发布的《农村中小金融机构行政许可实施办法》为例，自 2008 年至今，已颁布了四个版本，分别是 2008 年第 3 号令、2011 年第 3 号令、2014 年第 4 号令与 2015 年第 3 号令。

主要面向“三农”和“小微企业”,然而,其市场定位依然模糊,游离于政策性信贷与商业化运营之间。未来的村镇银行应定位于服务“三农”的商业性银行,可参照“超市银行”模式运营。所谓超市银行,即规模小,分布广,设立于村镇,贴近农村社区,服务农民,金融业务和产品灵活多样,以适应农村金融需求小额、分散、期限灵活的特点,使农民犹如在超市购物一样,自由选择所需金融产品。村镇银行应绕开与诸如大型国有商业银行、股份制商业银行、城市商业银行的业务竞争,真正回归、深耕农村市场,未雨绸缪,形成差异化、特色化的竞争优势。随着新农村建设的推进、农村基础设施的完善、农民收入水平的提高及农民金融知识的普及,农村金融市场大有可为。以超市银行模式存在和运营,村镇银行必将散发强劲的生命力和活力,激活农村金融市场,更好地服务于广大农民的金融需求。

改革村镇银行的规制模式,关键在于由政策之治转向法律之治,有两种方案可供选择:其一,全国统一立法模式。全国统一立法有三种备选方案:首先,在当下《商业银行法》修订之际,将村镇银行的特殊性规定纳入其中单列;其次,由国务院制定单行条例专门规范村镇银行;最后,由中国银监会制定一部系统的新型农村金融机构规范性法律文件,将村镇银行纳入其中单列。其二,地方立法模式。缘于中国不同地区经济、社会、文化等发展程度不一,农村区域经济发展差距极大,经济结构和发展水平不均衡,因此,因地制宜地对村镇银行实施地方立法或更具现实意义。依据村镇银行的应有之义,其设立地点应在农村地区,服务对象与地域具有鲜明的地方特色,建议将村镇银行法律制度以地方性法规的形式授予地方立法机关,相应的监管权亦授予属地监管机构。

(二)调整村镇银行的设立方式

《若干意见》中规定:“村镇银行应采取发起方式设立,并且应有一家以上(含1家)境内银行业金融机构作为发起人”。[1]《工作指引》规定:“设立村镇银行应按照《公司法》的相关规定设立,其中采用股份有限公司形式的村镇银行以发起方式设立。符合条件的银行业金融机构可出资组建一人有限责任公司形式的村镇银行,其筹建相关工作需由其有权机构出具相关决

〔1〕 参见中国银监会2006年12月20日发布的《关于调整放宽农村地区银行业金融机构准入政策,更好支持社会主义新农村建设的若干意见》。

议及授权文件”。[1] 此举意味着村镇银行的设立只能采发起方式设立。而根据《公司法》的规定,公司的设立方式有发起设立和募集设立两种。有限责任公司只能采取发起方式设立,而股份有限公司则既可采发起方式设立亦可采募集方式设立。但是,《工作指引》却规定股份有限公司形式的村镇银行只能采发起方式设立。此种规定有违国家鼓励民间资本进入银行业金融机构的方针政策,无助于村镇银行股权结构的多元化,不利于村镇银行地方化战略的实施。

应遵循《公司法》的规定,村镇银行采有限责任公司组织形式的,只能采发起方式设立,而采股份有限公司组织形式的,则由当事人决定是采发起方式设立抑或募集方式设立,修订《若干意见》与《工作指引》中村镇银行只能以发起方式设立之规定。

(三)变更村镇银行的主发起人制度[2]

决策层力推银行业金融机构作为村镇银行的主发起人是希冀其能为村镇银行提供“专业人才、金融产品、科技支撑、资金清算以及后续培训等方面系统性支持,有效渗透本行的风险管理理念和技术方法,有利于新组建机构较快拓展涉农业务,实现商业可持续”。[3] 然而,从实践观察,银行业本身的风险管理并非尽善尽美,[4]各类银行的支农支小意愿并不强烈,国有商业银

---

〔1〕 参见中国银监会2007年1月22日印发的《村镇银行组建审批工作指引》。

〔2〕 村镇银行主发起人制度起源于2007年中国银监会发布的《村镇银行暂行规定》(注:该文件已失效)第25条之规定:“村镇银行最大股东或唯一股东必须是银行业金融机构。最大银行业金融机构股东持股比例不得低于村镇银行股本总额的20%,单个自然人股东及关联方持股比例不得超过村镇银行股本总额的10%,单一非银行金融机构或单一非金融机构企业法人及其关联方持股比例不得超过村镇银行股本总额的10%。任何单位或个人持有村镇银行股本总额5%以上的,应当事前报经银监分局或所在城市银监局审批”。随后,银监会取消了村镇银行最大股东或唯一股东必须是银行业金融机构制度,并将主发起人的持股比例下调至不得低于村镇银行股本总额的15%,但是村镇银行的主发起人仍必须是银行业金融机构。

〔3〕 参见《银监会有关部门负责人就调整村镇银行组建核准有关事项答记者问》,载http://www.cbrc.gov.cn/chinese/home/docView/201107278975DE6CE05CEE32FF69CBC9C8E77500.html,2014年5月6日访问。

〔4〕 数据显示,截至2015年6月底,我国银行业不良贷款已经连续反弹14个季度,其中,农业银行不良贷款率达到1.83%,居16家上市银行之首;工商银行不良贷款余额为1635亿元,比去年底增长31%。参见赵洋:《银行业正在进入改革转型关键时期》,载《金融时报》2015年9月7日。

行对发起设立村镇银行态度暧昧,[1]村镇银行基本上被主发起行所控制,沦为主发起行的分支机构,独立性堪忧。[2]

因此,应调整村镇银行的主发起人必须是银行业金融机构的准入规定,赋予各类资本平等准入权,不因投资人的身份差异而对准入门槛施加限制,真正实现民间资本与其他资本按同等条件进入银行业,投资人有权根据自愿原则自发设立村镇银行。基于村镇银行的地方性,应积极吸纳地方投资人入股。立法部门只需明确准入条件和程序,监管机构只需依法强化监管力度及责任的执行即可。

(四)优化村镇银行股权结构的准入限制

当下村镇银行股权结构准入限制体现在以下三个层面:其一,主发起行的持股比例不得低于股本总额的15%;其二,职工自然人合计持股不得超过股本总额的20%;其三,除上述外的其他所有单个主体及其关联方持股总额不得超过股本总额的10%。村镇银行作为一个独立的商事主体,其投资人有权自主决定各自的持股比例,这本是天经地义之事。然而,监管主体通过强制性规范事无巨细地干预投资主体的投资份额,压缩了村镇银行的私法自治空间,束缚了村镇银行的自主创新活动。根据上述规定,单一民营资本无权独立参与发起设立或控股村镇银行,严重地束缚了民间资本参与设立村镇银行的积极性。

因此,应调整依投资人身份不同而对村镇银行持投人的持股数额、股权结构做出限制的法律规定,赋予投资者特别是民间资本真正的平等准入机会和权利,允许民间资本作为主发起人发起设立或控股村镇银行,投资人的持股数额由村镇银行章程确定。《商业银行法》作为银行业的基本法亦未对

---

〔1〕 截至2013年底,大型银行发起村镇银行105家、占比10%,股份制银行发起65家、占比6%,城市商业银行发起378家、占比35%,农村银行机构发起498家、占比47%,外资银行发起25家、占比2%。对大银行而言,设立村镇银行不如直接设立网点。事实上,现在很多大银行甚至在减少农村机构的网点数量,而即便是仍保有网点,吸储仍是该网点的主要目的,放贷业务中近九成的钱并未被用于农业、养殖业。参见毛宇舟:《中国超半数县尚无村镇银行县域金融版图中大银行纷纷撤点》,载《证券日报》2015年3月24日。

〔2〕 发起行为了实现异地扩展,实质上将村镇银行作为自己的分支机构,发起行的占股比例都远远超过了最低持股比例。大部分村镇银行中,发起行的持股比例都超过50%,有的甚至高达80%~90%。2011年左右,中国银行和新加坡主权财富基金淡马锡旗下的富登金融控股公司合作成立了中银富登村镇银行,中行占股90%,富登金融占股10%,已经在全国10个省份设立50家村镇银行和16家支行,其中的绝大部分都是其100%控股。参见贾雪:《村镇银行遇"七年之痒"?》,载《中国县域经济报》2014年3月27日。

商业银行的股权结构做出特别限制。

（五）废除村镇银行设立后仍面临诸多的核准事项

根据《农村中小金融机构行政许可事项实施办法》（中国银监会令 2015 年第 3 号）第四章“机构变更”之第一节法人机构变更与第二节分支机构变更之规定，村镇银行成立之后，诸如公司名称、组织形式、股权结构、住所、注册资本、修改章程、分立和合并、分支机构等事项变更均需监管机构审查并决定，部分事项还需事后报告中国银监会。此举意味着，即使在村镇银行取得法人资格后，其上述事项的变更仍需监管部门审批同意，村镇银行自身并无决定权。

村镇银行的银行业特性决定了对其市场准入采用核准制当属正常。然而在其成立后，依然面临上述过多的审批事项就显得公权干预过度，令村镇银行缺乏正当的行为自由。在国家倡导简政放权、减少审批的背景之下，此番规定就显得不合适宜。村镇银行法人机构变更事项属于公司内部事务，无关外部主体利益，基于私法自治精神，市场主体自身应有权根据市场状况对其做出变更，监管主体的审批只会带来物质成本的损耗与时间成本的增加。

“继续简政放权，还权于市场，让权于社会，放权于基层。还权于市场，就是银行业金融机构能够管理好的事项，监管就要把权力交给市场主体。让权于社会，就是把社团组织管理更有效率的事项，让给行业协会来管理。放权于基层，就是基层监管机构能做的事，按照权责对等原则，交给基层机构去管理”。[1] 2014 年 6 月中国银监会发布的《关于推进简政放权改进市场准入工作有关事项的通知》指出，要深入推进简政放权有关工作，进一步规范行政审批行为，对于“机构筹建延期和开业延期审批、机构降格和临时停业审批；机构由于变更名称、股权、注册资本、业务范围等前置审批事项而引起的修改章程审批”不再审批，改为报告制管理。循此逻辑，应修正《农村中小金融机构行政许可事项实施办法》（中国银监会令 2015 年第 3 号）第四章“机构变更”事项的审批规定，改为备案制。赋予村镇银行更多经营自主权，使其意思表示迅速的反映自身实际情况和市场需求，有利于提高村镇银行的营运效率，有助于更有效的服务“三农”和“小微企业”。

---

〔1〕 尚福林：《开创银行业改革开放新局面》，载《紫光阁》2014 年第 2 期。

四、结语

众所周知,农村金融匮乏、信贷供给不足是我国农村发展滞后、农业不稳、农民收入增长缓慢的关键肇因之一。故而,多年来,国家一直大力倡导农村金融体制改革,鼓励各类资本在农村设立金融机构,以达致行之有效地服务“三农”的意图。村镇银行作为新型农村金融机构的重要载体,其诞生是基于以下三个层面的宏大背景:其一,国家支持民营银行的稳健发展,以在更深层次上推动金融体制的市场化改革;其二,国家支持普惠金融的大力推进,以在更大程度上实现金融公平;其三,国家重视金融服务“三农”的深入开展,以在更大范围内实现国家的现代化。在应然意义上,村镇银行是我国农村金融体制改革的创造性与经验性产物,是民间资进入银行业的最佳实践载体,有助于普惠金融目标的实现,有利于金融有效服务“三农”的发展。然而,在决策层浓重的“父爱主义”理念的指导之下,村镇银行设立法律制度有悖市场运行逻辑,实施效果差强人意。一方面,分支机构遍布全国的大型国有商业银行对设立村镇银行缺乏激情,另一方面,囿于制度的限制又令民间资本对入股村镇银行的抱负被压抑。在简政放权的宏观背景之下,须简化村镇银行的设立条件和程序,创设友好的激励和保障制度,引导民间资本发起设立村镇银行,真正将镇银行的设立地点深入农村和乡镇,实现村镇银行“村镇”之应有之义,真正实现为“三农”提供金融服务的宗旨。

绿色金融理论下农村环境综合治理PPP模式的创新探究*

——以四川省简阳市为例

傅晶晶** 周 阳***

内容提要：当前，我国农业资源短缺、污染严重，要在政府资金短缺的情况下实现对农村环境的综合治理，无疑是各级政府"十三五"期间所面临的新挑战。我国"绿色金融体系"的初步建成，给农村环境综合治理的融资瓶颈带来的新的契机，另一方面，PPP亦能很好地将绿色金融理念和农村环境综合治理有机勾连。本文基于对简阳市农村环境治理的实证研究，通过SWOT分析，分别厚植于简阳市的普通村落和四川省新五大旅游区之一的"三岔湖"的地方特点，创造性地提出了在"绿色金融"理论下在简阳市进行农村环境综合治理的创新PPP模式。

关键词：绿色金融　简阳市　农村环境综合治理　PPP　SPV　TBOT

---

* 本论文系本人主持的国家社会科学基金项目（15CFX053）的阶段性成果；西南石油大学科研启航计划项目（2014QHZ004）阶段性成果；该论文得到国家留学基金委资助发表。

** 傅晶晶，四川成都人，西南石油大学法学院副教授，硕士研究生导师，四川石油天然气发展研究中心研究人员，荷兰马斯特里赫特大学博士研究生，研究方向为环境资源法学。

*** 周阳，四川简阳人，西南石油大学法学院硕士研究生。

一、绿色金融理论

（一）绿色金融的涵义

由于经济的疲软和环境污染资源破坏的日益严重，经济发展和环境保护之间的矛盾重重、无法破解。应运而生地在国际上出现了绿色金融这个概念，试图通过对金融体系的重塑来推动绿色和包容性经济的发展，因此，也被称为环境金融（environmentalfinance）或者是可持续金融（sustainablefinance）。目前理论界对绿色金融的定义莫衷一是，但是，均指向一个共同的内涵：即遵循社会主义市场经济规律的要求，以建设生态文明为导向，以信贷、保险、证券、产业基金以及其他金融衍生工具为手段，以促进节能减排和经济资源环境协调发展为目的宏观调控政策。绿色金融的手段和效果多样化，主要包括规范企业经营行为、引导政府和社会资金流向、促进环保技术创新、有效克服市场失灵等。

（二）绿色金融的发展

在国际层面上，2014 年 1 月，联合国环境规划署建立了“设计可持续金融体系”项目工作组，以期探索如何促进金融体系与可持续发展更紧密结合的政策，乃至对金融体系进行系统性变革。2014 年 7 月，世界银行发布《环境和社会框架：为可持续发展确定标准》报告，试图搭建绿色金融发展的框架、要求、标准和流程。[1] 随着绿色金融概念的推广，不仅南非、印度等发展中国家积极关注绿色金融的发展，一些发达国家也在密切地注视着绿色动向。绿色金融成为炙手可热的经济发展模式。

而在中国，绿色金融的发展给经济转型带来了巨大的契机。目前中国已经初步形成了以绿色信贷、绿色保险、绿色证券“三位一体”的绿色金融发展体系，发展势态良好。据学者测算，从 2015～2020 年，中国绿色发展的相应投资需求总计大约为 17.4 万亿元，而 2015～2020 年中国的财政收入总额约为 127 万亿元左右，绿色发展的总投入将占到预计财政收入的 14% 以上，严重超出了财政的负担程度。另外，据来自央行的测算数据显示，“十三五”

---

〔1〕 参见张承惠、谢孟哲、田辉、王刚：《发展中国绿色金融的逻辑与框架》，载《金融论坛》2016 年第 2 期，第 17～28 页。

期间,我国绿色经济每年需投入的资金量在 2 万亿元以上,在全部绿色投资中,政府出资占比约为 10% 至 15%。据此推算,这意味着每年发展绿色经济的缺口资金大约为 1.7 万亿元,未来 5 年大概有 8.5 万亿元的市场规模。[1]因此,政府也在积极地寻找财政之外的金融支持,试图找到多方投资主体,将绿色金融这一朝阳产业做大做强。

二、绿色金融与 PPP 的关系

国家除了引导传统金融机构将业务重心向绿色发展业务进行转移之外,也极为注重在 PPP 框架之下引入社会资本,通过产业基金、直接投资、绿色债券等方式丰富绿色投资的资金来源。PPP 模式和"绿色金融"在适用领域交叉重合、在融资渠道上殊途同归、在配套需求上大同小异,PPP 模式的内在属性刚好契合了"绿色金融"的发展理念,真正地体现了"绿色金融"所蕴含的经济环境双赢的内在追求。

因此,2016 年 8 月 31 日,中国人民银行、财政部、国家发展和改革委员会、环境保护部、银监会、证监会、保监会联合印发了《关于构建绿色金融体系的指导意见》(以下简称《指导意见》)(银发〔2016〕228 号)。[2] 其中第四部分为"设立绿色发展基金,通过政府和社会资本合作(PPP)模式动员社会资本",内容如下:

(十九)支持设立各类绿色发展基金,实行市场化运作。中央财政整合现有节能环保等专项资金设立国家绿色发展基金,投资绿色产业,体现国家对绿色投资的引导和政策信号作用。鼓励有条件的地方政府和社会资本共同发起区域性绿色发展基金,支持地方绿色产业发展。支持社会资本和国际资本设立各类民间绿色投资基金。政府出资的绿色发展基金要在确保执行国家绿色发展战略及政策的前提下,按照市场化方式进行投资管理。

(二十)地方政府可通过放宽市场准入、完善公共服务定价、实施特许经营模式、落实财税和土地政策等措施,完善收益和成本风险共担机制,支持绿色发展基金所投资的项目。

(二十一)支持在绿色产业中引入 PPP 模式,鼓励将节能减排降碳、环保

---

〔1〕《绿色金融万一蓝海,快速巷道开辟有赖多维创新》,载《金融时报》2016 年 11 月 28 日。

〔2〕 2016 年 8 月 31 日,中国人民银行、财政部、发展改革委、环境保护部、银监会、证监会、保监会七部委行会联合发布《关于构建绿色金融体系的指导意见》,载 http://www.gov.cn/,2016 年 11 月 25 日访问。

和其他绿色项目与各种相关高收益项目打捆,建立公共物品性质的绿色服务收费机制。推动完善绿色项目 PPP 相关法规规章,鼓励各地在总结现有 PPP 项目经验的基础上,出台更加具有操作性的实施细则。鼓励各类绿色发展基金支持以 PPP 模式操作的相关项目。

有鉴于此,《指导意见》无疑发出了一个非常积极的信号,是《中共中央国务院关于加快推进生态文明建设的意见》和《生态文明体制改革总体方案》等纲领性文件落地的关键一步。基于绿色产业普遍存在的公益属性,设立绿色发展基金,通过政府和社会资本合作(PPP)模式动员社会资本,将 PPP 模式应用于绿色产业显然是水到渠成的事。

三、农村环境综合治理引入 PPP 模式的 SWOT 分析

(一)PPP 的定义

对于 PPP,各国甚至各个理论学派都有不同的定义,本文采用联合国发展计划署的定义,即 PPP 为政府、营利性和非营利性组织基于某个项目而形成的一种长期的相互合作关系的形式,其本质在于通过政府和社会资本的长期合作关系,形成政府资源及市场资源在数量、禀赋上的优势互补。

(二)农村环境综合治理引入 PPP 模式的 SWOT 分析

SWOT(Strengths、Weaknesses、Opportunities、Threats)分析法是将研究对象的竞争优劣势、机会和风险进行个别和交叉分析,从而厘清改研究生对象发展的有利和不利条件,并且对此提出相应的解决办法。

下列观点是基于我国农村环境治理的 PPP 模式为主要的研究对象,将我国农村环境治理的 PPP 模式的内部优劣势和外部条件进行了详细的分析。

1. 优势分析

(1)调动社会资本,减轻政府财政负担,实现资金的最佳价值。长期以来,农村环境的治理主体都是政府,导致政府财政资金压力巨大。PPP 模式能将社会资金引入农村环境治理中,通过吸收社会资本使得更多的资金可以投入到农村环境治理中来,减轻政府的财政负担。并且可以通过社会资本投资各方的竞争,大大提高资金的使用效率。作为 PPP 模式中的社会资本方,其先进的技术和丰富的管理经验对于农村环境治理有很大帮助。政

府和社会资本方能互相学习，取长补短，双方充分发挥各自的优势，以弥补各自的不足之处。

（2）对风险有合理的分担。在没有引入PPP模式时，农村环境治理中的风险全由政府来承担，导致农村环境综合治理项目一旦在建设或运营中出现不可控的状况，政府承担的风险就难以估量，而基于PPP这种模式，能够很好地分担这种风险，使各参与方对风险进行监控管理，以达到最佳的经济效益。

（3）切实落实经济、社会、环境保护的协调发展。PPP模式相较于其他的开发模式，凸显出三个显著的优势：一是PPP模式能减轻公共服务的财政负担，这不仅体现在其能够有效降低公共服务项目政府投资压力，引入社会资本，形成政府的服务购买和运营补贴关系，从项目产出的角度来补偿项目投资。还体现在通过社会资本对项目的决策和运营管理等环节进行优化，实现效率的提高。二是不论采用何种形式的PPP模式，都不会使项目脱离政府的监管。因为存在合同的约束，所以，政府和社会资本方都能在合同范围内积极的履约，否则将承担严重的违约责任。三是PPP模式能够顺应时代发展潮流，保持农业用地的状态，并为农民找到因地制宜发展经济的方式。

2. 劣势分析

农村环境治理的PPP模式在项目运营和建设过程中，由于农村环境治理的建设项目的周期长，政府和私人企业之间的衔接缺少灵活性，不能有效、及时地调整应对措施，在操作性上有待提高。

农村环境作为准公共物品，自身的公益属性和商业回报慢的属性决定了由追求利益最大化的私营企业参与其中的热情不高，政府难以寻求合适的私人企业进行合作。导致常态的PPP模式（如高速公路建设项目）等难以进入，如何将社会资本纳入公益领域是每一个PPP项目得以突破的关键。

3. 机会分析

近年来，农村环境问题引起了党和政府及社会各界的高度重视和广泛关注。在国家层面上，2016年中共中央一号文件指出："党的十八届五中全会通过的《中共中央关于制定国民经济和社会发展第十三个五年规划的建议》，对做好新时期农业农村工作作出了重要部署。"提出"在经济发展新常态背景下，在资源环境约束趋紧背景下，如何加快转变农业发展方式，确保粮食等重要农产品有效供给，实现绿色发展和资源永续利用，是必须破解的现实难题。”在四川省层面上,2016 年四川省委省政府 1 号文件对农村问题也提出了部署。2016 年 8 月,中共四川省委发布《关于推进绿色发展建设美丽四川的决定》,决定中指出,推进绿色发展、建设美丽四川,就一定要注重农村环境的综合治理。落实到简阳市,2015 年 12 月,四川省政府发布“四川省政府和社会资本合作项目信息表”,纳入包括简阳市在内的多个市区的环境保护项目。自 2015 年以来,简阳市采用 PPP 模式实施的政府投资项目共 14 个,估算投资 193.95 亿元,另有 7 个项目已经市政府常务会审议同意采用 PPP 模式实施。”这表明简阳市对于 PPP 项目的认可度非常高,并且已经着手进行 PPP 项目的研究和建设。

4. 风险分析

在农村进行 PPP 项目的投资建设时也存在一定的风险,其中包括:一是投资风险,当政府选定合作的私人企业后,由于项目建设周期长、回报慢,可能导致项目长期看不到成效,投入的人力物力财力长久的得不到回报,造成极大的投资特别是资金风险。二是政策风险,由于 PPP 在整个社会领域属于新兴事物,随着研究的深入,包含的模式也较多,政府在一定时间段内选择使用的模式可能会有所改变,这就给整个项目的实施带来了极大的政策风险。三是履约风险,当政府和私人企业达成 PPP 合作协议后,由于缺乏竞争压力,政府在缺少相关的技术和资源的情况下,很难对私人企业进行监管。另外,对于企业来说,由于缺少争议解决机制,如若政府履约不佳,企业难以采取措施来维护自身权益。

四、农村环境综合治理 PPP 模式及创新

(一)PPP 主要的传统模式

PPP 模式是一个极其广泛的概念,如前所述,PPP 包含的实现形式多达数十种之多。结合中国的国情,我们在研究 PPP 模式的时候一般将其分为三大类:外包类、特许经营类及私有化类。[1]

1. 外包类

外包类 PPP 项目一般是由政府投资,私人企业承包整个项目中的一项或几项职能,例如只负责工程建设,或者受政府之托代为管理维护设施或提

〔1〕 参见刘薇:《PPP 模式理论阐释及其现实例证》,载《改革》2015 年第 1 期,第 78～89 页。

供部分公共服务，并通过政府付费实现收益。在外包类PPP项目中，私人企业承担的风险相对较小。

通常，外包类PPP项目包含模块式外包和整体式外包两种主要类型。其中模块式外包又划分为服务外包和管理外包两种形式；整体式外包分为设计—建设（DB）、设计—建设—主要维护（DBMM）、经营与维护（O&M）、设计—建设—经营（DBO，俗称交钥匙）等多种形式，如表1所示。

表1

类型	主要特征	合同期限
服务外包	政府以一定费用委托私人部门代为提供某项公共服务，如社区服务等	1～3年
管理外包	政府以一定费用委托私人不呢代为管理某公共设施或者服务，例如轨道交通运营	3～5年
DB	私人部门按照公共部门规定的性能和指标，以事先约定好的固定价格设计并建造基础设施，并承担工程延期和费用超支的风险。因此，私人部门必须通过提高其管理水平和专业技能来满足规定的性能指标和要求	不确定
DBMM	公共部门承担基础设施的经营责任，私人部门承担维修责任	不确定
O&M	私人部门与公共部门签订协议，规定由公共部门支付一定费用，私人部门代为经营和维护公共部门的基础设施，例如城市自来水供应等5～8年	5～8年
DBO	私人部门以某一合理总价承包设计并建造一个公共设施或基础设施，并且负责运营该设施，满足在该设施试用期间公共部门的运作要求	8～15年

2. 特许经营类

特许经营类项目需要私人参与部分或全部投资，并通过一定的合作机制与政府分担项目风险、共享项目收益。作为一种风险共担、利益共享的模式，该模式下，政府能控制项目的所有权，又能提高服务水平，因此，受到政府和私营企业的极大关注。

特许经营类PPP主要有TOT及BOT两种实现形式，另外，与DB模式相结合，特许经营类PPP还包括DBTO、DBFO等几种类型。根据不同的实现途径,在TOT模式中,还可以分为PUOT和LUOT两种类型;在BOT模式中,可以分为BLOT和BOOT两种类型,两者的区别是在建设完成后是通过租赁还是通过特有拥有的方式获取项目经营权,如表2所示。

表2

类型		主要特征	合同期限
BOT	BLOT	私人部门先与公共部门签订长期租赁合同,由私人部门建设并经营基础设施,通过向用户收费而获取利润。合同到期后将项目整体移交给公共部门	25~30年
	BOOT	私人部门在获得公共部门授予的特权后,投资、建设并经营基础设施,通过向用户收费而获取利润。特许期到后将项目整体移交给公共部门	
TOT	LUOT	私人部门租赁已有的公共基础设施,扩张、改建、经营该设施,在租赁期结束后将该设施的使用权和所有权移交给公共部门	8~15年
	PUOT	私人部门购买已有的公共基础设施,扩张、改建、经营该设施,在租赁期结束后将该设施的使用权和所有权移交给公共部门	

3. 私有化

顾名思义,私有化类PPP是政府与私人企业通过一定的契约关系,使公共项目按照一定的方式最终转化为私人企业的一种PPP模式。私有化类PPP项目需要私人企业负责项目的全部投资,在政府的监管下,通过向用户收费收回投资实现利润。由于私有化类PPP项目的所有权永久归私人拥有,并且不具备有限追索的特性,因此,私人企业在这类PPP项目中承担的风险最大。

在私有化类PPP模式中,根据私有化程度不同可以分为完全私有化和部分私有化两种。根据实现途径的不同,完全私有化可以通过PUO和BOO两种实现途径;而部分私有化则可通过股权转让等方式显示私有化程序。

表 3

类型		主要特征	合同期限
完全私有化	PUO（购买—更新—经营）	私人部门购买现有基础设施，由私人部门建设并经营基础设施，并永久拥有该设施的产权。在与公共部门签订的合同中注明保障公益性的条款，受到政府管理和监督	永久
	BOO	私人部门投资、建设并经营基础设施，并永久拥有该设施的产权。在与公共部门签订的合同中注明保障公益性的条款，受到政府管理和监督	
部分私有化	股权转让	公共部门将现有设施的一部分所有权转让给私人部门持有，但是公共部门处于控股地位。公共部门和私人部门共同承担风险	永久
	合资兴建	公共部门和私人部门共同出资兴建公共设施，私人部门通过持股方式拥有设施，并通过选举董事会成员对设施进行管理。公共部门一般处于控股地位，与私人部门一起承担风险	

（二）农村环境治理 PPP 模式创新

传统的 PPP 模式并不能很好地运用于简阳市的农村环境综合治理工作，因此，厚植于简阳市农村特色，对简阳市的农村环境治理 PPP 模式提出了以下建议。

1. SPV 农村环境综合治理公司

SPV 模式（Special Purpose Vehicle，特殊目的公司），是指为了实现某种特殊目的而组建成立的项目公司，公司可以通过贷款以及时下热兴的众筹等融资方式，开展项目修建，最终通过向用户收费或者是政府补贴回收投资成本并盈利。SPV 模式的特征在于投资主体（公司股东）的多元化，既可以是政府和私人企业作为投资主体，也可以将当地村民纳入投资主体，甚至可以包括主权基金和市民个人。

SPV 公司运营流程如下：（1）地方政府与私人企业或者其他社会资本按比例投入一定资金筹建 PPP 项目公司。（2）SPV 通过银行等融资机构获得债券融资，融资方式为发放银行贷款、市政债券等。（3）SPV 与政府签订特许经营合同，将待建 PPP 项目转让给 SPV 公司。（4）SPV 公司再自行与不同的主体包括设计施工、运营维护等签订具体的合同,SPV 负责整个项目的运行和管理。SPV 公司在组成形式上可以选择有限责任公司开展项目运营。

结合简阳农村的实际情况,笔者认为,对简阳农村环境综合治理的 PPP 项目,可充分运用"特色小镇"的理念。目前中国国内已经有合肥 PPP + 特色小镇在建。根据规划,项目将围绕地方产业的构建为核心,按照"产、城、人、文"深度融合理念,集投资、创业、研学、居住、休闲、旅游于一体,打造一套具有地方特色、国内领先的小镇生态体系。

普通村落的特色小镇建设 PPP 模式运作方式:(1)合作主体(股东)可以由政府、中标的私人企业、农村集体经济或者是合作经济组织、村民个人、咨询设计公司、施工运营公司等,合作成立 SPV 专项公司。(2)盈利模式:要吸引社会资本对项目进行投资,关键在于特色小镇项目的盈利空间和回机制的设置能达到社会资本的预期收益率。此时建立社会资本的两类收入机制就显得尤为必要:政府的开发建设成本补偿和特许经营中取得的收益,两者之和能够很好地保障社会资本方的收入。[1]

简阳市地形地貌以中央低矮丘陵、四周梯田环绕为主。如前所述,简阳市农村普遍面临土壤污染、水污染和耕地荒芜的环境问题。鉴此,笔者建议在针对简阳普通村落的特色小镇的公私合作打造中,可以建立梯田湿地生态系统为主体的鲜花主题特色小镇,即将梯田湿地生态系统与周边的丘陵绿植、鲜花村庄有机结合,构成自然和谐的"山、水、林、田、村"生命共同体。梯田湿地的建设在涵养水源、调节径流、保持水土、防止滑坡、调节气候等方面可以发挥不可替代的作用,同时可以借鉴法国、瑞士"鲜花小镇"项目的成功经验,打造具有简阳特色的湿地鲜花小镇特色村落。。寓农村环境治理和特色小镇旅游开发建设于一体,这既是治理农村环境的一种方式,还能够给当地的居民带来收入,且形成可持续的良性循环,对于后世的生存发展具有长远的意义。

2. TBOT 模式

TBOT 模式(Transfer—Build—Operation—Transfer,转让—建设—运营—移交)是基于 TOT 与 BOT 的创新。该模式是特许经营类模式的一种新类别,以一个既有的成熟的盈利项目为依托,开展其周边环境综合治理的

[1] 《"PPP 模式"特色小镇实践论》,载《旅游产业观察》2016 年 11 月 18 日。

PPP项目。TBOT模式以BOT为主,融合了TOT的精髓,即政府通过招标将已经运营一段成熟项目和未来若干年的经营权无偿转让给投资人,投资人负责组建项目公司去建设和经营周边综合待建项目,项目建设开始经营后,政府从项目公司获得与现有成熟的项目经营权等值的收益,同时按照该TBOT协议,投资人在规定年限内相继将成熟项目和新项目的经营权归还给政府。

笔者认为,简阳市三岔湖景区即是一个适合于TBOT模式的公私合作项目,目前已有成熟的盈利三岔湖休闲项目,基于该项目的周边农村环境综合治理就可以采取TBOT的模式,即简阳市政府将三岔湖未来多年的特许经营权转让给特定的中标企业,由该企业组建专门的TBOT项目公司,按照与政府签订的协议和政府的发展规划,完成三岔湖景区项目的打造与周边农村环境综合治理工程。待三岔湖综合旅游基地项目打造成熟并开始运营后,政府取与现有成熟项目经营权相等值的收益,同时按照TBOT协议,该企业在规定年限内相继将成熟项目(三岔湖休闲景区)和新项目(旅游休闲项目)的项目经营权归还给政府。

在具体操作时,要将休闲旅游项目的建设用地和周边农用耕地纳入土地利用总体规划和年度计划从而进行合理安排。厚植于三岔湖地区邻近天府国际机场和天府新区的优势,将特色休闲旅游项目例如大型垂钓比赛、羊肉美食节等与原汁原味的农耕体验项目相结合,充分打造最具特色的成都周边游休闲旅游项目。

五、结语

绿色金融、绿色发展,在简阳市农村环境治理过程引入PPP模式是有理论基础和现实条件的,上文中以PPP模式的SWOT分析为重要契合点,创造性地提出了两种新的适合简阳地区农村环境治理的PPP模式。关于两种模式的制度保障及法律保障体系构建,是接下来需要进一步加强理论和现实研究的重点。

央地关系视角下民间金融监管体系改革：动力与挑战

——以温州民间金融监管为例

江衍妙*

内容提要：我国金融市场二元结构的长期存在，近年来，风险事件频发暴露出权责不清、监管套利、上下联动不足等诸多问题，彰显民间金融监管机制构建的现实意义。本文以温州民间金融改革发展为例作为引子，详解了民间金融监管的必要性、法律规制性、引导发展性和监管治理综合性的多方面因素，从央地关系视角剖析了民间金融监管存在现实困局亟待破解，并提出了民间金融监管的具体构建原则与思路。

关键词：民间金融　监管体系　央地关系　动力与挑战

我国金融结构存在典型的二元结构特征，即以现代银行业为主的现代金融市场和传统民间金融市场并存。民间金融是相对于正规金融而言的，指在政府批准并监

---

* 江衍妙，现任申万宏源证券温州分公司财富管理中心总经理，温州市委统战部首批经济金融智库专家、民建浙江省委财政金融委员会委员、四川省高等学校人文社科重点研究基地中国经济法治研究中心研究员。

管的金融活动(正规金融)之外存在的金融行为。[1] 民间金融的主要形式包括民间借贷、民间集资、地下钱庄、和会等传统形式,以及现在新出现的民间资产管理公司、农村资金互助会、民间私募基金、P2P、民间众筹等诸多新业态。[2] 民间金融在弥补正规金融的不足,缓解中小微企业融资难方面起到积极作用,但其自身存在着难以克服的弊端,影响金融秩序,特别是近年来民间金融主体和规模发展迅猛,民间金融行为多元化复杂化,比如近年来频频发生的互保联保带来的"两链问题"、P2P跑路潮、地下钱庄洗钱、民间配资、昆明泛亚事件等地方金融风险暴露,而在现有的央地关系监管框架下,民间金融监管存在监管主体不清、权力配置不当、监管力量薄弱等问题,如处理不好民间金融市场,其风险也将危及到正规金融。故此,这都突显出我国民间金融监管研究的现实意义和必然要求。

一、民间金融监管改革的背景分析:以温州民间金融改革发展为视角

改革开放以来,温州共经历3次民间借贷风波,分别是80年代的抬会风潮、90年代的基金会风波、2011年民间借贷风波。自2011年民间借贷风险爆发以来,民间借贷风险暴露较为充分,民间借贷案件高发态势已初步得到控制。但当前间融资新业态出现的相应风险事件,更需进一步深入研究。

1. 民间融资风险仍在高位运行

2011年温州民间借贷爆发,经历金融风险整治,民间借贷案件高发态势得到较好控制,当前民间融资总体风险可控,但民间融资风险有所抬头。近几年来非法吸收公众存款和集资诈骗等民间融资领域的案件仍然较多,根据温州市公安局统计,2013年两类案件立案67件,涉案金额25.73亿元;2014年立案81件,涉案金额30.70亿元,增长21%和19%;2015年立案99件,涉案金额36.94亿元,又增长22%和20%。2015年全市法院新收民间借贷纠纷案件12052件,收案标的金额113.43亿元,较2012年高峰时期分别下降37.90%、47.78%。但2016年上半年,全市法院新收民间借贷纠纷案件

---

〔1〕 温州市决策咨询委员会、中共温州市委政策研究室编著:《温州企业资金链、担保链风险化解的实践与探索》,中国经济出版社2016年版。

〔2〕 以温州市民间金融发展为例,据温州市金融办统计,2011年末,全市共有担保公司、投资(咨询)公司、寄售行、典当行、旧物调剂行等各类民间金融市场主体1900多家,其中大部分参与借贷活动。局部金融风波爆发,民间借贷市场急剧萎缩,活跃度下降,再加上监管措施日趋严格,挤压了非法金融的空间,市场主体规模萎缩。目前,我市正常营业的各类民间融资市场主体减少至680余家,大量不规范的投资(咨询)公司、寄售行等传统形态规模萎缩厉害。

9964件,收案标的金额71.12亿元,同比上升18.64%和下降12.11%。[1]

2.温州经济与金融结构不对称造就了民间金融的生存土壤[2]

这里主要存在"经济与金融的非对称性、中小微企业与大金融的形态上的不对称、银行机构与非银行机构的结构上非对称、民营经济与国有金融存在体制上的不对称"等问题。温州产业结构和分布主要集中在那些投资回收期较短、风险相对较小、投资进入门槛较低且技术水平低的传统加工制造业,区域产业低、小、散和同质化现象比较严重。温州民营中小企业由于历史发展的各种问题,其组织结构、决策机制、管理机制都不符合现代企业管理要求,更不符合资本市场挂牌上市要求,企业的融资路径往往只能是"内源融资—民间融资—银行贷款",以及其他的直接融资等新型工具运用更不足,实属无奈。外加温州人的集体抱团取暖特性,生成了"熟人社会"土壤,这就造就了民间金融的生存空间,一度还野蛮生长。根据中国人民银行温州中心支行2012年7月21日发布的《温州民间借贷市场报告》民间借贷规模约1100亿元,占全市银行贷款的20%。近几年,民间借贷资金有所缩水。温州民间借贷不仅规模大,并且涉及的面非常广。

3.温州群体投融资行为与民间金融特点不匹配引发了民间金融的高风险

这里主要存在"房地产投资与高利贷存在期限匹配上的不对称、群体赚快钱理念与高杠杆偏好存在风险管理上的不对称、所投长期项目与短期贷款的使用存在资产负债上的不对称、民间金融与中央监管存在监管层级上的不对称"等问题。温州中小企业"短贷长用"的信贷现象进一步加强了正规金融与民间金融的交织。温州银行信贷投放都以短期流动性贷款为主,中长期贷款、项目贷款投放明显不足,"造轮船"和"卖大米"的均采用同一贷款期限的标准,贷款周期和实际生产经营周期错配明显,与企业实际信贷需

[1] 温州市决策咨询委员会、中共温州市委政策研究室编著:《温州企业资金链、担保链风险化解的实践与探索》,中国经济出版社2016年版。

[2] 按照英国《韦氏国际辞典》中的定义:"对称性乃是分界线或中央平面两侧各部分在大小、形状和相对位置的对应性"。一个系统对某种操作状态不变(等价),则该系统对此操作具有对称性(H. Weyl. 1951),该操作称对称操作(symmetry operation)。对称性分析是一种重要的物理学思想。这种思想源远流长,作为一种科学研究方法也有2500年的历史了,从古希腊毕达哥拉斯学派开始,历经多个阶段的发展过程。根据对称性原理,往往可以在不具体知道某些物理规律的情况下,给出所需的结论。在未涉及一些具体定律之前,我们往往可能根据对称性原理作出一些判断,得出某些有用的信息,这些法则不但不会与已知领域中的具体定律相悖,而且还能指导我们去探索未知的领域。笔者拟以温州经济金融和民间金融监管发展为例,他们存在不对称或非对称方面的内容,以此为视角来阐释温州民间金融监管改革的原因。

求不匹配,信贷期限错配严重。近年来,在宽松货币政策和积极财政政策的背景下,城镇化推动房地产的快速发展、正规金融和民间金融借贷市场两旺等经济快速发展带来的高利润、高回报诱惑下,有些企业将以实体为平台获得的融资投入,甚至完全脱离实体经济,企业经营偏离主业,专注于炒房、炒矿、炒资源,或者进入民间小贷公司、典当行、私募投资基金、P2P 等领域,宏观环境一变就从风险积聚到风险暴露。

4. 近几年温州民间融资风险案件呈现出新特点亟待监管变化

一是传统非法集资案件继续存在。从公安部门的立案数据看,其中大部分仍为传统非法集资案件。而县域的民间借贷风险事件有一定的周期,几乎每隔十年左右,同一县域就会发生规模较大的风险事件。二是出现用购物高额返利、发售购物卡返利等方式诈骗的民间融资风险案件。如万膳商城的案例,其本质仍是典型的旁氏骗局式的非法集资,但采取购物高额返利、发售购物卡返利等新形式,容易骗取普通百姓的信任,需要警惕。三是出现利用 P2P 平台、利用股权投资公司等新业态的民间融资案件。在《网络借贷信息中介机构业务活动管理暂行办法》公布之前,P2P 平台野蛮生长且监管空白,特别是第三方存管无法实行的情形下,难以避险自身融资甚至演化成非法集资。[1]

二、民间金融监管发展方向辨析

1. 民间金融要监管的必要性

民间金融的出现和活跃,折射出中小企业融资难的问题,说明我国中小企业存在着较为严重的资金融通的体制障碍。而民间融资不受正规金融部门监管,如不加以规范和引导,容易冲击金融市场秩序,不仅会抵消宏观调控效果,也会对社会稳定带来潜在威胁。由于民间融资存在双方信息不对称,巨额民间资金造成低水平重复投资,抵消国家宏观政策调控的效果。因此,对民间金融应该积极引导规范,使其成为我国金融体制的一部分,如果一味地打击抑制,它将以更加隐秘的方式进行活动,从而进一步降低国民经济的透明度和金融系统的可控程度。[2] 另外与个人贷款相比,群体贷款依

〔1〕 朱娴、金广荣、江衍妙、高晓乐:《进一步规范发展温州民间融资问题研究》,温州市金融学会 2016 年度重点课题。

〔2〕 陈晓红、周颖、余坚:《基于 DEA 方法的民间金融资本运用效率研究——对温州市民间金融的实证分析》,载《经济问题探索》2007 年第 5 期。

靠特殊的契约设计提供了“群”内相互监督的激励，但容易发生“集体违约”风险。民间金融作为金融客观运行的重要组成部分，无论是理论层面还是实际操作上，对之规范、监管实属必要。

2. 民间金融监管需有法律规制性与健康引导相结合

由于民间合会通常存在常规性与变异性两种不同的金融风险，应当通过国家法律运作机制与契约治理机制之间的有效配合，要从刑法、民法、行政管理三个不同领域对其进行有效的规制。[1] 另外，从国家法与民间法二元结构体系看，那些在国家法层面被认定为非法的民间金融活动，在民间法层面并不当然丧失其合法性。因此，对民间金融必须立足于国家法与民间法二元结构的分析视角来加以考察，并通过适当的制度选择实现对其发展的规制和引导，而不是不加区别地一律予以打压和限制。[2]

3. 民间金融的监管需有综合性治理手段

民间融资规范化、阳光化涉及多个部门，民间金融机构也是多头管理，民间融资规范的目的应在于保护善意投资者。民间融资规范在政府部门和金融监管部门分工基础上一方面要发挥公检法机关作用，加强民间融资案件协调移交，打击非法融资活动，保护合法民间融资业务，发挥法律指引作用、预测作用和教育作用，引导和规范民间融资行为；另一方面也要做好民间金融的正常发展路径顶层设计，做好过程行为的监测体系，保障民间金融的正常运行，给予民间资金、民间资本正常的出路。民间金融的治理必须疏堵结合。

三、央地关系下民间金融监管的现实困局

民间金融的监管问题，主要还是涉及高层对央地关系的处理问题。在多年的实践过程中，我们看到了诸多的矛盾暴露，亟待高层作出顶层设计，解决民间金融监管的机制问题。

1. 民间金融监管的法律依据不健全

民间金融主体多元，分属多个主管部门，其监管理念、标准和目标不尽一致，存在职能交叉或监管空白。首先，民间金融监管主体的法律赋权层级

---

〔1〕 李学兰：《浙江民间合会的金融风险及其法律规制发展》，载《宁波经济：三江论坛》2008 年第 11 期。

〔2〕 谈萧、胡新建：《民间金融的法律评判及规制路径》，载《法治研究》2010 年第 6 期。

比较低。商业银行由银监部门监管,民间金融大部分属于地方政府监管范畴,两者交互就容易出现监管"真空"地带,比如温州市政府2012年出台的《关于加强地方金融监管工作的实施意见》,它只是温州市政府的文件,没有上升到法律层面,且与部委规章规定也存在一定的不协同。其次,民间金融监管的职责不明确。对于新型的金融主体或金融工具的具体日常业务监管该由哪个部门来具体负责监管尚未明确,如P2P网络借贷,虽然人民银行等十部委发布《关于促进互联网金融健康发展的指导意见》(银发〔2015〕221号),但一些非法集资冒充P2P,成为民间金融风险的重灾区,如银行贷款别用来偿还P2P模式下的债务,将导致民间金融风险再次向正规金融传导。[1]

2. 民间金融监管力量建设与市场发展需求不匹配

首先,地方金融监管局的整合资源能力不足,民间金融监管的手段单一,大多依赖报表监管,现场监管检查力度偏小,监管内容太少,比如《温州市民间融资管理条例》仅在对民间融资信息服务企业的机构备案等方面做了规定。这都会致使地方金融有效监管严重缺失,极易诱发区域性的金融风波。其次,权责利不清致地方金融监管不力。民间金融发展迅速,但地方金融的监管地位不清、监管职权权力配置不当、监管力量单薄、地方保护主义,影响了地方金融的发展和中央金融政策的传导效果。近年来,民间借贷公司、地方股权交易中心、大宗商品交易所等大量的民间金融机构乱象丛生。

3. 民间金融监管上下联动机制不顺畅

地方金融监管如何配合"一行三会"的监管发挥作用,地方其他相关部门与地方金融机构部门之间缺乏持续稳定监管协调配合机制和信息共享机制,比如缺乏对资金流向监测的权限和手段,地方政府对民间金融的监管就缺失了重要一环。同时,将会严重影响了地方金融的发展导向,以及中央金融政策的传导效果,特别表现在国家大力鼓励发展地方小微金融,但中国的经济结构和金融结构的矛盾造成了各金融机构未能在内生激励机制上促进其对中小企业扶植。现有的扶持政策在解决中小企业融资难问题的深度、广度上仍显得不足,导致了中小企业融资有效供给不足与信贷错配。

4. 地方政府行政要作为与地方性正规金融发展监管难平衡

首先是以民营银行、地方商业银行或农商行为代表的"小微金融",由于

---

〔1〕 温州市决策咨询委员会、中共温州市委政策研究室编著:《温州企业资金链、担保链风险化解的实践与探索》,中国经济出版社2016年版。

监管机制参照传统金融机构执行,规模和创新发展受限,在服务中小微企业方面“有心无力”。就以存款偏离度指标为例,由于“小微金融”的主体机构整体规模偏小,几个大客户的存款就可能让上述指标超过偏离考核的幅度,进而影响其业务开展。其次是小微金融的重心下沉深度浅,“惠农兴村”“扶微助小”等工程持续力弱。经济发展落后的地方,相应的监管力量没有辐射到,小微金融机构的发展反而缓慢(担心出问题而不审批);而各大型金融机构利用小微金融政策套利行为常发生。

四、进一步加强民间金融监管发展的具体建议

我们应当要短期、长期两个方面着手布局民间金融改革。在“十三五”规划中,要强化完善我国民间金融监管体系,解决监管空白地带,以期民间金融更好地服务地方实体经济的发展,走出我国地方民间金融监管的特色之路。

1. 民间金融监管改革的原则

一是做好中央与地方在改革中的定位。中央监管机构应当坚持做好大中型金融机构的转型,而地方政府做好中小型金融机构的发展和监管,坚持适度下移监管权限,实施分层管理。

二是做好地方政府在金融改革中的权责利规定。应当坚持市场化、法制化与国际化的原则进行民间金融改革赋权;逐步建立价格自由化为核心的民间金融规范要素市场。

三是加快建立多层次金融市场和体系,就必须建立多层次监管体系;要调整间接融资与直接融资的关系,必须就处理好民间金融和正规金融的关系。

2. 民间金融监管改革具体建议

第一,要适时推进民间金融监管的立法工作,加快做实民间金融监管体系的保障。建议“十三五”规划出台全国层面的《中国民间金融监管法》,明确监管对象和监管内容,建议加快落实地方金融管理局的监管职责范围,建立其与地方金融法庭、金融仲裁院和金融犯罪侦查支队构成地方金融监管框架和监管协调机制,赋予其执法职权,做实地方金融的执法力量;加强民间融资行为规范和行为禁止条款制定,尤其是提高法律责任中行政处罚额度。在民间金融监管法律出台前,可以鼓励各地制定地方特色的民间金融监管的金融法规,比如温州市就出台“1 + 7”地方金融监管办法及地方金融

监管协调机制,对各类地方金融市场主体合规经营的有效检查面达20%以上。特别建议整合《网络借贷信息中介机构业务活动管理暂行办法》对网络借贷信息中介机构的管理要求,适应新监管思路;吸收2015年8月发布的《非存款类放贷组织条例(征求意见稿)》的核心内容和理念,完善监管框架。

第二,适度下移监管权限,实施分层管理。在日常监管上需要更为快捷、更具实效、更接地气的管理方式,使提供的中小微企业金融服务和金融产品更为贴近本地社会经济发展需要,建议上级监管部门将机构准入、业务创新、产品审查、高管核准等权限下移,实施属地监管部门靠前监管,更有利于当地中小银行开发出更契合地方实际的产品及服务,更好地服务当地经济发展。从监管系统视角,应该建立两级监管体系,给地方一些权力,小机构由地方政府监管,大机构由上级监管,即社区银行应该要有特色的监管系统,应该建立以地方政府的监管部门为核心,以自律组织为依托,以整个金融中介组织为平台进行社会监督,形成一个针对社区银行有特色的监管系统。地方层次的民营银行、小微金融机构,就有地方来监管,给予地方金融管理机构的法律地位,监管区域内的金融机构,实现权责统一,这才是治理中小微金融发展的长效机制,并且建议对个人和企业民间融资适当进行区别监管。

第三,要持续丰富民间金融监管手段建设,强化民间金融日常监管。除了加强民间金融机构的日常报表监管之外,强化现场监管和风险排查,推进非现场监管系统运用,探索事中事后监管民间融资行为,特别加强对网络金融平台的监管,并行使民间金融监管处罚权。比如,温州市就率先创设民间金融组织非现场监管系统并投入运用,把690家各类市场主体纳入地方金融监管体系,并开出全国首例"民间融资备案"罚单。强化公检法在民间融资规范中的作用,加强民间融资案件协调移交,打击非法融资活动,保护合法民间融资业务。还要推动征信管理体系改革,将符合一定条件的民间融资行为纳入征信信息系统,如将经过备案的民间融资信息、主动申报的民间融资信息、法院生效判决民间融资违约信息、公安立案民间融资违法信息等纳入征信数据库,作为市场主体征信信息一个组成部分。将民间融资行为纳入征信信息一方面可以加强对民间融资当事人保护,另一方面可以提高征信信息全面性,提高征信信息对信用评价的准确性,加强民间金融与正规金融互动作用。

第四,要加快建立民间金融发展的服务平台,引导民间金融有序生长。

政府应当要进一步提高民间金融的服务质量,鼓励放权发展地方股权交易平台,做实柜台交易,并提供转板机制和配套融资工具创新;积极发展有地方政府背景的互联网平台,做好“两库一网”及网上、手机支付业务应用,建立区域民间金融交易价格的“风向标”。民间融资监管部门要加强对业务研究,借助第三方力量,根据民间融资不同业务特点制定业务操作指引,拟定业务规范参考法律文本,明确民间融资当事人权利义务,降低民间融资纠纷发生概率和纠纷处置成本。监管部门应当加强宣传业务操作指引,并在网站显著位置供下载使用。

第五,构建民间金融的风险预警机制,提高金融风险防范能力。从处理金融风险的角度来看,预测并防范金融风险比化解更为重要。所以,要深刻吸取本次金融风险的教训,建立健全金融风险防范的协调体系,有效发挥人民银行、银监部门、执法机构和政府管理部门的监督合力,及时发现和化解风险,维护一方金融平安。建立企业投资预警制度,密切关注企业投资动态,及时发布投资预警信息,加强宣传提示,引导企业专注实业、合理投资、适度投资。不断完善以“温州指数”[1]为主体的民间金融体系信息发布和登记制度,建立金融运行预警指标体系,深入把握银行业金融机构、非银行金融机构、民间金融的运行情况,通过历史数据的积累和分析来诊断和评估当前的金融风险,一旦有风险苗头,可以尽早发现并采取防范措施,有效防止风险传递和扩大。

---

〔1〕 温州市就全国首创编制“温州指数”,并发布《温州·中国民间融资综合利率指数》,全国合作城市达45个,并与汤森路透、中证指数达成合作,实现月度、季度、年度的常规化分析。

有限合伙制私募投资基金争议解决的预防性思考*

——基于国内首例有限合伙制私募投资基金LP成功代位求偿案件

张振华**

内容提要：有限合伙制私募投资基金的争议解决，目前在实践中绝大部分不但涉及民商事法律责任，而且与之交叉的在基金募集及用途等环节更是涉及刑事犯罪。在处理此类争议解决的过程中，尤为关键的是要始终聚焦执行事务合伙人（通常由作为GP的基金管理人担任）的义务和责任。从责任主体层面看，既包括了基金管理人主要负责人的自然人责任，又包括了基金管理人的法人责任。另外，从预防和追偿效果的角度出发，监管机构和经侦部门在监管在先的原则下，建立"董事—监事—高管—股东"为一体的基金管理人信用监督体系。

关键词：有限合伙　执行事务合伙人　法人责任　预防效果　信用监督体系

---

* 该文是2014中国法学会重大研究项目"网络反腐法律机制研究"的阶段性成果，项目编号CLS(2014)A01。

** 张振华，某投资集团法务部。

一、案件述评

(一)背景

2013年,A公司经介绍了解到上海某投资管理有限公司(下称“上海公司”)拟发行两个有限合伙制私募投资基金,操作模式为:上海公司分别设立两个合伙企业来募集资金,由上海公司担任两个合伙企业的执行事务合伙人,其余投资人均为合伙企业的有限合伙人(LP)。两个基金募集完毕后将分别通过商业银行委托贷款,以借款的方式由合伙企业经委贷行借给两个项目方。两个项目方分别位于梅州和珠海。梅州项目下合伙企业拟募集的资金为人民币3.5亿元,资金全部定向用于梅州某商住综合体地产项目;珠海项目下合伙企业拟募集的资金为人民币5000万元,资金全部定向用于珠海某冷链仓库项目。

经了解,上海公司的股东之一为国内私募行业翘楚的某集团公司,在业界口碑和知名度极高;而上海公司本身也在中国证券投资基金业协会(以下简称中基协)做了备案登记,并且梅州和珠海项目下均设立了资产抵押、股权质押、个人无限保证甚至还包括第三方机构的股权回购协议,加之两个项目的法律顾问均为国内资本市场某顶级律所;故A公司当时并未对两个项目进行实地的尽职调查,由投资部负责人主导并分别对梅州项目和珠海项目出资人民币3000万元和2000万元。同时A公司和上海公司签署了两份《有限合伙制基金签约文件》,包括合伙企业的《入伙协议》和《有限合伙协议》;上海公司分别向A公司出具了两份出资证明函,并且明确约定基金的期限分别为12个月和18个月,预期年化收益率分别为13%和12%。

至此,A公司成为梅州项目和珠海项目两个合伙企业的有限合伙人(LP)。

(二)案发及目前进展

【梅州项目】

基金到期后,上海公司先后三次出具了延期兑付的公告,将延期兑付的原因归结于地产行业市场不景气,但是对项目进度以及资金去向始终不予提供,直至人去楼空。

经查：

(1)上海公司分别设立了多个有限合伙制基金(基金尚未在中基协备案),操作模式均同梅州和珠海项目架构完全一致,均出现了不同的迟延兑付；

(2)由于《合伙企业法》对有限合伙的人数上限有要求(不超过50个),因此,为了达到梅州项目3.5亿元的资金募集目标,上海公司在梅州项目下设立数个合伙企业,但仍未达标(仅募集1.6亿元)。因此,该公司私自将其设立的广州某项目有限合伙制基金所募集的数亿资金违规挪用至梅州项目,从而使得梅州项目的资金投资人由签约的数十人变成了近两百人(广州某项目和梅州项目产生了资金用途上的混同)；

(3)在此期间,上海公司的股东之一的国内某私募行业的翘楚“适时”的退出并完成了工商变更登记,同时该股东在其集团官网明确公告其与上海公司无任何法律关系；

(4)随后,上海公司随即主动申请撤销了其在中基协的私募基金管理人备案登记；

(5)上海公司的法定代表人兼董事长、总经理、基金设计负责人、基金销售负责人均先后消失；

(6)上海公司的基金销售负责人此前在深圳设立了另一家公司(以下简称深圳公司),专门用于只销售上海公司发行的全部有限合伙制基金。发行过程中存在借用银行柜台或者通过银行工作人员来进行宣传,部分宣传过程中存在保本保息的情况；

(7)上海公司在梅州项目合伙企业的工商部门备案的《有限合伙协议》有过改动,并且将各个投资人(有限合伙人/LP)的联系方式手动予以篡改；

(8)梅州项目有限合伙制基金的项目(商住综合体)真实存在,其真实的资金需求量高达十余亿元,目前项目进度刚刚封顶并且尚未取得预售；而上海公司从始至终未对梅州项目投资人提供过任何项目报告,资金流水亦拒不提供；并且上海公司撤销其在中基协的基金管理人备案事宜以及其股东变化等信息均未向投资人进行过披露；

(9)项目的一系列担保文件均由上海公司和担保方签署,其中抵押物的评估价值明显高于实际,并且项目方本身就存在较大的债权债务纠纷。

已采取的措施及进展：

在民商事方面,包括A公司在内的全部投资人(有限合伙人/LP)仅同上海公司签署了《有限合伙制基金签约文件》(包括合伙企业的《入伙协议》和《有限合伙协议》),对外执行合伙事务的都是作为执行事务合伙人的上海公司(GP),因此,投资人基于主体身份不适格的限制,无法对项目方、担保方以及委贷银行采取任何的法律措施;甚至委贷银行也以投资人(有限合伙人/LP)主体不适格为由,拒绝提供合伙企业委贷给项目方的资金流水。

在刑事方面,梅州项目的投资人多次报案未果之后,联合被挪用资金的广州某项目投资人共计百余人集合赴深圳市福田区公安机关报案后,公安机关方才针对上海公司的法定代表人兼董事长、总经理等七名自然人以涉嫌非法吸收公众存款罪予以立案。其中四名自然人已被抓获,然而包括法定代表人兼董事长、总经理、基金销售负责人三名最主要的成员潜逃,目前仍在挂网通缉中。目前,检察机关已对四名涉案自然人提起公诉,在第一次审理中包括基金设计负责人以及上海公司财务负责人在内的两名主要成员已经当庭认罪,案件目前仍在等待二次开庭过程中。

【珠海项目】

基金约定收益分三期支付,届满后偿还本金和第三期利息;第一期利息如期兑付,然而第二期利息发生迟延兑付。上海公司方面表示珠海项目本身需要重组,项目方正在被珠海国资委收购,并以此为由一直拖至项目到期仍未支付,直至现在人去楼空。

经查:

(1)珠海项目合伙企业共募集资金人民币5055万元,其中上海公司(GP)作为执行事务合伙人实缴出资人民币1000万元,其余17位投资人(有限合伙人/LP)实缴出资人民币4055万元;

(2)根据委贷银行提供的合伙企业的委贷明细,合伙企业并未根据《有限合伙制基金签约文件》约定将人民币5000万元付到项目方,而是只提供了人民币3600万元支付到项目方,中间的1400万元差额不知去向;并且项目方在收到合伙企业人民币3600万元的项目款后,次日即将其中的人民币540万元转入了作为执行事务合伙人上海公司(GP)的账户;

(3)上海公司在珠海项目合伙企业的工商部门备案的《有限合伙协议》有过改动,并且将各个投资人(有限合伙人/LP)的联系方式手动予以篡改;

(4)上海公司从始至终未对珠海项目投资人提供过任何项目报告,资金流水亦拒不提供;

(5)珠海项目有限合伙制基金的项目(冷链仓库)至今仍是荒地一片,并

且该项目地块自始至终均属于珠海某国资企业所有,项目方根本不是该项目地块的权属人;

(6)项目的一系列担保文件均由上海公司和担保方签署,其中抵押物的评估价值明显高于实际,并且部分抵押物已经设立了抵押。

已采取的措施及进展:

在刑事方面,由于该冷链仓库项目并不存在,因此,A公司以上海公司涉嫌合同诈骗为由向公安机关报案,历时半年,经过刑事立案的复议、上级公安机关的复核两级程序方才使得公安机关予以立案;然立案之后便无任何进展。

在民商事方面,A公司根据《合伙企业法》第68条第7款之规定,基于合伙企业、委贷银行和项目方三方签署的《委贷协议》,以有限合伙人(LP)的名义,以执行事务合伙人上海公司(GP)怠于行使权利为由,为了合伙企业以及全体有限合伙人(LP)的利益,在约定的争议解决机构华南国际经济贸易仲裁委员会(深圳国际仲裁院)申请仲裁,请求项目方偿还全部委贷款项人民币3600万元本金及利息、罚息共计人民币4000余万元,同时承担全部仲裁费用。在此期间,A公司还申请了财产保全。目前,A公司全部仲裁请求均得到仲裁委的支持并取得胜诉裁决,现在项目进入到强制执行阶段。此外,为保证执行款的回流,A公司根据《合伙企业法》第86条第3款之规定,向合伙企业所在地法院申请法院指定合伙企业的清算人,用来接管合伙企业的账户,目前指定程序正在顺利进行中。

(三)案件评述

上述案件(珠海项目)在民商事层面的最大意义在于,这是目前可查的国内首例有限合伙制私募投资基金LP基于《合伙企业法》第68条第7款成功代位求偿的案例。之所以成功,关键在于笔者在代理过程中提供的证据证明了执行事务合伙人(上海公司/GP)的法定代表人、董事、监事、高管均因涉刑无法履行职责导致公司无法正常经营,公司的注册地址经营地址均人去楼空,执行事务合伙人的授权代表亦无法出现等,并进而证明了执行事务合伙人怠于行使权利,为类似的案件起到了可以参考的标准作用。尤其是对于目前因私募基金管理人跑路而导致的大量有限合伙制私募投资基金的投资人(LP)维权渠道因主体资格不适格而受阻的问题,具有可借鉴的实操性意义。

上述案件在刑事层面,尤其是执行事务合伙人(上海公司/GP)的诸多行为的定性值得探讨,具体如下:

1. 抽逃出资 or 职务侵占?

珠海项目中,合伙企业共募集人民币 5055 万元,然而实际投给项目方的资金只有人民币 3600 万元,募集的差额部分不知去向;如后续查证上海公司将此部分差额人民币 1455 万元(包含上海公司出资的人民币 1000 万元)抽走,那么其性质同《刑法》第 159 条规定的抽逃出资罪相比更为恶劣。但是,在此种情况下,却不能将作为执行事务合伙人的上海公司以抽逃出资定罪,因为合伙企业不是公司,上海公司不是公司法上规定的公司发起人或股东。另外,由于上海公司是法人而非自然人,因此其并不构成《刑法》第 271 条的职务侵占罪。即使最终上述差额部分通过上海公司进入了其他自然人(可能是上海公司的负责人或其他不相关的自然人)的账户,那么至少无法直接对上海公司的这一行为进行刑法上的定性;退一步而言,即使上述差额部分通过上海公司进入了其公司负责人(董事、监事、高管等)账户,那么亦不能直接认定该负责人构成职务侵占,因为这笔款项的性质并非属于上海公司的财产。所以,对于上海公司可能存在的将高达人民币 1455 万元的差额部分抽走的行为该如何定性?

2. 重要信息不披露?

珠海项目和梅州项目中,作为执行事务合伙人的上海公司(GP)在其他有限合伙人(LP)基于涉及自身利益提出查阅合伙企业财务会计账簿等要求时,上海公司本应如实提供。但是,上海公司却不仅拒不提供而且还隐瞒其并未达到基金募集金额、违规挪用他项目资金,甚至项目不存在的事实,给其他有限合伙人(LP)造成了金额特别巨大的经济损失。

对于上海公司不披露重要信息的行为是否构成《刑法》第 161 条的不披露重要信息罪?从法条的表述看本罪的主体似乎是公司、企业;但是,条文本身却只处罚直接负责的主管人员与其他直接责任人员。所以,上海公司本身究竟是否构成本罪?如果不构成,那么如何评价上述不披露的行为?如果构成,那么结合《有限合伙制基金签约文件》中的《有限合伙协议》之约定,应当处罚的是执行事务合伙人(上海公司/GP)的授权代表。然而,在上述案件中,所谓的"授权代表"虽然名义上由上海公司指定了某自然人担任,但后证实该自然人是一个年轻打工人员,根本不具备任何项目管理和投资经验,只负责在上海公司的几个主要成员的要求下签字而已。因此,形式上只可以对该授权代表以不披露重要信息罪；而对于该授权代表背后其真正作用的上海公司主要成员而言（如果说授权代表是“名义上直接负责的主管人员”，那么如何证明上海公司主要成员的“直接责任”？），即使理论上可以通过间接正犯来评说，但我国刑法目前仍然没有明文规定，并且在实践中间接正犯的证明难度不言而喻，具体到本案中更是如此。那么如何从刑法的定罪和处罚上评价和平衡上海公司“不披露重要信息”的行为？

3. 妨害清算？

珠海项目和梅州项目中，两个合伙企业均到期解散，根据《合伙企业法》和《有限合伙协议》的相关规定，合伙企业应当进行清算；但执行事务合伙人（上海公司/GP）包括其授权代表，从始至终拒不出现，以此造成客观上不能经“全体一致”的局面，直接导致清算工作迟迟不能进行，严重损害了全体有限合伙人（LP）的利益。这种行为客观上造成的法益侵害不亚于妨害清算罪的要求，但并不符合妨害清算罪的四种行为类型，那么对于这种通过消极不作为方式妨害合伙企业清算的行为该如何评价？或者能否对之科以刑罚？

4. 非法吸收公众存款？

在梅州项目下，深圳福田经侦对上海公司的法定代表人兼董事长、总经理、基金设计负责人、基金销售负责人、财务负责人等7人以非法吸收公众存款罪立案。这里值得研究的是：非法吸收公众存款罪的保护法益是我国社会主义市场经济秩序里的金融秩序，因此，只有当行为人非法吸收公众存款，用于货币、资本的经营时（如发放贷款），才能认定为扰乱金融秩序。[1]在本案中，投资人（有限合伙人/LP）的资金打给合伙企业后，由合伙企业通过商业银行委托贷款的方式给到了项目方用于该商业项目的建设，并且项目方提供了一系列的担保。这就产生了一个矛盾：行为人确实通过委托银行发放贷款的方式；但资金的实际用途和委贷协议的性质其实就是民间借贷，因此，本案中行为人通过了一个“非法”的方式行民间借贷之图；而这个“非法”指的是确实用于发放贷款，因为委托贷款也是发放贷款的一种方式。这种情形下是否构成非法吸收公众存款？如果认定构成该罪，那么主体应当是上海公司还是该公司的主要负责人？如果认定不构成该罪，那么如何评价在本案的基金募集过程中出现的被公安机关认定的符合最高人民法院2010年12月13日《关于审理非法集资刑事案件具体应用法律若干问题的

〔1〕 参见张明楷《刑法学》（下）（第5版），法律出版社2016年版，第78页。

解释》中规定的认定非法吸收公众存款的四个条件的行为？

除了在罪与非罪，此罪彼罪的层面，上述案件在实际审理过程中还涉及经济纠纷和经济犯罪的交叉问题。正如笔者在旬月前有幸向著名刑法学家齐文远教授的一次请教中，齐老师提到的“在现代经济生活中，单纯涉及层面的经济犯罪少之又少，多数都是刑民交叉，并且法律关系错综复杂，同时可能涉及多个罪名的现象广为存在……”，这些在笔者所代理的上述案件（包括类似案件“e租宝”、“中晋系”等）体现得淋漓尽致。而这样的类似案件近年来尤其是在经历2013～2014年两年疯狂的P2P、PE等资本热潮之后，于2015年开始渐渐井喷式爆发。这其中一个共同的特征就是一旦基金管理人跑路或者失联，大规模兑付出现之后，投资人面临着民事维权途径因主体受限（对外不具有相对性）而举步维艰。加之部分投资款项被基金管理人的负责人侵吞或挪用，所以，多数便将维权的希望寄托于刑事报案，而实际效果更是遥遥无期。并且我国刑法目前对于单位犯罪的规定及应用，需要满足单位违法所得需要为了单位本身的利益。所以，实践中有限合伙制私募投资基金因涉案而被立案的主体多为基金管理人的负责人，并且均存在卷款潜逃的情节。从打击经济犯罪的角度，这无可厚非，但此类案件的危害性主要是在于基金管理人这一主体目前在实务中处于一个接近监管真空的阶段，仅仅通过刑事手段打击几个自然人的犯罪行为，并不能起到特殊预防的效果。

此外在上述案件中，除了公安经侦机关、法院和仲裁机构之外，笔者还同中国证监会、中基协以及地方金融局等部门进行了多次接洽。在此过程中，笔者发现此类案件已经逐渐以群体性事件的方式大规模显现出来，但相关规定对基金管理人的监管手段和处罚措施非常轻微，并且部分机关还对监管权的权属和边界存在则不小争议。对此有必要首先对私募投资基金行业监管现状进行梳理。

二、执行事务合伙人（基金管理人）的监管必要性及行业监管现状

在有限合伙制私募投资基金的运作方式下，以市场上大量存在的短期封闭式基金为例，担任各个合伙企业执行事务合伙人的通常为发行该基金的基金管理人（已备案的基金管理公司）；其余有限合伙人（LP）在整个运作方式里仅仅需要同基金管理人签署合伙企业的《入伙协议》、《有限合伙协议》，而对外代表合伙企业的并非有限合伙人（LP），而一定是该基金管理人

(执行事务合伙人/GP)。比如:GP代表合伙企业同委贷银行、项目方签署《委贷协议》《抵押合同》《股权质押合同》《保证合同》《股权回购合同》等一系列文件。需要说明的是,GP通常会委派一名授权代表来代表GP执行合伙事务,而在实践中,该授权代表多为GP的"工具"。这种运行机制下,GP由于其根据《合伙企业法》之规定需要对外承担无限责任,因此相对应所获得的权限是非常大的,但对LP的保护就相当单薄。一旦GP侵吞或者挪用项目募集资金、甚至和项目方勾结损害合伙企业利益并且失联,有限合伙人能够做的只有对内基于《入伙协议》《有限合伙协议》来追究GP的责任,而对外因无法代表合伙企业而导致行权举步维艰。

古语云:"万山磅礴必有主峰,龙衮九章但挚一领"。欲使有限合伙制私募投资基金行业的健康有序发展,监管部门应当针对担任GP的基金管理人这一核心主体建立一个完备的监管体系,尽可能从预防角度来规避此类争议。对此,有必要明晰目前监管机构的法律依据和监管范畴。

《证券法》第2条规定……国务院依法认定的其他证券的发行和交易,适用本法;……证券衍生品种发行、交易的管理办法,由国务院依照本法的原则规定。

《证券投资基金法》(2015年4月24日修订)第89条规定:担任非公开募集基金的基金管理人,应当按照规定向基金行业协会履行登记手续,报送基本情况。

第94条规定:非公开募集基金募集完毕,基金管理人应当向基金行业协会备案。对募集资金总额或者基金份额持有人的人数达到规定标准的基金,基金行业协会应当向国务院证券监督管理机构报告。

非公开募集基金财产的证券投资,包括买卖公开发行的股份有限公司股票、债权、基金份额,以及国务院证券监督管理机构规定的其他证券及其衍生品种。

第153条规定:公开或者非公开募集资金,以进行证券投资活动为目的设立的公司或者合伙企业,资产由基金管理人或者普通合伙人管理的,其证券投资活动适用本法。

中央机构编制委员会办公室2013年6月27日发布的《关于私募股权基金管理职责分工的通知》(以下简称《通知》):证监会负责私募股权基金的监督管理,实行适度监管,保护投资者权益;发展改革委负责组织拟订促进私募股权基金发展的政策措施,会同有关部门研究制定政府对私募股权基金出资的标准和规范;两部门要建立协调配合机制,实现信息共享。

《私募投资基金监督管理暂行办法》(中国证监会令第105号)第2条规定:……私募基金财产的投资包括买卖股票、股权、债权、期货、期权、基金份额及投资合同约定的其他投资标的……

第6条规定:中国证券投资基金业协会依照《证券投资基金法》、本办法、中国证监会其他有关规定和基金业协会自律规则,对私募基金业开展行业自律,协调行业关系,提供行业服务,促进行业发展。

《私募投资基金管理人登记和基金备案办法(试行)》(中基协2014年1月17日发布)第2条规定:本办法所称私募投资基金,系指以非公开方式向合格投资者募集资金设立的投资基金,包括资产有基金管理人或者普通合伙人管理的以投资活动为目的设立的公司或合伙企业。

从上述法律、法规及管理办法可以看出,中基协对私募投资基金实施行业自律监管;其法律依据是《证券投资基金法》第89条以及第94条之规定,同时,中国证监会105号文对此亦予以明确。

不过中基协取得私募投资基金监管权的"合法性"之途并不顺利,尤其是在中央编办的《通知》出台之前,国家发改委和证监会之间对于私募股权投资基金的监管一直争议不断。这其中的根源在于《证券投资基金法》对于私募投资基金"范畴"的规定没有明确,因为根据该法第94条第2款之规定,应当认为通常所说的"私募基金"只包括私募证券基金。并且该法经过修正之后仍然没有明确的将私募证券基金和私募股权基金都纳入其管辖调整的范围,也正因为如此,国家发改委一直认为以公司和合伙企业设立的私募基金属于"企业",跟基金产品不同,不应纳入证券基金法的调整范围(在笔者所接触案件中,作为合伙企业募集的资金虽然通过银行委贷方式给到项目方,但其最终用途是用于实业投资,与民间借贷的界限其实并不清楚)。然而,第94条第2款在列举了股票、债权、基金份额之外,提到了"国务院证券监督管理机构规定的其他证券及其衍生品种"。这里面将其他证券及其衍生品种的认定权赋予了国务院证券监督管理机构(中国证监会);而《证券法》第2条中这项权利是属于国务院所有。在此我们暂且不展开论述两个法律之间的冲突,将目光聚焦《证券投资基金法》第153条,笔者发现该条通过"以进行证券投资活动为目的设立的公司或者合伙企业进行证券投资的,也适用本法"这样的规定回避了证监会同国家发改委的争议(如前所述,国家发改委一直认为以公司和合伙企业设立的私募基金属于"企业",跟基金产品不同,不应纳入证券基金法的调整范围),如果中国证监会再根据《证券投资基金法》第94条第2款赋予的权利,通过发文将“未上市公司企业股权”纳入到“其他证券及其衍生品种”的范畴,那么证监会即可具备了私募股权投资基金的监管权;但当时不仅法律上和组织上均没有明确的对此予以表态,所以,中国证监会对此底气并不充足。

也许正是为了平息国家发改委和中国证监会对于私募股权投资基金管辖权的争议,同时明确市场监管的责任边界,中央编办在2013年6月27日正式发布了对基金市场影响深远的《关于私募股权基金管理职责分工的通知》。正因为如此,中国证监会在2014年8月21日根据组织上赋予的“行政权力”颁布了105号令,名正言顺地针对《证券投资基金法》第94条第2款作出了扩大解释。该解释体现在105号令的第2条“私募基金财产的投资包括买卖股票、股权、债券、期货、期权、基金份额及投资合同约定的其他投资标的”。然而在这个时候就不能再回避前述《证券投资基金法》第94条第2款与《证券法》第2条关于“其他证券及其衍生品”的冲突。根据最近一次修订的《证券法》,“其他证券”的认定权仍在国务院,并非是中国证监会,而产生冲突的两个法律都是全国人大常委会通过,不存在上下位阶的情况,所以,该如何解释和处理这一个矛盾,有待于立法机关的意见。此外,还存在一个问题,即便中国证监会名正言顺的行使中央编办的通知以及《证券投资基金法》第94条第2款赋予它对“其他证券”认定权,那么将“股权”纳入“其他证券”这一做法是否妥当?这个“股权”究竟是究竟该怎么认定?比如是既包括非上市的股份公司又包括有限公司,还是只包括非上市的股份公司?笔者倾向于将非上市股份公司的股份纳入“其他证券”的范畴,理由在于:新三板挂牌公司股份其实就是将非上市的公众公司股份公开转让,从性质上非上市的公众公司虽然其公开性强于一般地非上市股份公司,但是两者性质并无本质区别,均为资合性的开放型公司,股东对外转让股份时其他股东无优先购买权。至于人合性更加明显的有限公司则不适合纳入“其他证券”的范畴。虽然这种理解略显牵强,但是,要从根本上解决这个问题,恐怕要通过修法来明确《证券法》和《证券投资基金法》对“证券”和“其他证券”的定义。

总而言之,中基协目前在私募投资基金领域的法定自律监管权既有《证券投资基金法》的依据,又有中央编办对证监会的监管权分工以及证监会公文的授权;其权利基础是非常牢固的。但考虑到上述争议的分析,从监管方式上私募证券投资基金和私募股权投资基金还是有区别的,毕竟中央编办的《通知》中对私募股权投资基金的管理强调“适度”监管,而非强制监管。何况全国人大在解读《证券投资基金法》的答记者问时也强调,应当区分基金职能不同,区别监管。这就导致了中基协对两者在后期内控、信息披露、募集行为管理、各类文本指引、资格考试内容等方面仍然存在过于侧重证券投资基金,从而对股权投资基金的考虑仍然相对简单。

针对上述监管机构的现状,业界有人士认为:既然中基协对私募股权投资基金的监管是于法有据,名正言顺的,就应当大大方方地对私募股权投资基金实施适度自律监管。首先修改《私募投资基金管理人登记和基金备案办法(试行)》,把上位法依据明确为《证券投资基金法》和《私募投资基金监督管理暂行办法》(中国证券会令第105号),夯实监管基础。其次,考虑到两类基金不同,应该从制度基础上,明确建立两套规则体系,分类监管。在内控、信息披露、募集行为管理、各类文本指引、资格考试内容等方方面面,都充分考虑两类基金不同,实施不同的监管措施;对规模较小、募集对象限于亲朋好友等具有特殊性的私募股权投资基金,可以建立豁免监管制度,避免因监管而影响投资效率。这样才能从根本上理顺中基协对私募股权投资基金的自律监管工作,理顺监管与市场的关系,既促进行业规范有序发展,又减少对市场和从业人士的困扰。

笔者认同上述基协夯实监管法律基础,以及证券和股权两类基金不同,应该从制度上明确建立两套规则体系的观点。不过,私募投资基金的用途是用作股权、证券、债权等主要相对的是投资人的兴趣方向;而真正涉及直接保护投资人利益的一定是基金的运作方式。本文针对的正是目前市场上爆发的以有限合伙制来运作的封闭式私募投资基金争议(多用于中短期的债权),因此,在明确监管机构的法律基础和监管范畴之后笔者接下来将进一步从构建监管体系的层面予以分析。

三、“董事—监事—高管—股东”信用监督体系之必要性依据

私募投资本身产生于市场化与政府监管不断博弈的时代,其存在本身就是一种规避政府监管的金融组织行为(或者类金融组织行为),这是由私募机构募集资金的方式、募集对象以及其非证券市场的用途等性质综合决定的。在次贷危机爆发之前,各国的私募投资行业大都处在市场化自由发展的阶段,比较少收到政府的监管。当时国际上普遍认为,私募投资行业是

一个追求效率的自发资本性行业，其影响范围仅局限在特定的少数投资人群中，和公共利益的关联并不大，仅仅凭借契约关系和行业自律就能顺畅运作。这种情况虽然大大促进了私募投资行业的快速发展，但也在次贷危机中因为其影子银行的性质，在次贷危机中起到了推波助澜的作用，因此，欧美等发达国家在次贷危机之后私募投资市场发展相对缓慢。而我国在次贷危机之后，私募行业快速发展，投资规模和投资人队伍不断扩大，不过也在经历大热之后爆发出了一系列问题。因此，现在无论是欧美还是我国，都把私募投资行业纳入至监管范围，并且加大甚至严格监管力度已逐步成为一种共识和趋势。

然言及监管，无论是借鉴欧美还是港台，除了完善立法体系，明确监管部门等务虚的层面，至于手段不外乎着眼于私募投资基金的准入、强调基金运作和交易过程中必须进行的强制性信息披露。

笔者拟基于上述案件投资人的角度，通过从接触项目到签约入伙的每一个环节来提出应注意事项，以此剖析基金管理人在这个过程中的具体义务，进而对此提出体系化监督的建议。

第一，投资人主体资格审查。根据中国证监会令第105号，投资人应当自行符合"合格投资者"的要求，具备相应风险识别能力和风险承担能力，并且符合净资产以及金融资产的标准。虽然这是针对投资人的要求，但作为基金管理人，同样应当具有审查义务，并且以合伙企业等非法人形式汇集资金的，基金管理人应当进行穿透审查最终投资者是否为合格投资者！而实践中，基金管理人往往都是只对投资人进行形式上的资格审查，比如请投资人提供银行流水，资产状况报告等，并未严格的履行穿透审查的义务。因此，在这一环节，对于投资人主体资格的审查义务，更多的是一种对基金管理人的要求。除此之外，投资人本身对自己的主体资格除了自查，还应当向基金管理人如实的提供资产状况信息。当然，投资人还应当对基金管理人是否在中基协备案以及对其发行过的基金产品是否备案等信息予以事先了解。

第二，基金销售的方式。在这个环节主要就是避免出现非法吸收公众存款的行为模式。对此，中国证监会令第105号也明确规定"私募基金管理人、私募基金销售机构不得向合格投资者之外的单位和个人募集资金，不得通过报刊、电台、电视、互联网等公众传播媒体或者讲座、报告会、分析会和布告、传单、手机短信、微信、博客和电子邮件等方式，向不特定对象宣传推介”、“私募基金管理人、私募基金销售机构不得向投资者承诺投资本金不受损失或者承诺最低收益”。即便如此,实际销售中仍然存在大量的基金管理人对其销售人员违背相关规定宣传推广基金产品的行为视而不见甚至默许。除此之外,部分基金管理人和部分银行网点联合起来,通过银行人员在银行网点公开推广私募基金产品。更有甚者,有些基金管理人甚至租用银行网点,将部分私募基金产品包装成银行理财,从而给投资人造成一种银行作“信用背书”的感觉,使之放松对此类产品的判断和了解。尤其值得注意的是,因为这种方式而受骗的投资人群里面,老人占了相当的比重。这无形之中使私募行业的形象大为受损。因此,投资人在通过各自自有渠道接触到相关的私募基金产品时,不仅要注意该产品是否在中基协备案,同时也要向相关的专业人士认真了解产品募集说明书的信息,至少从形式上对该产品的资质和性质了解清楚。

第三,投资签约前的准备。基金管理人募集私募基金,应当制定并签订基金合同、公司章程或者合伙协议。在有限合伙制私募基金的运作方式下,通常基金管理人除了基金产品说明书之外,还应当提供入伙协议和有限合伙协议;如果是指定投向目标项目的封闭式基金,那么基金管理人应当主动将其所了解的项目方为融资所提供的一系列担保类文件或者协议,并且要保证这一系列文件协议的真实性,这种真实性不仅包括文件本身内容的真实性,还要确保所有文件协议涉及的担保债权均经过了基金管理人充分的尽职调查并认可。从这个角度而言,基金管理人在此环节需要充分的履行信息披露义务,确保其所披露信息的真实性、完整性、合法性。

第四,签约文件和出资阶段。当基金管理人充分的履行了信息披露以后,投资人需要签署的基金合同(在有限合伙制私募基金里通常体现为入伙协议的方式)和合伙协议。此部分务必要提醒的投资人的是合伙协议。我国《合伙企业法》对于有限合伙的规定相对来说比较简单,尤其是涉及一些内部治理的问题时,比如到期解散清算等;往往规定以合伙协议为准。当然从强调人合性更强的合伙企业角度而言,这本无可厚非,但是实践中基金管理人作为合伙企业的执行事务合伙人(GP)在制定合伙协议的时候,往往将作为有限合伙人(LP)的投资人权限限制得非常狭窄,最典型的表现在合伙协议对全体合伙人会议的召集方式和会议决议部分通常以“全体合伙人一致同意”作为前置条件。当合伙企业正常运行时,这样的约定不会体现出来什么问题;但是,当合伙企业一旦陷入类似公司僵局的情况时,LP 的救济途径几乎为零！最极端的表现为一旦基金出现兑付且GP跑路，那么，LP此时想通过召集全体合伙人会议的方式来更换GP则不可能实现，因为更换GP一定是要经过全体合伙人会议同意，那么是必要首先启动召集程序，这时候“全体合伙人一致同意”就成为一个无法逾越的障碍，而《合伙企业法》在此时是让位于合伙协议的；除此之外，当合伙企业出现法定的解散事由时，应当进行清算，那么同样会面临“全体合伙人一致同意”或者“全体合伙人过半数同意”的困境，因为无论如何你绕不开“全体”的限制，何况GP手中掌握着合伙企业全套的证照和印鉴；即便LP申请法院指定清算人，法院首先会要求GP到场，如果GP不到场那么必须要证明GP怠于行使责任，否则法院受理可能性极小，何况目前这样的先例并没有（笔者目前以LP身份申请清算的案件正在审理中，同样是国内首例）。

此外，如果不通过法院指定清算人，工商部门不会对这个合伙企业进行工商变更，因为工商部门对于变更工商信息的前提是对于申请人进行形式上的审查，而非实质上的审查，那么此时由于GP不在，工商部门是不可能在既非全体，又无司法判决或裁决文书的情况下仅仅根据LP（哪怕是全体LP）的申请作出工商变更。那么在这种困局下，LP无论以何种方式向项目方提起诉讼或清算，均将面临主体不适格的限制。因此，投资人在这一环节应当在合伙协议里打破“全体合伙人一致同意”的限制，比如可以约定“超过三分之二合伙人或者超过出资总额三分之二的合伙人”。另外，还有一个细节上的问题需要投资人在签约时建议重视，合伙协议应当包括全体合伙人的出资份额和联系方式，以便于出现“僵局”情况时LP不能及时的集合在一起召集合伙人会议。笔者在代理上述案件中，就遇到过担任合伙企业执行事务合伙人的基金管理人在提交工商部门备案的合伙协议中将全体LP的签署页面留下的联系方式予以手动篡改，甚至在签约时告知或者暗示出资人不要留联系方式，导致了笔者再联络其他LP时花费了大量的时间成本。所以在这一阶段，基金管理人在签约时或者在制定合伙协议时不应在此问题上格外压缩LP的权利，更加不能有意切断LP之间的联系途径。

第五，签约之后的管理阶段。在这一阶段，投资人更多的是不定期的了解项目进度或者查阅合伙企业的财务账簿。而相应的，基金管理人应当定期向全体LP提交项目进度报告，同时满足LP合理的关于查阅合伙企业财务账簿的要求，保证提供的信息真实、及时、准确。

综合上述环节，笔者从基金管理人的主动备案、资格审查、信息披露等义务在细节中的体现做了一个相对完整的梳理。在实践中,应当履行这些义务的主体从法律层面是公司,从具体操作层面往往是公司的相关从业人员。但是从现行的监管惩罚措施看,对公司或者从业人员而言都是罚款和撤销管理人资格,而罚款的金额相对于给投资人造成的损失而言明显相对较轻。而笔者认为较轻的惩罚措施也是此类案件爆发的一个原因之一,若想从根本上预防和遏制这种态势,那么应当将基金管理人的载体公司,以及公司的董事、监事、高管甚至股东作为一个有机结合的整体来建立监督和约束机制。

1. 董事层面

董事其实是公司财产的受托人,董事是在对具体股东负责的基础上从事公司决策,这是忠实义务的基本要求。而在这类案件中,董事的善管义务更为重要,这不仅体现在挑选合格尽职的从业人员来运作项目基金,还要对项目负责人调查的项目更加谨慎的判断。如果因为董事未尽到善管义务从而基金管理人发布了有问题的项目基金产品,那么最终埋单的一定是投资人。毕竟基金管理人发布的每一项基金产品至少应当征得董事会的同意,并且基金产品的优劣直接关系到基金管理人的名声和行业地位。所以,在公司的内部治理中董事基于其天然的权力地位,当然应该承担最多的责任。同时考虑到董事产生的途径,可以认为在基金管理人的董事成员一定都是对于私募行业有着至少符合中基协要求的资格,或者至少应当对私募投资基金行业有着相当丰富的经验和知名度。那么基于此,对于董事的未履行应尽义务而直接导致投资人损失的行为,可以直接将该董事名单纳入中基协的黑名单中,情节严重的可以直接根据《刑法》第 37 条之一的规定对其实施从业禁止的处罚。

2. 监事层面

监事本身就是负责公司的财务情况、防止董事、高管等滥用职权损害公司和股东利益。在基金管理人内部,如果说董事是预防基金管理人发布虚假或者有瑕疵基金产品的防火墙的话,监事就是这个防火墙的护工。当防火墙不能正常工作的时候,监事应当及时地进行"修复"。而监事履行责任最直接的方式就是定期检查公司财务。如前所述有限合伙制私募投资基金中,尤其是中短期的定向投放给某个项目的运作环节里,委托贷款是最常见的方式。而监事除了检查项目基金是否按照预期真实募集完毕之外,更主要的就是监督基金的投放是否按照约定的目的和用途投给制定的项目方。

因为除了项目本身的价值之外，资金是项目成功运行的关键保障。从这个角度而言，如果说董事是通过其对项目本身是否具有运作价值来决定基金管理人的声誉，那么监事就是通过对具体基金的募集和发放用途来确保董事判断的准确，从而直接保障项目的有序健康运行。所以，监事的责任重要程度在"董事—监事—高管—股东"的监督体系中应当仅次于董事。中基协的"黑名单"以及刑法上的"从业禁止"同样适用于违反监事义务恶意造成投资人损失的基金管理人监事。

3. 高管人员

高管是董事会目标的执行者。在基金管理人运营的过程中，高管人员往往负责具体基金产品的设计和发售，并且也是直观的调研和考察投资项目的人员，他们将决定具体的募集资金的额度、周期、方式；同时也要跟进整个基金运作的全过程，出具项目基金的运作管理报告等。所以，基金管理人的高管人员是直接决定基金管理人行业地位和基金产品水准。如果说董事和监事更多的是从高管人员的选择、基金产品的审核层面来相对被动的作用于基金管理人的管理，那么高管人员更多的是通过发现和调研项目、制定基金产品说明书的方式来主动地推动着基金管理人的运转。而高管人员本身直接对董事会负责的地位决定了即使高管发行了虚假或者有瑕疵的基金产品，那么也必须穿过董事会这个"防火墙"，方能够推向市场、面向合格投资者，甚至更多的时候即便高管本人虽有心认真设计或者发售基金产品，但是不得不违心听命于"别有用心"的董事会。所以，高管的责任较之监事应当更弱。当然，中基协的"黑名单"以及刑法上的"从业禁止"同样适用于违反监事义务恶意造成投资人损失的基金管理人高管。

4. 股东

虽然股东以其出资额为限对公司承担责任，并且股东责任和公司责任相互分离，但是，"刺破公司面纱"的制度设计正是为了实现股东、公司以及公司债权人利益之间的平衡。笔者在此无意展开论述股东有限责任制度的完善，只是结合私募投资基金特定的行业现实出发，寻求对基金管理人股东的监督依据。但可以肯定的是，以基金管理人资格为目的运作私募投资基金而设立的公司，其股东一定对设立后的公司目的有清楚而明确的认识，虽不要求股东对这个行业有多么深刻的理解和经验，但至少在选举董事的时候应当明确该公司的运作起码要符合监管机构的要求，这其中最基本的底线就是不能以此为目的通过设立虚假或者瑕疵项目来损害投资人财产，甚至将投资人出资据为己有。当出现违规甚至违法事实,并且基金管理人因董监高人员的跑路出现僵局时,股东至少应该发出自己的声音并采取一定的措施,比如重新选举董事会等。

而在笔者代理案件的过程中,当作为基金管理人的上海公司因其董监高涉及刑事犯罪从而使得公司陷入僵局时,公司的股东不仅没有发出任何的声音,并且没有采取任何的措施来重新选举董事会以对投资人有个交代或者配合投资人的合法维权行动。更有甚者,其创始股东国内私募行业翘楚的某集团公司在上海公司设计并发行的部分虚假或瑕疵产品出现兑付问题后直接转让了其股权,并且在该股东直接在其集团官网上声明极力撇清其与上海公司之间的关系;而上海公司所发行的基金产品之所有前期受人欢迎正是因为其在设计和发售的过程中确实以该知名集团公司旗下成员的光环做背书,而这在当时一定是经过作为其股东的某集团公司的同意并符合该集团公司设立上海公司的初衷。而这种情况在实践中并不少见,因此,对于以基金管理人资格为目的运作私募投资基金而设立的公司股东,其虽然不需要向基金管理人的董事、监事、高管一样负有直接的监管责任,但至少应当避免基金管理人出现僵局或者至少在基金管理人出现僵局的时候适时的发声或者通过重新选举董事会来配合投资人的维权行动。如若不然,笔者仍然建议中基协将“黑名单”的范围扩大至基金管理人的股东范畴。当然基于对公司责任和股东责任相分离原则的遵守,对基金管理人的股东一般不适用《刑法》第37条之一。

综合上述分析并结合实际案例,笔者认为,从预防和追偿效果的角度出发,监管机构和经侦部门在监管在先的原则下,建立“董事—监事—高管—股东”为一体的基金管理人信用监督体系是尤为必要的。

不过要真正落实这种监督体系,有两个问题需要解决:其一,关于中基协黑名单的处罚强制性依据。因为中基协毕竟只是一个行业协会,并不具有行政处罚权;笔者认为,既然中央编办明确了将私募投资基金的管辖权给到了中国证监会,那么中国证监会是否可以考虑针对被纳入中基协黑名单的机构和个人以证监会的名义处以行政处罚?这样便可提升中基协“黑名单”的震慑作用,又无须额外赋予中基协行政处罚权。其二,关于私募基金的托管问题。笔者并不认同《证券投资基金法》第88条以及中国证监会发布的《私募投资基金监督管理暂行办法》(中国证监会令第105号)第21条关于强制托管除外事由的规定,因为这只会使在实践中的私募基金安全问题更为堪忧，同时也使得经侦部门的追偿难度增加。尤其在有限合伙制私募投资基金下，本身执行事务合伙人的权限已经非常巨大，如果在对资金安全不予以托管，那么执行事务合伙人的违规违法成本是非常低的。因此，鉴于实践中所接触的争议案件，笔者倾向于将私募投资基金的托管同公募基金的托管从立法上予以同样重视。

四、结语

我国目前市场上已经发行的有限合伙制私募投资基金已经进入了兑付期和违约集中爆发期，相关案件也陆续被诉诸司法和仲裁。而笔者在此通过国内首例有限合伙制私募投资基金 LP 成功代位求偿案件为切入点，通过刑民交叉的法律关系分析，聚焦基金管理人的法人责任和自然人责任，从而提出构建“董事—监事—高管—股东”为一体的基金管理人信用监督体系。最后提醒广大有限合伙制私募投资基金的购买者，务必结合自身条件和能力，谨慎审查基金管理人的资格以及产品备案信息；如有可能，请尽量了解基金管理人以及其董事、监事、高管、股东是否被中基协列入过“黑名单”。

最后，笔者期望我国的私募投资基金行业的监管不要向过往对其他金融衍生品的监管一样出现“违规在前、监管滞后”的窘境，而是更多地发挥行政手段的及时性，通过一系列有效的监督预防体系，对私募市场予以前瞻性的规范指导，从而更好地保障投资人的利益。

民间金融信用机制的重塑*

周　珏**

内容提要：以信息掌握和制裁两种风险控制机制为基础，金融市场形成了关系性融资、私人性融资、公众性融资三种融资方式。自 2011 年以来，我国多地发生的民间融资风波中，尽管市场主体，尤其是参与融资活动的民众采取了利益最大化和风险最小化的风险控制措施，并在此基础上与融资方建立了信任，但其所建构的信用机制并不足以控制风险。人际关系的非规则渗透、有限性、两面性，担保公司能力不足和违规行为，为融资各方的注入了极大风险。地方政府的执法摇摆、民众对政府管理行为的误认以及当前地方金融监管能力的不足也无法维护民间金融的信用。建立多元的、风险控制机制匹配的融资体系和完善地方政府金融监管制度是民间金融信用机制的重塑之道。

关键词：民间融资　风险控制　信用机制

自 2011 年以来，我国多地发生民间融资风波，此起

* 本文为四川省社会科学基金重大招标项目《农村信用社股份制改革研究》（SC15ZD03）的阶段性成果。

** 周珏，云南财经大学教师，西南财经大学法学院博士研究生，研究方向：金融法。

彼伏的违约、诈骗、损失、追债、上访中民间金融信用被破坏殆尽,民间金融信用机制遭到质疑,甚至风波发生地政府也遭遇了不同程度的信任危机。而在民间融资繁荣之时,融资各方却能克服信任困境,实现交易。投资人相信形形色色的民间投资机构(如投资公司、P2P 平台、担保公司等)的信用。投资人也信任政府(主要是地方政府),相信政府的政策、政府的管理是控制风险、维护信用的保证。在市场经济中,信用是所有交易的前提,信用对于资金的跨期配置交易更是至关重要。因此在检视这一系列民间融资风波时,我们需要发现民间金融的信用机制是什么?其失效的机理何在?当下我们应当如何重建?

一、金融活动中的信任与风险控制

在金融活动中盈余主体将资金交由赤字主体使用,赤字主体是否将资金用于好项目,是否恰当使用资金决定了盈余主体是否会遭遇损失。信用是在主体间的利益互换中产生的对主体偿债能力的评价。与契约相勾连的信用始终与风险相伴在面临且意识到存在风险的情境下,市场中的理性经济人面对信任或者不信任的行为选择方案,通过各种信用机制,减少或者避免风险,从而使交易成为可能。市场上双方信任建立的基础是信息完备和对背信行为的制裁(包括针对违约行为的事后制裁和基于全程监管的制裁),制裁形成的可置信威胁能够阻吓背信行为,完备的信息不仅为主体奠定理性选择的基础,而且提高了主体受控程度,从而降低甚至避免背信行为造成的风险和损失,促成和维护信用。主体之间因此形成三种融资方式:一是关系性融资,这种融资靠人际关系驱动,通过血缘、地缘因素缓解信息不对称问题,主要以社会制裁保证合同的执行。二是私人性融资,这种融资的投资者富于经验,尤其是收集信息、评估创新和市场,包括银行、机构投资者等。投资者与创新者之间的合同主要依靠国家执行。三是公众性融资,投资者是一个庞大的投资群体,经验和能力相对较低,传统的血缘和地缘作用衰微,事后的合同执行不足以保护投资者的利益,还需要监管制度的加入,如信息披露规则。[1] 三种融资方式对应三种不同的信用机制。行为和预期的结果指向未来,未来行为的不确定性和不可控制性,信用必然蕴含着风

〔1〕[美]罗伯特·库特、[德]汉斯·谢弗:《所罗门之结:法律能为战胜贫困做什么?》,张巍、许可译,北京大学出版社 2014 年版,第 14 页。

险。按照科尔曼"风险情境中损失最小化"[1]的信任给予原则,信任建立的基础也是控制信任蕴含风险的机制,两者是一体两面的。风险造成了融资双方的信任困境,维护信用需要控制风险。融资双方主体在能力、空间、关系等方面的不同决定了信用机制应与不同风险控制措施的匹配。

二、民间金融信用机制的失效

在此次民间融资风波中,作为提供资金的盈余主体,大量民众参与其中,并在融资活动崩盘后遭受巨大损失,在维权无望后又以集体性抗争方式要求政府善后。从投资者教育的视角看,参与民间融资的群众非理性投资,忽视风险管理,盲目追求高额利益,这是酿成风险的众因之一。但从信用建构的角度看,投资群众并非一个纯粹的非理性市场主体。前文所述三种融资方式所呈现的风险控制机制表明融资主体具备市场理性。社会心理学范畴的人际关系论和经济学范畴的理性选择理论均认为在信息充分和存在惩罚措施保证可信承诺的前提下,陌生主体间基于算计也可以生成信用。在发生民间融资风波各地,熟人关系、投资公司前期良好的履约表现、担保公司保证本息安全成为促使民众参与投资的因素。这些因素同时也属于信用机制。熟人关系将融资活动嵌入各种人缘、地缘、业缘关系中以维护信用。未来指向的信任建基于过去指向的熟悉,参与投资的群众以投资公司或者借款者过去的良好履约表现而形成的信用为基础而信任其未来行为也绝非非理性的表现。担保公司的保证则以确保投资人不受损失的方式消除了信息不对称对信任生成造成的障碍。然而,风险大规模爆发的事实则质疑了上述信用机制。关系网络的情境限制能够促使信任生成和阻止背信行为,但社会关系网络是不规则渗透的,其风险控制能力有限度且难以均质化,在脱嵌的市场中对非人际关系化交易的控制力已然衰微,人际信任无法支撑非人际交易对信用的要求。并且由人际关系所产生的信任,由于其特定的存在形式,成为机会主义行为的温床,"杀熟"就是典型例子。在此次民间融资风波中,"杀熟"也同样成为一些集资诈骗得以实施的条件。将投资公司或借款者过去的履约表现作为未来指向的信用机制表面看并没有偏离理性,但与高额利息相连的履约行为,其实暗藏了"庞兹游戏"的极高风险。担保公司的保证转移了投资群众的风险,但未消除风险。如果将担保公司视

---

[1] 翟学伟等主编:《社会信任:理论及其应用》,中国人民大学出版社2014年版,第83页。

为唯一的风险分散者,按照风险分散原则,担保公司应当建立足够大的风险基金以覆盖风险,但现实中担保公司经营风险与收益失衡,担保公司的风险覆盖能力不足。当经济下行,违约风险集中爆发,担保公司无力化解风险时,投资人的损失就在所难免了。金融活动的核心在于解决信息不对称,自发的民间融资市场并未建立起与公众大规模融资相匹配的风险控制制度,如证券市场的以信息披露为核心的严格监管制度。信用机制不是实现信息在各主体间的均衡分布,而是以担保来移除信息不对称的障碍。承受了巨大风险的担保公司因而取得强势地位,并凭借其强势地位和花样繁多的商业行为虚构项目,聚集资金,转移资金并最终酿成风险。因此,当下民间金融内生的信用机制并没有夯实的信息和惩罚机制基础,无法应对市场化改革的冲击。

政府同样没有针对民间金融建立起一套针对性的信用机制。地方政府在治理辖区各项事务时,面临着发展经济、维护稳定、保护环境、文化教育等多个治理目标。各治理目标并非总是相互兼容,而会出现相互冲突。在GDP导向准"锦标赛"体制下,地方政府往往将经济发展置于首要目标。金融对经济发展具有基础性作用,地方政府希望通过多种渠道动员和聚集资金实现辖区经济的发展。除了招商引资、干预银行经营、土地使用权出让,民间融资在聚集资金以推动经济发展方面的作用也不容小觑。难以从正规金融机构获得融资的私营企业、中小企业的生产经营活动对民间融资的依赖更大。因此,地方政府的发展经济目标与民间融资的目标是兼容的。在经济繁荣、民间融资活动尚未引发大规模风险的情况下,地方政府对高风险融资行为、违法融资行为,甚至非法集资行为通常采取纵容态度,而当上述行为引发风险、危及社会稳定时,在维护稳定目标的刚性约束下,地方政府则通过运动式执法集中、强力清理,甚至动用刑事手段严厉惩处。执法的摇摆使得政府执法标准由风险控制转化为投资公司、赤字主体的成败,而不是以违法融资行为的核心法律特征为标准进行严谨的甄别和及时的处置。一般而言,只要合同履行融资活动没有产生严重后果,就不予刑事追诉,或者相关行政机关对其睁一只眼闭一只眼。但融资活动出现大规模违约,造成了群体性借贷纠纷,可能影响社会的稳定,就予以严厉处罚。实用主义执法因行为结果的波动而呈现的摇摆特征为民间金融建构了同样摇摆的信用机制,但却没有提供稳定的监管保障。

在金融抑制体制下,民间融资往往处于灰色地带,风险时起时落,政府管理摇摆不定,合法与违法界限常显模糊。伴随着治理目标选择的变化,除了风险爆发、危及稳定时,地方政府风险处置者的角色是清晰的之外,地方政府在民间融资的其他阶段的制度角色是模糊的,民间金融市场与政府的界限也是不确定的。角色模糊和界限不清引致相关各方对地方政府角色认知的偏差。2003 年以来,国家逐步放开民间小额信贷的限制,宣示了认可、鼓励、支持民间融资的态度,但在不少民众将这一政策的转变误读为政府对民间融资领域一切活动合法性的保证,甚至将一些完全不具有监管属性的活动,如企业注册登记误认为融资行无风险的保证。事实上,受现行法律制度、履职能力、权力边界、治理目标、改革渐进性等多重因素影响,地方政府成为民间融资的全程和全面的监管者是不可欲和不可行的。按照个体主义风险观,个体对所面临风险的管理是其主体性的体现,对于市场活动中的风险应形成多主体参与的风险管理机制,政府不是唯一的风险管理者也不是所有民间融资风险的最后担保人。

在具有脱域特征的现代社会中,人际关系作用的衰微使得制度信任、系统信任的作用凸显。这要求制度或者系统具有可信赖性。但地方政府金融监管系统尚未达到可依赖性要求。在锦标赛和金融抑制结构下,地方政府往往扮演监管执法代理人或者金融资源争夺者的角色。作为代理人,地方政府只是根据上级的委托,按照上级的要求完成其交办的任务,不具有地方自身的利益。作为金融资源争夺者,地方政府是地方利益的代表,运用自身掌握的各项资源尽可能争取金融资源为本辖区所用,如干预商业银行贷款、自行审批金融机构,即使审批行为的终极目的也不是通过监管保证金融稳定,而是设立机构以争夺金融资源。地方政府不是监管者,而在一定程度上成为金融风险的制造者。“一行三会”所形成的由中央政府垄断的金融监管体系更是将地方政府排除在了监管者的角色之外。2004 年开始金融监管权逐步下放地方政府,地方政府金融监管体系逐步建立,但是,以有限金融机构为对象逐步展开的分散化探索。地方政府金融监管存在监管主体分散、权责不对称、资源匮乏、监管能力低下等问题,其解决无法一蹴而就。当前地方政府通常注重以审批方式进行事前控制,而忽略针对经营行为的事中监管。而导致民间融资风波的因素则多发生在经营过程中。权力的信任乃是信任拥有权力的人有技术能力并有信用责任地行使权力。然而低下的监管能力保证不了权力的高效行使,难以实现风险控制的目标,也无法支撑民间金融对于新的信用机制的要求。

三、民间金融信用机制的重建

融资是市场活动必不可少的，由于市场主体所掌握资金的非均衡分配，当其出现赤字时往往需要向当盈余主体借款，这本是市场主体应有的权利。但随着市场的拓展、经营规模的扩大、经济的繁荣，资金需求者所需要融入的资金数额日益增大，其融资对象逐步扩大。以人际关系驱动的关系型融资的风险控制的作用会减弱直至消失。此时如果没有真正匹配的风险控制机制，脱嵌的融资风险就会逐步膨胀和汇聚，最终产生极大的负外部性，严重冲击整体经济运行和社会稳定。当资金需求者面向普通公众融资时，由于该群体普遍能力低下、在空间上分散、相互间多呈“原子化”，其与资金需求者的关系呈陌生化，融资风险极易发生并形成巨大的负外部性，信用机制所需要的风险控制措施更为复杂。这就是作为信用中介吸收公众存款的银行和面向公众直接融资的证券市场受到严格监管的原因。在民间融资的整个诱致性制度变迁过程中，市场各方主体在博弈中形成了各种有效地克服信任困境的风险控制机制，也实现了资金在不同主体间的跨期配置，成为过去三十年促进了经济的增长的不可忽视的因素。法律制度应当确定一系列的界限，认可具有恰当风险控制机制的融资方式，并鼓励其替代非法集资行为解决市场的融资需求；对缺乏恰当风险控制的涉众性融资行为坚决禁止。同时，合理界定政府与市场的关系，在民间融资相关主体、政府间恰当分配风险控制责任，避免风控责任过度集中，防范道德风险，引导各方理性参与投融资，共同防控金融风险。

制度界定并限制了人们的选择集合。[1] 地方政府治理需要实现多个目标，而不同目标之间一般存在兼容或冲突关系，当目标发生冲突时，地方政府从利益最大化出发，总是根据既定制度所生的强激励或硬约束选择治理目标，这造成了地方政府执法摇摆。这既模糊了政府与市场的界限，也使民众对政府的信任被悬置。重要的是这使地方政府在获益的同时也失去了控制民间融资风险的最佳时机。最终在风险爆发，面对走投无路维权民众时，地方政府遭遇更大的信任危机。因此，实现执法的权威性和稳定性，同时强化地方政府的监管职能，维护民众对地方政府的信任。

---

〔1〕［美］道格拉斯·诺斯著:《制度、制度变迁与经济绩效》，杭行译，格致出版社、上海三联书店、上海人民出版社 2008 年版，第 4 页。

2011 年开始的民间融资风波暴露了地方政府金融监管体系的脆弱性,监管体系的脆弱支撑不了地方政府履职能力的可信赖性。因此,应当建立完善的地方政府金融监管制度,提高地方政府金融监管的技术能力,规范地方政府监管权责的行使。从监管法律依据、监管机构和人员、监管权责配置、监管技术等方面完善地方政府金融监管系统,提高地方政府金融监管的有效性,为民间金融信用机制的重塑奠定基础。

参考文献

1. [美]罗伯特·库特、[德]汉斯·谢弗:《所罗门之结:法律能为战胜贫困做什么?》,张巍、许可译,北京大学出版社 2014 年版。

2. 周黎安:《转型中的地方政府:官员激励与治理》,格致出版社、上海人民出版社 2008 年版。

3. 林越坚:《非法集资与民间借贷的刑民届分》,载《财经科学》载 2013 第 1 期。

4. 周雪光:《威权体制与有效治理:当代中国国家治理的制度逻辑》,载《开放时代》2011 年 10 月。

5. 翟学伟等主编:《社会信任:理论及其应用》,中国人民大学出版社 2014 年版。

6. 王绍光、刘欣:《信任的基础:一种理性解释》,载《社会学研究》1999 年第 2 期。

7. 单飞跃:《地方金融监管法律问题》,载《法治研究》2013 年第 6 期。

8. 林毅夫、孙希芳:《信息、非正规金融与中小企业融资》,载《经济研究》2005 年第 7 期。

9. 唐清利:《社会信用体系建设中的自律异化与合作治理》,载《中国法学》2012 年第 5 期。

10. [美]道格拉斯·诺斯:《制度、制度变迁与经济绩效》,杭行译,格致出版社、上海三联书店、上海人民出版社 2008 年版。

11. 胡启忠、高晋康等:《金融领域法律规制新视域》,法律出版社 2008 年版。

图书在版编目(CIP)数据

中国民间金融的规范化发展. 2016 / 高晋康,
唐清利主编. -- 北京:法律出版社,2017
ISBN 978 - 7 - 5197 - 1567 - 0

Ⅰ. ①中… Ⅱ. ①高… ②唐… Ⅲ. ①民间经济团体
－金融机构－研究－中国 Ⅳ. ①F832. 35

中国版本图书馆 CIP 数据核字(2017)第 260211 号

中国民间金融的规范化发展. 2016
ZHONGGUO MINJIAN JINRONG DE GUIFANHUA FAZHAN. 2016

高晋康
唐清利 主编

责任编辑 郑 导
装帧设计 李 瞻

出版 法律出版社
总发行 中国法律图书有限公司
经销 新华书店
印刷 北京京华虎彩印刷有限公司
责任校对 王晓萍
责任印制 张建伟

编辑统筹 独立项目策划部
开本 720 毫米×960 毫米 1/16
印张 19
字数 297千
版本 2017 年 11 月第 1 版
印次 2017 年 11 月第 1 次印刷

法律出版社/北京市丰台区莲花池西里 7 号(100073)
网址/www. lawpress. com. cn
投稿邮箱/info@ lawpress. com. cn
举报维权邮箱/jbwq@ lawpress. com. cn
销售热线/010 - 63939792
咨询电话/010 - 63939796

中国法律图书有限公司/北京市丰台区莲花池西里 7 号(100073)
全国各地中法图分、子公司销售电话:
统一销售客服/400 - 660 - 6393
第一法律书店/010 - 63939781/9782
西安分公司/029 - 85330678
重庆分公司/023 - 67453036
上海分公司/021 - 62071639/1636
深圳分公司/0755 - 83072995

书号:ISBN 978 - 7 - 5197 - 1567 - 0
定价:58. 00 元
(如有缺页或倒装,中国法律图书有限公司负责退换)